Marc Wallert

STARK DURCH KRISEN

Von der Kunst, nicht den
Kopf zu verlieren

Econ

Econ ist ein Verlag
der Ullstein Buchverlage GmbH

ISBN: 978-3-430-21029-4

© Ullstein Buchverlage GmbH, Berlin 2020
4. Auflage 2020
Lektorat: Dr. Annalisa Viviani, München
Alle Rechte vorbehalten
Gesetzt aus der Aldus Nova
Satz: L42 AG, Berlin
Druck und Bindearbeiten: CPI books GmbH, Leck

Inhalt

Einblick **7**

STARK DURCH KRISEN GEHEN **11**
Warum gerade ich? 12
Alles wird gut 35
Nur nicht den Kopf verlieren! 49
In Krisen hilft Helfen! 66
Never walk alone! 74
Bloß nicht hängen lassen! 81

STARK DURCH KRISEN WERDEN **91**
Zurück in die Komfortzone 91
Das Krisenkarussell dreht sich weiter 107
Stehaufmännchen 132
Der Wendepunkt 138
Wachsen an der Krise – Schritt für Schritt . . 144
Der Lebenserfahrungsschatz 170

STARK DURCH KRISEN IM TEAM **187**
Wie aus einer Gruppe ein Team wird 188
Erfolgsfaktoren eines agilen Teams
in der VUCA-Welt 233
Positives Denken kann tödlich sein –
auch im Business 254

Ausblick 265

Dank 293

Ausgewählte Literaturhinweise 295

Einblick

Liebe Leserin, lieber Leser,

vielleicht suchen Sie gerade Inspiration für den Umgang mit Krisen in Ihrem Leben. Möglicherweise kann auch die Erfahrung, die ich durch meine nunmehr zwanzig Jahre zurückliegende Entführung und deren Bewältigung gemacht habe, für Sie von Nutzen sein.

Es ist mir nicht leichtgefallen, diese preiszugeben. Die Entführung von mir, meinen Eltern und 18 weiteren Geiseln machte im Jahr 2000 weltweit Schlagzeilen. Es war herausfordernd, plötzlich im Scheinwerferlicht zu stehen. Bewusst zog ich mich daher aus der Öffentlichkeit zurück, wollte keine Entführungsgeschichte mehr erzählen, keine Sensationslust mehr befriedigen.

Heute schreibe ich ein sehr persönliches Buch und halte öffentliche Vorträge, weil ich erkannt habe, wie wertvoll meine Erfahrungen für mich waren und für andere Menschen sein können. Mir geht es nicht um die Schilderung meiner Entführung, sondern um die Mitteilung dessen, was ich aus dieser Erfahrung gelernt habe.

Vor zwanzig Jahren wurde mir ein zweites Leben geschenkt. Zurück in Freiheit, durfte ich noch einmal ganz neu durchstarten und meine Zukunft frei gestalten. Ob ich diese Chance genutzt habe? Nun, inzwischen schon. Der Weg hierher war jedoch unerwartet holprig.

Erstaunlicherweise habe ich meine Entführung und

140 Tage im Dschungel unbeschadet überstanden. Das hat nicht nur mich, sondern auch die Menschen in meinem Umfeld überrascht. Wenn ich eine solche Extremerfahrung so gut gemeistert habe, dachte ich, dann kann mich im Alltag nichts mehr stressen. Das meinten auch die meisten Menschen, die mein Schicksal in den Medien verfolgt hatten. Doch das war ein Irrtum: Fünf Jahre nach meiner Freilassung erlitt ich durch beruflichen Stress sogar einen Burn-out.

Eine Entführung unbeschadet überstanden, aber bei der Arbeit einen Burn-out haben? Das wollte ich verstehen und begab mich auf eine intensive Spurensuche. Dabei stieß ich auf eine spannende Erkenntnis: Die Kunst, nicht den Kopf zu verlieren, spielte in beiden Krisen eine entscheidende Rolle. Im Dschungel beherrschte ich diese Kunst. In meinem Lebensalltag musste ich erst noch lernen, was es braucht, um auch nach einer überstandenen Krise nicht den Kopf zu verlieren. Diese Erfahrungen helfen mir heute, ein glückliches Leben zu führen. Daher möchte ich sie in diesem Buch mit Ihnen teilen.

In Krisen neigen Menschen dazu, sich in ihren Gefühlen zu verlieren. Meistens ist es die Angst, manchmal jedoch ein übertriebener Optimismus. Beides ist gleichermaßen gefährlich, wie ich während unserer Entführung feststellte. Im Dschungel konnte positives Denken sogar tödlich sein. Im übertragenen Sinne gilt dies auch für Unternehmen im Wirtschaftsdschungel, wie ich in über 15 Jahren als Berater und Führungskraft in Konzernen feststellte. Auch hier herrscht in den schnelllebigen Zeiten der Digitalisierung große Unsicherheit.

Die Kunst, nicht den Kopf zu verlieren, hilft, stark durch

unsichere Krisenzeiten zu kommen. Sie half mir, meine Entführung zu überleben. Darum veranschauliche ich in diesem Buch diese und weitere Überlebensstrategien und übertrage sie in den persönlichen Lebensalltag. Welche erfolgreichen Strategien uns als Geiseln halfen, die Herausforderungen gemeinsam als Team zu meistern, übertrage ich vor allem in den beruflichen Kontext.

Auch nach überstandenen Krisen drohen Menschen ihren Kopf zu verlieren. Es lauert die Gefahr der Komfortzone. »Puh, überstanden!«, heißt es dann oft. So menschlich diese Reaktion ist, so problematisch kann sie werden. Denn wer wie ein Stehaufmännchen nur aufsteht und weitergeht, der fällt oft an derselben Stelle hin wie vorher. Diesen Fehler habe ich selbst jahrelang gemacht und landete so im Krisenkarussell, das sich immer um dieselben Themen drehte: Burn-out und Trennungen.

Ein positiver Umgang mit Tiefschlägen im Leben ist eine große Herausforderung. Mancher Schicksalsschlag ist so schwer, dass er kaum zu ertragen ist. Es gibt keine Patentrezepte, wie man damit umgehen sollte. Mir persönlich hat Galgenhumor während meiner Entführung geholfen, als wir in Lebensgefahr waren. Er löste zwar nicht das Problem, aber zumindest die Anspannung. Daher möchte ich in diesem Buch den Humor nicht außen vor lassen.

Dieses Buch ist ein »Inspirationsgeber«, und meine Ratschläge erheben keinen Anspruch auf Vollständigkeit. Sie sollen Anregungen für Ihren Alltag vermitteln. Menschen und ihre Krisen sind meiner Ansicht nach zu individuell, um allgemeingültige Ratschläge zu erteilen. Mit Erfahrungsbeispielen aus dem Dschungel sowie meinem Privat- und Berufsleben möchte ich Sie inspirieren, wie

Einblick

auch Sie Ihre eigenen Herausforderungen meistern und an ihnen wachsen können.

STARK DURCH KRISEN GEHEN

Häufig werde ich gefragt: »Wie konntest du die Entführung so gut überstehen? Was hat dich stark gemacht?« Diese Fragen habe ich mir natürlich auch selbst gestellt. Dabei bin ich auf Erfolgsfaktoren gestoßen, die im Wesentlichen den sogenannten Schutzfaktoren der Resilienz entsprechen. Es gibt viele Definitionen von Resilienz, der psychischen Widerstandskraft beziehungsweise inneren Stärke bei Belastungen. Mal beruht sie auf sieben, mal auf acht oder sogar auf zehn Schutzfaktoren, die auch Säulen oder Schlüssel der Resilienz genannt werden. Mich haben sie beschützt, daher nenne ich sie Schutzfaktoren.

Wissenschaftlich am besten belegt sind: Akzeptanz, Optimismus, Selbstwirksamkeit und soziale Unterstützung. Aber auch Stresskompetenz und Fitness sind sehr wichtig. Im ersten Teil des Buches werde ich diese sechs Schutzfaktoren erörtern, da sie mir am meisten geholfen haben, meine Zeit im Dschungel unbeschadet zu überstehen.

Warum gerade ich?

Diese Frage habe ich mir nach meiner Entführung oft gestellt, wenn ich auf mein Leben zurückblickte. Ich war der Jüngste in meiner Klasse, körperlich hinterherhinkend und schulisch gefühlt überfordert. Am liebsten wäre ich immer Kind geblieben, hätte einfach nur spielen und ganz ohne Druck leben wollen. Darum habe ich Komfortzonen gesucht und geliebt. Beim Schwimmen blieb ich so lange wie möglich im warmen Kinderbecken, während die anderen sich schon im tiefen Becken tummelten. Man musste mich sprichwörtlich ins kalte Wasser werfen. Ich fand nie richtig Anschluss an die coolen Cliquen und füllte lange die von mir ungeliebte Rolle des Klassenkaspers aus.

Mit fünfzehn ging es dann auch für mich aufwärts. Meine erste Liebe war beliebt in der Schule und für mich definitiv ein soziales Upgrade. Es folgte ein wunderschönes Jahr, wir träumten schon von eigenen Kindern, doch es blieb eine kindlich-unschuldige Liebe. Schließlich traten Eifersucht und Verletzungen an die Stelle von Verliebtheit. Es folgte eine tränenreiche, schmerzhafte Trennung.

Der Schmerz und die Eifersucht drohten, mich zu zerreißen. Zugleich setzten diese Empfindungen eine unerwartete Energie frei und machten mich mutiger. Plötzlich wollte ich mich ändern und endlich aus meiner Rolle als Nachzügler und Klassenkasper heraustreten.

Raus aus dem Vertrauten. Das war etwas vollkommen Neues. Ich erinnere mich noch genau an den Moment, als mitten im Erdkundeunterricht die Tür aufflog, ein Englischlehrer reinplatzte und laut fragte: »Wer von euch will kurzfristig für vier Wochen zum Schüleraustausch nach Cornwall? Es gibt nur zwei Plätze – ›first come, first serve‹.« So schnell wie da hatte ich mich noch nie im Unterricht gemeldet. »Das ist meine Chance. Schlimmer kann es eh nicht werden«, behauptete eine innere Stimme. Eine andere Stimme erinnerte mich besorgt an meine Fünf mündlich in Englisch. Doch dieser Einwand kam zu spät.

Als einer von wenigen in meiner Klasse hatte ich noch nie an einem Schüleraustausch teilgenommen. Auch mein älterer Bruder Dirk war schon in England und Frankreich gewesen. Er war mutiger und selbstständiger als ich und eigentlich ein gutes Vorbild. Doch im Gegensatz zu ihm hatte ich Angst vor der Ferne und blieb lieber im warmen Nest meiner fürsorglichen Eltern.

Der Liebeskummer funktionierte wie ein Arschtritt, der mich aus meiner Komfortzone kickte und mir den nötigen Schwung gab, um aufzubrechen in ein Abenteuer, wie ich es noch nie zuvor gewagt hatte. Zum ersten Mal sprang ich aus eigenem Antrieb ins kalte Wasser.

Beginn eines selbstbestimmten Lebens

In Cornwall wurde ich neu geboren. Laurence, mein Austauschpartner, war in jeder Hinsicht ein Glücksfall. Ich erlebte eine tolle Zeit mit ihm, seiner Familie und seinen Freunden. Die Engländer kamen mir lässiger vor als die

Deutschen. Alles fühlte sich leicht an, und selbst Englisch zu lernen, machte plötzlich Spaß. Ich machte Riesenfortschritte und überwand Barrieren, die ich lange für unüberwindbar gehalten hatte. Ich absolvierte ein einwöchiges Praktikum bei einer Lokalzeitung. Am Ende erschien sogar ein Artikel von mir mit Foto in der Zeitung. Mann, war ich stolz auf mich! Zum ersten Mal in meinem Leben hatte ich mich in ein Abenteuer gestürzt und die Prüfung bestanden. Mit dem Erfolg wuchs mein Selbstbewusstsein. Ich wusste: Davon will ich mehr.

Zurück in Deutschland, gab ich Gas wie nie zuvor: Lernen, gute Noten, Anerkennung, Lust auf mehr. Auf noch mehr Lernen und noch bessere Noten. Vor allem jedoch auf noch mehr Anerkennung. Ein Positivkreislauf sprang an. Ohne es zu ahnen, rutschte ich in die nächste Falle. Ich wurde zum Erfolgsjunkie.

Die Erfolge steigerten mein Selbstbewusstsein und in der Folge auch meinen sozialen Status in der Schule. Als Jungtalent am Schlagzeug hatte ich mir immer die Anerkennung meiner Mitschüler erhofft. Mit neun Jahren spielte ich zum ersten Mal auf großer Bühne vor 500 Zuhörern, und zwar mit der Lehrerband, in der mein Vater sang und Gitarre spielte. Mit zwölf gewann ich mit einer Schülerband einige Talentwettbewerbe, und unsere Lieder wurden sogar mal im Radio übertragen. Doch all das interessierte meine Mitschüler damals nicht. In Sachen Musik war ich meiner Zeit voraus und mal nicht der Nachzügler. Im Ergebnis lief es immer darauf hinaus: Anerkennung – Fehlanzeige.

Dass ich einmal mit schulischen Leistungen glänzen und mich darüber definieren würde, hätte ich als Kind nie gedacht. Aber so war es. Am vorläufigen Ende stand ein Abitur mit einem Notendurchschnitt von 1,8. Ich genoss die Bewunderung, nach der ich mich so lange gesehnt hatte. Gefühlt lag mir die Welt zu Füßen. Im Abi-Buch 1992 gab ich als Sehnsuchtsziel an: »Ausland (Australien)«.

Für die Zeit meines Zivildienstes blieb ich noch in meiner Geburtsstadt Göttingen, um etwas Geld für mein Studium anzusparen. Als Schlagzeuger einer Tanzkapelle verdiente ich bereits seit Jahren nebenher ordentlich Geld auf Hochzeiten und Betriebsfesten und hatte jede Menge Spaß dabei.

Mit 19 hatte ich keine Ahnung, was ich später einmal werden wollte. Erst einmal studieren, gute Noten sammeln, und das möglichst im Ausland – also an meine Cornwall-Erfahrung anknüpfen. Und so sah dann auch meine fünfjährige akademische Ausbildung aus. Ich studierte alles Mögliche: Sozialwissenschaften, Wirtschaftsgeografie und Internationales Management. Und das in fünf Ländern, an vier Hochschulen und in drei Sprachen. Ehrgeizig, wie ich war, schloss ich alles mit Bestnoten ab: Vordiplom mit einer glatten 1, Master of Science mit Prädikat (gab es noch nie zuvor), Master of Business Administration als Jahrgangsbester. Ich war stolz und genoss die Anerkennung. Und davon gab es viel, auch ganz offiziell: Prince Charles of Wales hätte mir meine Masterurkunde persönlich überreicht, wäre ich zur Graduierung erschienen. Und in Paris durfte ich als Jahrgangsbester in einem prunkvollen Ministerialgebäude die offizielle Abschlussrede halten.

Meine Studienzeit war aufregend und vielseitig, aber nicht sehr hilfreich auf meiner Suche nach beruflicher Orientierung. Ich hatte mich von Zufälligkeiten treiben lassen, ein Aushang hier, eine Empfehlung da, und so weiter. Ich interessierte mich für alles ein wenig (außer »Finance«), aber für nichts so richtig (außer Sprachen). Alle anderen hatten sich in ihre Lieblingsfächer vertieft. Ich dagegen hatte mich darauf spezialisiert, ein Generalist zu sein. Ich hatte so gesehen viele Tanzbeine, aber kein richtiges Standbein. Und dann?

»Hey, geh doch in die Beratung, da suchen sie flexible Generalisten, und spezialisieren kannst du dich dann ja immer noch ...«, meinte ein Freund. Das klang so schön unverbindlich, ganz nach meinem Geschmack. Und weil unsere Studentenberaterin gute Beziehungen nach Luxemburg hatte, schrieb ich dort meine zweite Masterarbeit bei einer Unternehmensberatung, bei Pricewaterhouse-Coopers Consulting (PwC) in Luxemburg.

Wenn alle Türen offen stehen

Bei PwC hatte ich einen idealen Berufseinstieg. Damit war ich nicht nur in einer der angesehensten Unternehmensberatungen überhaupt gelandet, sondern auch noch in dem Multikulti-Mekka schlechthin. Da kamen Berater aus aller Herren Länder in Projektteams zusammen. Die Arbeitssprache wechselte fließend zwischen Englisch, Französisch und Deutsch, oft sogar in einem Satz. Ein Traum für mich!

Über ein Jahr lang hatte ich Feuerwehr gespielt bei einem Großprojekt. Es ging um die Koordination milliardenschwerer IT-Projekte für einen internationalen Finanzdienstleister. Wir Berater kämpften oft bis tief in die Nacht mit Zahlenwerk und Präsentationsfolien, um die monatlichen Vorstandsberichte rechtzeitig fertigzustellen. Ich war ein guter Soldat, aber kein Überzeugungstäter. Was mir gefiel, war die Anerkennung.

Schon im Studium waren meine Interessen breit gestreut gewesen. Lernen fiel mir leicht, mich aber auf bestimmte Inhalte festzulegen, war damals weniger meine Sache. Ich hatte eher nach dem Naheliegenden gegriffen und auf Zuspruch und Ermutigung reagiert. Wie wenig selbstbestimmt es ist, nur Gelegenheiten zu ergreifen, verstand ich erst sehr viel später.

Für meinen weiteren Berufsweg als Berater musste ich mich jedoch spezialisieren. Mein Chef stellte mich vor die Wahl: entweder »Private Banking« oder »Investment Fonds«. Aber so richtig interessiert hat mich weder das eine noch das andere: zu virtuell, zu viele Zahlen, zu steuerflüchtig. Doch etwas anderes gab es in Luxemburg nicht wirklich. Was sollte ich also tun? Wieder umziehen? Und wenn ja, wohin? Und was sollte ich – wo auch immer – machen?

Alle Türen standen mir offen, doch ich hatte keine Ahnung, durch welche Tür ich gehen sollte. Ich war jung und ungebunden, und ich fühlte mich orientierungslos. Dabei war ich doch eben erst an meinem Ziel angekommen – beruflich erfolgreich im Ausland. Heute weiß ich, dass Luxemburg nur eine Durchgangsstation war auf meiner Jagd nach Anerkennung, einer ziellosen Suche nach mehr. Mein Leben führte mich von Stadt zu Stadt, von Studium zu Studium, von Projekt zu Projekt, von Frau zu Frau, immer unverbindlich, immer auf dem Sprung zum nächsten Kick.

Der Job war eigentlich ein Sechser im Lotto für Berufseinsteiger, aber er fraß mich auf. Ich fühlte mich schon länger ausgebrannt, doch statt langsamer zu treten, nahm ich immer größere Aufgaben an. Das nächste Großprojekt, auf das ich bereits angesetzt war, stand in Zusammenhang mit einer Fusion im Umfeld der Deutschen Börse. Zusammen mit einem Kollegen pendelte ich zwischen Frankfurt und Luxemburg. Das anonyme Hotelleben waren wir schnell leid. Deshalb hatten wir uns für die kommenden Monate nach einer festen Unterkunft, einem schönen Loft, umgesehen, das im Vergleich zu den Hotelrechnungen ein echtes Schnäppchen war. Die Schlüsselübergabe stand unmittelbar bevor.

Doch ich haderte. Das Frankfurter Projekt war schon wieder landunter. Wieder kämpften wir uns vor von einer Deadline zur nächsten. Der Stress hörte nicht auf. Eines Nachts lag ich wach und fragte mich, wofür genau ich eigentlich kämpfte. Wofür all diese anstrengenden Zahlen- und Prozessanalysen? Ich fühlte mich abgeschnitten von mir selbst, irgendwie an der falschen Stelle. In mir keimte Sehnsucht auf nach einer Aufgabe, für die ich aus tiefster Überzeugung brennen konnte. Nur was sollte das sein? Vielleicht, dachte ich, brauche ich eine Grenzerfahrung, die mich spüren lässt, was mir wirklich wichtig ist im Leben.

Ich war verzweifelt und orientierungslos. Daher schickte ich in dieser Nacht ein Stoßgebet zum Himmel, wenngleich ich kein bibelfester Christ war. Ich bat das Leben um einen Wink des Schicksals. Und das Schicksal winkte sehr schnell sogar, und dann gleich mit dem Zaunpfahl.

Am nächsten Tag telefonierte ich mit meinen Eltern und erzählte ihnen von meiner Sinnkrise. Mein Vater sagte: »Wir fliegen über Ostern nach Malaysia zum Tauchen.

Komm doch einfach mit, und schalt mal ein bisschen ab.«
Das klang verlockend, denn ich hatte meine Eltern in den
vorangegangenen Jahren selten gesehen, und eine kleine
Auszeit von der Arbeit würde mir auf jeden Fall guttun.
Aber wie sollte ich so kurzfristig zwei Wochen freibe-
kommen, in dieser heiklen Projektphase? Meine Mutter
meinte: »Frag doch einfach mal.« Das tat ich, und mein
Chef willigte tatsächlich ein. Damals war ich beruflich
zwar sehr erfolgreich, zugleich aber auch orientierungslos. Irgendetwas stimmte nicht in meinem Leben, das bei
oberflächlicher Betrachtung glänzend aussah. Als gefrag-
ter Unternehmensberater eilte ich im dunklen Anzug mit
Rollkoffer von Termin zu Termin. Eine schillernde Welt, in
der Mittagspausen nicht selten in Sternerestaurants statt-
fanden. Seit Jahren lebte ich rastlos, fast flüchtig. So sah
auch mein Beziehungsleben aus. Ich schwankte zwischen
unverbindlichen Affären und längeren Beziehungen, ohne
Erfüllung zu finden. Jetzt erkenne ich: Das war bereits die
Krise. Damals fühlte ich mich lediglich in einer Sackgasse.

Aufbruch ins Abenteuer

Meine Eltern und ich flogen nach Malaysia auf die Pazifik-
insel Sipadan – ein Tropentraum wenige Kilometer vor der
Nordostspitze Borneos. Das Meer vor der malaysischen
Insel ist ein Taucherparadies. Die Riffkante der Küstenlinie
fällt sechshundert Meter steil ab. Sie wird von Barracuda-
Schwärmen aufgesucht, wie man sie sonst nur auf offener
See trifft. Besonders beliebt ist Sipadan auch wegen der
zahlreichen Wasserschildkröten, die auf der Insel unter

besonderem Schutz stehen und zur Eiablage immer wieder hierher zurückkehren. Das ist auch der Grund, warum nur wenige Touristen auf der Insel zugelassen sind. Hier fühlt man sich wie Robinson Crusoe am Ende der Welt. Barfuß erkundeten wir das kleine Eiland, das sich in einer halben Stunde bequem umrunden lässt, mit den Füßen im flachen Wasser auf hellem, feinem Sand. Im Inselinneren entdeckte ich einen Leguan von bestimmt einem Meter Länge. Er bewachte fauchend seine Eier, die er in einer Sandmulde abgelegt hatte – ein Traummotiv, fand ich, durch den Sucher meiner Kamera blickend.

Aber es kam noch besser. An einem Abend riefen uns die Ranger von der Schildkrötenstation zu einem wahren Naturschauspiel herbei: Hunderte kleiner Babyschildkröten schlüpften zugleich aus den Eiern und krabbelten über den Sandstrand, bis sie schließlich im Meer verschwanden.

Auch wir tauchten täglich mehrmals in die bunte Korallenwelt ein und ließen uns treiben. Tropenidylle pur, dachte ich und genoss die einfachen Verhältnisse, in denen ich mal abschalten konnte. Meine beruflichen Sorgen traten in den Hintergrund. Und auch der Abstand zu meinem chaotischen Liebesleben ließ mich entspannen.

An dem Abend, der mein Leben veränderte – es war bereits unser zehnter Urlaubstag –, hatten meine Eltern und ich es uns mit Cocktails in den Liegestühlen auf dem Sunset Deck vor dem Open-Air-Restaurant bequem gemacht. Das war meine Idee gewesen, die ich wenig später bitter bereuen sollte.

Es war ein Moment vollkommener Entspannung und der Höhepunkt eines Traumurlaubs. Mit einem eiskalten Cocktail in der Hand blickte ich vom Liegestuhl aus auf das Meer und lauschte dem Plätschern der Wellen. Eine leichte Brise aus salziger Meeresluft verschaffte wohltuende Abkühlung. Neben mir legten meine Eltern entspannt die Füße hoch und lächelten glücklich. Wir ließen die Erlebnisse des Nachmittags Revue passieren und stießen an auf einen perfekten Ostersonntag.

Wäre es nach meinen Eltern gegangen, hätten wir uns jetzt zehn Meter weiter vorne im Wasser und bereit für den Nachttauchgang am Hausriff befunden. Doch das wäre der vierte Tauchgang des Tages gewesen und für mich fast schon in Stress ausgeartet. Deshalb hatte ich meine Eltern am Nachmittag gebeten, den Ostersonntag lieber ganz entspannt an Land ausklingen zu lassen. Meinetwegen haben sie also auf den Nachttauchgang verzichtet.

Wir blickten in den Himmel und nannten es »fernsehen«. Eben noch färbte sich der Horizont blutrot, im nächsten Augenblick schon leuchteten die Sterne so intensiv, dass man sich in den Weltraum gezogen fühlte. Ein typisch tropisches Schauspiel. Vor uns im Wasser ließen die Nachttaucher nun die Luft aus ihren Jackets und sanken ab in die andere Welt. Wir beobachteten, wie sich die Lichtkegel ihrer Lampen im tiefen Dunkel des Wassers verloren. Es war herrlich still. Mein Vater würdigte diesen Moment mit den Worten: »Ist das nicht ein Geschenk, so einen friedlichen Ostersonntag genießen zu dürfen!«

Plötzlich ertönten panische Schreie hinter uns, und die Idylle brach in sich zusammen. Dann ging alles ganz schnell.

Als ich mich umdrehte, sah ich, wie lauter schwer bewaffnete Männer in das Restaurant stürmten. Einer von ihnen trug sogar einen Raketenwerfer auf der Schulter, einen Moment später stand er breitbeinig hinter mir. Ich blickte in das Rohr seiner Bazooka und versuchte zu verstehen. Die Zeit schien auf einmal angehalten worden zu sein. Vor Angst klopfte mir das Herz bis zum Hals.

Schmächtige und ausgemergelte, zum Teil vermummte Männer hielten halb automatische Waffen im Anschlag. Sie riefen: »Police! Police!«, machten aber nicht den Eindruck von professionellen Freunden und Helfern. Sie wirkten eher wie Fischer und Bauern aus einer Zone am Rande der zivilisierten Welt.

Wir wurden hochgescheucht und auf die Bungalows der Ferienanlage zugetrieben. »Faster! Faster!« Ihre Nervosität war deutlich spürbar. Sie schienen sich ihrer Sache nicht sicher zu sein. Doch das machte sie nur noch gefährlicher. Bewaffnete Schwäche ist gefährlicher als bewaffnete Stärke.

Die Männer trieben uns zusammen mit anderen Tauchern und einigen Hotelangestellten an den Bungalows vorbei zum Strand. Da glaubte ich noch, dass sie uns ausrauben und die Bungalows plündern wollten.

Im schwachen Mondlicht erkannte ich zwei schmale Fischerboote aus Holz. Ich spürte einen Gewehrlauf in meinem Rücken. Meine Mutter und ich wurden in ein Boot geschoben. Mein Vater wurde auf das andere Boot gedrängt.

Eine Amerikanerin weigerte sich einzusteigen. Als Nichtschwimmerin war ihre Angst vor dem Wasser größer als die vor diesen Männern. Sie ließ sich ins knietiefe Wasser plumpsen und klammerte sich fest an ihren Mann. Drei Kerle brachten es nicht fertig, sie ins Boot zu ziehen. Die Situation drohte zu eskalieren. Die Entführer fuchtelten wild mit ihren Waffen. Ihre Körpersprache zeigte Mordbereitschaft. Eine Exekution vor unseren Augen schien plötzlich möglich. Doch dann lösten sich die Männer von den Widerständigen und bugsierten ihre Boote in tieferes Wasser und warfen die Außenbordmotoren an. Der Zustand der Boote legte die Erwartung einer kurzen Fahrt nahe. Doch auch das würde sich als Irrtum herausstellen.

Wir hockten dicht gedrängt. Vierzig Menschen waren auf zwei Boote verteilt, etwa gleich viele Opfer wie Täter. Die Kombination von Angst und Enge schnürte mir die Kehle zu. In einem Moment malte ich mir aus, was als Nächstes passieren könnte, dass sie uns auf dem offenen Meer über Bord werfen, vielleicht gar auf uns schießen würden. Da stieg Reue in mir auf: Hätten wir doch nur den Nachttauchgang mitgemacht!

Ich ruckelte mich zwischen zwei Schicksalsgefährten zurecht im Bemühen um eine erträgliche Sitzposition. Meine Mutter kauerte einen Meter entfernt von mir, mit dem Rücken an den Bootsrand gedrückt. Mit erstickter Stimme und Tränen in den Augen flüsterte sie mir zu: »Es tut mir so leid, dass du meinetwegen hier bist. Hätte ich dich nur nicht zu diesem Urlaub überredet …«

Ich dachte über Schuld und Schicksal nach. Hätte ich mich nicht zu diesem Urlaub überreden lassen sollen? Was wäre, wenn wir heute schon auf einer anderen Insel wären, wie ursprünglich von meinem Vater geplant? Plötzlich durchzuckte mich ein ganz anderer Gedanke: War das hier vielleicht der Wink des Schicksals, um den ich gebeten hatte? Dann war mir ja ein Wunsch erfüllt worden!

Bei diesem Gedanken fuhr ein euphorisches Prickeln

durch meinen Körper. Vielleicht war ich aber auch einfach noch benebelt von den Cocktails. Doch mit einem Mal hielt ich es für möglich, dass ich mich gerade auf einer Reise zu mir selbst befand. Dass ich hier etwas lernen sollte, das mir Orientierung im Leben geben würde.

Die Angst blieb, aber nun war auch meine Neugier geweckt. Hellwach beschloss ich, mir die Erlebnisse einzuprägen und in ihnen einen tieferen Sinn zu sehen. Nach und nach hörte ich auf, mit meinem Schicksal zu hadern. Stattdessen konzentrierte ich mich darauf, bestmöglich mit der Situation umzugehen.

Klarheit gibt Kraft

Auf dem Boot fühlte ich eine Klarheit wie nie zuvor in meinem Leben, geschweige denn in meinem Job. Ich ahnte, dass diese Reise nicht nur stressig, sondern lebensgefährlich werden könnte. Aber bei aller Angst wusste ich ganz genau, wofür ich kämpfen würde: ums Überleben. Ich richtete mich auf mein Ziel aus, und die innere Klarheit gab mir die nötige Kraft dafür.

Die Ausweglosigkeit der Situation hatte etwas seltsam Befreiendes. Jetzt gab es nur eine Richtung. Zum ersten Mal hatte ich nicht die Qual der Wahl.

Als ich diese Klarheit erlangte, fiel mir eine Last von den Schultern. Die Verbindungen zu meinem bisherigen Leben waren durchtrennt worden, ich war für niemanden mehr erreichbar. Der akute Stress, meine grundsätzliche Orientierungslosigkeit im Job und mein Beziehungschaos rückten in weite Ferne. Ich fühlte mich stark und irgendwie an der richtigen Stelle im Leben. Ein Gefühl, nach dem ich mich seit meiner Kindheit gesehnt hatte.

Grenzerfahrung

Die Mannschaften der beiden Boote hielten mit Blinksignalen Kontakt. Meine Mutter und ich konnten stundenlang keinen Kontakt zu meinem Vater aufnehmen. Wir machten uns Sorgen, ob wir drei uns wohl gesund wiedersehen würden. Alle waren innerlich aufgewühlt, während äußerlich langsam Ruhe einkehrte. Das Meer war ruhig, die Brise angenehm, der Sternenhimmel überwältigend. Das Leben an Bord nahm Gestalt an. Ich sprach meinen Sitznachbarn an. Wir tauschten uns aus und spekulierten, was uns bevorstehen könnte. Die Vorstellungen reichten von Raub über rituelle Hinrichtung bis zu Entführung. Die Angst stand uns allen ins Gesicht geschrieben.

Der Mann, der zwischen mir und meiner Mutter kauerte, stellte sich als Seppo vor und berichtete, er sei gerade erst aus Finnland angekommen. Er schluchzte unaufhörlich, schlug die Hände vors Gesicht, schüttelte den Kopf und sagte immer wieder: »No, no, no.« Irgendwann legte er seinen Kopf auf die Knie meiner Mutter. Sie legte ihm tröstend die Hand auf den Rücken und wurde dabei selbst für einen Moment ganz ruhig.

Die Enge war bedrückend. Die Ladefläche wurde größtenteils von Treibstoffkanistern besetzt. Offenbar stand uns eine lange Reise bevor. Wir konnten uns kaum bewegen. Nachts spritzte die Gischt über die Bordkante, tagsüber waren wir der sengenden Sonne ausgesetzt. Wir hatten auch nichts dabei außer dem, was wir am Körper trugen. Unsere Notdurft verrichteten wir im Boot. Es stank bestialisch nach einer Mischung aus Salzwasser, Urin und Benzin, die uns um die nackten Füße schwappte.

Wir wussten da noch nicht, dass wir eine Insel des südphilippinischen Archipels ansteuerten: Jolo. Es war die erste Verschleppung von Geiseln über die Landesgrenze von Malaysia auf die Philippinen. Also auch eine buchstäbliche Grenzerfahrung.

Während der Überfahrt begann ich mit der Sinnsuche. Hatte ich mir nicht eine Extremerfahrung gewünscht? Einen Arschtritt wie einst in der Schule? Dies war ein Abenteuer mit Potenzial. In den rund zwanzig Stunden auf dem offenen Meer gelang es mir, meine Situation zu akzeptieren. Sipadan lag irgendwann weit hinter mir. Ich richtete den Blick nach vorne, auf eine Reise mit ungewissem Ausgang.

Im Gegensatz zu mir haderte meine Mutter lange mit der Situation und vor allem mit sich selbst. Sie machte sich Vorwürfe, immer wieder flüsterte sie mir zu: »Hätte ich doch nur nichts gesagt! Dann hättest du deinen Chef nicht um Urlaub gebeten und wärst jetzt auch nicht hier!« Es berührte mich tief, wie sehr meine Mutter sich in dieser dramatischen Lage um das Wohl ihres Kindes sorgte.

An Seppo vorbei griff ich über die Bordkante hinweg nach der Schulter meiner Mutter, ich versuchte sie zu trösten: »Nichts passiert einfach so. Es wird schon irgendeinen Sinn haben. Sorge dich nicht um mich, ich bin okay. Alles wird gut.«

Doch ich merkte, wie sie in ihrem Inneren Szenarien entwarf, die uns vor diesem Schicksal bewahrt hätten – eine energieraubende Gedankenspirale und der verzweifelte Versuch, die Zeit zurückzudrehen und alles ungeschehen zu machen. Doch man kann nichts ungeschehen machen, und man sollte immer die ganze Energie darauf lenken, aus einer Lage das Beste zu machen.

Das ist natürlich leichter gesagt als getan. In solchen Momenten ist es Gold wert, wenn man seine Gedanken zu Papier bringen und damit seinen Kopf entlasten kann. Es war eine der zahlreichen verrückten Begebenheiten unserer Entführung, dass wir in den Besitz von Stiften und Blöcken kommen sollten. Nach etwa zwei Wochen der Geiselhaft fing ich damit an, meine Erlebnisse in einem Geiseltagebuch zu dokumentieren und damit auch in Echtzeit zu verarbeiten.

Wissenschaftler fanden heraus, dass manche Überlebende schwerster Schicksalsschläge ein Gefühl der Dankbarkeit gegenüber ihrem Verhängnis entwickeln und sich von ihm bereichert, wenn nicht sogar beschenkt fühlen. So weit war ich noch nicht. Aber ich war jedenfalls entschlossen, das Beste aus meiner Lage zu machen: »Dies ist der Versuch, das Erlebte noch in der Situation sich befindend aufzuschreiben und zu verarbeiten. Ich bedaure, dass ich nicht schon seit den ersten Tagen die Energie und die Mittel hatte, alles Erlebte Tag für Tag festzuhalten. Dennoch möchte ich, denn es ist nie, nie, nie zu spät, so viel wie möglich, so viele Details wie möglich, aufschreiben und somit ein wenig verarbeiten«, schrieb ich in mein Dschungeltagebuch.

Fast alle Geiseln haben Tagebuch geschrieben. Seppo war Künstler und hielt seine Erlebnisse in Zeichnungen fest. Mir persönlich half das Tagebuchschreiben, das Geschehene zu akzeptieren. Auch nach meiner Freilassung half es mir, die Erlebnisse nachzuvollziehen und in meinem Leben einzuordnen. Das war ein wertvoller Erfahrungsschatz.

Was ist eigentlich Resilienz?

Krisen sind anstrengend. Sie verlangen uns viel ab, vor allem, solange die jeweilige Krise akut ist. Krisen haben meiner Überzeugung nach auch viele positive Aspekte, wir können viel von ihnen lernen und an ihnen wachsen. Dennoch erfordern sie eine Menge Kraft und »innere Stärke«, damit das gelingen kann. Diese »innere Kraft«, »Resilienz« genannt, bezeichnet die psychische Widerstandsfähigkeit von Individuen oder Systemen (z. B. Teams und Organisationen) gegen Belastungen (sogenannte Stressoren) von innen und außen. Auch die Fähigkeit, sich nach Widrigkeiten schnell und nachhaltig zu erholen, wird darunter verstanden. Bis heute gibt es jedoch weder eine eindeutige Definition von Resilienz noch ein einheitliches Verständnis, welche Eigenschaften, Fähigkeiten oder Verhaltensweisen genau damit gemeint sind.

Der Begriff Resilienz leitet sich aus dem lateinischen Begriff »resilire« ab und bedeutet »zurückspringen« oder »abprallen«. Er wurde erstmals in der Physik verwendet, genauer in der Materialforschung, und bezeichnet dort die Eigenschaft eines Materials, bei mechanischer Belastung entweder die ursprüngliche Form beizubehalten oder nach Verformung schnell in den Ausgangszustand zurückzukehren. Diese physikalische Eigenschaft kennen und nutzen wir in unserem täglichen Leben. Denken Sie z. B. an eine Sprungfeder: Indem wir die Feder zusammendrücken, also Kraft auf sie einbringen, verformt sie sich. Ihre Resilienz ist jedoch so hoch, dass sie unbedingt in ihren Ausgangszustand zurückstrebt, sobald keine Kraft mehr von außen auf sie einwirkt – sie »wehrt« sich gegen eine dauerhafte Verformung. Im Ergebnis gibt sie die eingebrachte Kraft wieder ab und »federt« zurück in ihre ursprüngliche Form. Die Sprungfeder hat also eine sehr hohe Resilienz. Im Gegensatz dazu hat beispielsweise Glas eine sehr geringe Resilienz: Es zerbricht bei Krafteinwirkung.

Seit den 1950er-Jahren wird der Begriff Resilienz auch in der Psychologie verwendet. Natürlich lässt sich die ursprüngliche physikalische Definition dabei nicht unreflektiert auf die menschliche Psyche übertragen. Unsere Psyche ist schließlich kein Material, das mechanisch verformt wird. Der physikalische Ursprung ermöglicht jedoch ein gutes Grundverständnis, was Resilienz auch in der Psychologie beschreibt: die psychische Widerstandsfähigkeit gegen Belastung.

Es gibt eine Vielzahl möglicher Belastungen, die uns im Laufe unseres Lebens begegnen. Ebenso vielfältig wie diese Belastungen sind sowohl die Wahrnehmung ihrer Intensität als auch die individuellen Strategien und Möglichkeiten zu ihrer Überwindung. Es gibt nicht die eine allgemeingültige Formel, um beispielsweise mit Stress oder Trauer umzugehen. Was dem einen hilft, macht es für den anderen nur schlimmer. Denn unsere Widerstandsfähigkeit besteht immer aus einem individuellen Vielklang an persönlichen Eigenschaften, erlernten Fähigkeiten und situationsbedingten Verhaltensweisen. Alle davon sind richtig, und ihr Zusammenspiel ist ebenso individuell wie jeder von uns.

Darum fällt eine eindeutige Definition von Resilienz so schwer. Heute gibt es eine Vielzahl von Definitionen und Modellen zum Thema Resilienz, die sich mal mehr, mal weniger überschneiden. Meist umfassen sie jedoch andere Faktoren, betrachten unterschiedliche Perspektiven oder betonen die Wichtigkeit verschiedener Eigenschaften oder Fähigkeiten. Sie alle ringen um ein besseres Verständnis dieser wichtigen psychischen Kraft.

So beschreibt beispielsweise Kalisch (2017) Resilienz als »die Aufrechterhaltung oder schnelle Wiederherstellung der psychischen Gesundheit während und nach Widrigkeiten«. Hingegen betont Masten (2016) eher den Aspekt der Anpassungsfähigkeit. Für sie ist Resilienz »das Vermögen eines dynamischen Systems, sich erfolgreich Störungen anzupassen, die seine Funktion, Lebensfähigkeit oder Entwicklung bedrohen«. Die Therapeutin Rosemarie Welter-Enderlin (2008) ergänzt den Begriff noch um die entwicklungspsychologische Perspektive und versteht unter Resilienz »die Fähigkeit von Menschen (…), Krisen im Lebenszyklus unter Rückgriff auf persönliche und sozial vermittelte Ressourcen zu meistern und als Anlass für Entwicklung zu nutzen«.

Alle Definitionen drehen sich in ihrem Kern um vier wesentliche Punkte zur Bewältigung von Belastungen (z. B. Stress): Umgang mit Stress, Reduktion von Stress, Erholung nach Stress, ergänzt um »Wachstum« bzw. Entwicklung nach Stress. Die ersten drei Faktoren helfen, um stark durch Krisen zu gehen, also während einer akuten Krise psychisch gesund zu bleiben. Der vierte Faktor ist hilfreich, um stark durch Krisen zu werden, also an ihnen zu wachsen und für kommende Krisen besser gerüstet zu sein.

Wie genau das bestmöglich gelingen kann, ist je nach Modell und Perspektive ein klein wenig unterschiedlich. Ein häufig verwendetes Modell ist das der »Säulen«, das hilfreiche Eigenschaften und Fähigkeiten zusammenfasst. Ich nenne sie »Schutzfaktoren«, da sie mich sowohl im Dschungel als auch in meinem Privat- und Berufsleben immer wieder geschützt haben. Meine wichtigsten Schutzfaktoren lauten: Akzeptanz, Optimismus, Stresskompetenz, Selbstwirksamkeit, soziale Unterstützung und Fitness. Jeder von uns verfügt über seinen ganz individuellen Mix aus diesen (oder auch weiteren) Schutzfaktoren, um mit Belastungen umzugehen. Spannend dabei ist, dass ausgeprägte Stärken in einer Kompetenz mögliche Schwächen in einer anderen ausgleichen können. Es ist also nicht erforderlich, jeden einzelnen Schutzfaktor meisterlich zu beherrschen. Vielmehr sollten die bereits vorhandenen Schutzfaktoren, die sich aus den persönlichen Ressourcen und Strategien ergeben, zielgerichtet und nachhaltig eingesetzt werden.

In jedem Fall ist es lohnenswert, sich mit der eigenen Resilienz zu beschäftigen. Denn inzwischen ist gut erforscht, dass Resilienz nicht nur einen widerstandsfähigen Umgang mit Belastungen ermöglicht. Ihr werden noch viele weitere positive Auswirkungen zugeschrieben. So haben Menschen mit einer hohen Resilienz häufig weniger körperliche Beschwerden, erholen sich schneller nach Belastungen, passen sich schneller an Veränderungen an, leiden weniger unter Ängsten und Depressionen und verfügen über eine höhere Lebenszufriedenheit. Resilienz wirkt sich also deutlich positiv auf das körperliche, psychische und soziale Wohlbefinden von Menschen aus.

Und das Beste: Resilienz kann man lernen und trainieren! Die genannten Schutzfaktoren stellen dabei einen sehr soliden Rahmen als Orientierung zur Verfügung. Denn es geht nicht darum, den einen Weg oder die eine Kompetenz zu erwerben, vielmehr darum, eigene Ressourcen, Potenziale und Strategien beim Umgang mit Belastungen zu erkennen, zu nutzen und immer weiter zu entwickeln.

Dabei leuchtet ein frühzeitiges, präventives Vorgehen ein, weshalb Resilienz und speziell Resilienzförderung auch in der Kinder- und Jugendpsychologie ein hoher Stellenwert zugesprochen wird. Aber auch psychisch belastende Berufe, sogenannte Risikogruppen, wie beispielsweise Einsatz- und Rettungskräfte oder Mitarbeiter auf Intensivstationen können von gezielter Resilienzförderung profitieren.

In den letzten Jahren habe ich leider immer wieder die Erfahrung gemacht, dass vor allem in Unternehmen unter Resilienz lediglich die Leidensfähigkeit von Mitarbeitern verstanden wird, also die (fragwürdige) Fähigkeit, zunehmenden Druck und Belastung auszuhalten. Dabei geht es häufig nicht primär darum, die persönliche Gesundheit der Mitarbeiter zu erhalten oder zu fördern, sondern vor allem die Leistungsfähigkeit (im Sinne des Unternehmens) unter widrigsten Bedingungen sicherzustellen. Meines Erachtens greift dieser Ansatz zu kurz und ist potenziell sogar kontraproduktiv. Stressbelastungen sind ernst zu nehmende Warnsignale für mögliche Krisen – ähnlich einem Rauchmelder. Denn sobald dieser anspringt, entfernen wir nicht einfach die Batterie, damit er Ruhe gibt, sondern wir machen uns auf die Suche nach der Ursache: Rauchentwicklung (schleichende Krise/Belastung), Brand (akute Krise) oder Fehlalarm (individuelle Resilienz)? Erst danach stellt sich die Frage: Muss man die individuelle Resilienz, also die Widerstandskraft der Mitarbeiter, gezielt stärken? Oder ist es vielmehr erforderlich, etwas an den Ursachen für die Belastung zu verändern? Die Mitarbeiter immer »leidensfähiger« zu machen, reicht dabei in den seltensten Fällen aus – und kann sogar kontraproduktiv sein. Denn was passiert, wenn der Rauchmelder auf einen tatsächlichen Brand nicht mehr reagiert? Der mögliche Schaden ist immens. Daher sind vor allem Führungskräfte gefragt, nachhaltig mit den Ressourcen ihrer Mitarbeiter umzugehen, um diese nicht zu »verbrennen«, und Stressindikatoren als Warnsignale ernst zu nehmen, um die Ursachen frühzeitig zu beheben.

Da ich überzeugt bin, dass es nicht nur eine richtige Umgangsform mit Belastungen gibt, gebe ich Ihnen am Ende jedes Kapitels eine »Inspiration« mit auf den Weg, wie Sie meine Erkenntnisse und Erfahrungen in Ihren Lebens- und Berufsalltag integrieren können. Schauen Sie selbst, was sich für Sie schlüssig anfühlt – oder aber, wo Sie vielleicht völlig gegenteilige Erfahrungen gemacht haben.

Inspiration zum Schutzfaktor Akzeptanz

Um eine Krise meistern zu können, muss man sie zuerst als solche akzeptieren. Gerade bei Schicksalsschlägen ist es absolut menschlich, mit der Situation zu hadern und sich zu fragen: »Warum gerade ich?« Was geschehen ist, lässt sich nicht zurückdrehen. Daher ist es hilfreich, so schnell wie möglich die neuen Gegebenheiten anzunehmen und das Beste daraus zu machen. Tagebuchschreiben zum Beispiel unterstützt diesen Prozess. Indem man das Geschehene dokumentiert, macht man die eigene Lage für sich greifbar und wird eher handlungsfähig. Auch hat man den Kopf frei für die bevorstehenden Herausforderungen. Akzeptanz ist ein wichtiger Schutzfaktor der Resilienz und wissenschaftlich gut belegt. Weitere Anregungen, wie Sie Ihre Fähigkeit zur Akzeptanz und weitere Schutzfaktoren gezielt stärken können, finden Sie im Ausblick am Ende des Buches.

Alles wird gut

Akzeptanz hilft, die Vergangenheit anzunehmen und sich den aktuellen Herausforderungen zu stellen. Ein zweiter wichtiger Schutzfaktor ist Optimismus. Er gibt Kraft und hilft in schwierigen Zeiten, nicht den Glauben an eine positive Zukunft zu verlieren. Wer beides beherrscht, ist in Krisen auf jeden Fall gut ausgerichtet, nämlich vorwärts. Also ist es eigentlich ganz einfach: Man muss die Situation nur akzeptieren und optimistisch in die Zukunft blicken. Aber raten Sie dazu mal jemandem, der mitten in einer existenziellen Krise steckt! Da kann es passieren, dass Ihr Ratschlag mit einem Faustschlag erwidert wird.

Jede Krise ist anders, jeder Mensch erst recht. Und jeder hat seine eigene Art, mit Krisen umzugehen. Dennoch können Menschen voneinander lernen und sich gegenseitig inspirieren. Auch ich habe in meinem Leben immer wieder das Glück inspirierender Begegnungen gehabt.

Lange nach meiner Entführung habe ich als Manager für mehrere Jahre orthopädietechnische Versorgungszentren geleitet. Dabei bin ich vielen Menschen begegnet, die kurz zuvor ihre Arme oder Beine durch eine Amputation verloren hatten. Sie befanden sich in einer tiefen Krise. Das Leben zwang sie, sich mit einer neuen Realität und einem veränderten Körper zu arrangieren. Viele konnten und wollten ihr Schicksal nicht akzeptieren. Solange sie ihren unversehrten Körper zurückhaben wollten, floss ihre gesamte Energie in die Vergangenheit. Erst wenn sie bereit waren, das Beste aus ihrer neuen Situation zu machen, engagierten sie sich mit voller Kraft im herausfordernden Rehabilitationsprozess.

Dabei spielten die inneren Bilder eine zentrale Rolle. Es galt, den Blick von der Vergangenheit zu lösen und auf die Zukunft zu richten. Ein besonders inspirierendes Beispiel für die Kraft des positiven Denkens bot eine Professorin aus dem Nahen Osten, die bei einem Terroranschlag mit einer Autobombe beide Beine verloren hatte. Ihre Versorgung war technisch betrachtet kompliziert, doch sie war optimistisch und kämpfte wild entschlossen und am Ende erfolgreich für ihre Zukunftsvision, die sie immer fest im Blick hatte: »Ich werde als Professorin in den Vorlesungssaal zurückkehren, und das aufrecht. Als Vorbild möchte ich meinen Studenten in diesen schweren Zeiten Mut machen und demonstrieren, dass die Terroristen ihr Ziel verfehlt haben.« Als ich Monate später ein Bild von der Professorin sah, die tatsächlich wieder vor ihren Studenten stand, bekam ich vor Rührung Gänsehaut am ganzen Körper.

Im Unterschied zu besagter Professorin durften wir Geiseln auf Jolo hoffen, unser Martyrium unversehrt zu überstehen. Auch uns hat neben der Akzeptanz gerade der Optimismus geholfen, die Entführung stark durchzustehen. Und das war alles andere als selbstverständlich, da die äußeren Umstände wenig Anlass zu Optimismus boten.

Mitten im Dschungelkrieg

Nach einer langen, beschwerlichen Bootsfahrt gingen wir schließlich an Land. Erschöpft mühten wir uns durch einen Mangrovensumpf. Immer wieder traten wir barfuß im knietiefen Schlick auf spitze Steine. Seppo zog sich eine schmerzhafte Verletzung am Fuß zu. An Land versuchten wir, die Blutung mit Algen zu stoppen. Doch wir mussten weiter, zum »Headquarter«, wie uns ein mittelalter Mann von kleiner Statur mitteilte, der sich kurz zuvor als »Commander Robot« vorgestellt hatte. Er war einer der wenigen bewaffneten Männer, sprach ein paar Brocken Englisch und schien das Sagen zu haben.

In uns keimte Hoffnung auf, dass wir an unserem Ziel duschen und etwas Ordentliches zu essen und zu trinken bekommen könnten. Nach etwa zehn Stunden Fußmarsch auf glitschigen Pfaden durch dichte Vegetation erreichten wir bei Dunkelheit völlig entkräftet unseren Bestimmungsort: ein Versteck mitten im Dschungel. Keine Spur von einem »Headquarter«, wie ich es mir vorgestellt hatte. Uns erwartete eine primitive Stelzenhütte aus Bambus, ohne Strom und Wasser, ausgeleuchtet mit einer Kerze und mit einer Hühnerleiter zum Einstieg.

Ich war entsetzt und niedergeschlagen. Es war schwül, und die Luft war mit dem Rauch einer qualmenden Feuerstelle geschwängert. Schwärme von Moskitos näherten sich und setzten sich auf meine verschwitzte Haut. Ich wandte mich an Commander Robot und fragte: »Toilet?« Er schaute mich erst irritiert und dann belustigt an und deutete mit ausgebreiteten Armen auf die umliegende Natur.

Alles wird gut

Ernüchtert schleppte ich mich gemeinsam mit meiner Mutter und in Begleitung einiger bewaffneter Männer mit Taschenlampen in die Dunkelheit und verrichtete dort meine Notdurft. Auf dem Weg passierten wir mehrere kleine Gruppen junger Männer. Sie hockten auf dem Boden im Schein improvisierter Öllampen, die wie Molotowcocktails aussahen. Zwischen Baumstämmen baumelten Hängematten, über einige war eine bunte Plastikplane gespannt. Es waren die Unterkünfte unzähliger Bewaffneter, die hier anscheinend unsere Ankunft bereits erwartet hatten.

Neugierig versammelten sie sich um uns herum, betrachteten uns mit Gewehren und Patronengürteln über den Schultern. Sie unterhielten sich in einer aggressiv klingenden Sprache, einige lachten laut. Wir fühlten uns als schutzlose Beute in einem Räubernest. Und das waren wir auch. Nach und nach realisierten wir, dass wir von Moslemrebellen auf die südphilippinische Insel Jolo verschleppt worden waren.

Sie waren Teil der Terrorgruppe Abu Sayyaf (Schwertkämpfer), bekannt auch als al-Harakat al-Islamiyya, »Islamische Bewegung«. Die vom ehemaligen Afghanistan-Kämpfer Abdurajik Abubakar Janjalani 1991 gegründete Gruppe wurde nach dem Kampfnamen des Gründers benannt. Uns stellte sich die Rebellengruppe Abu Sayyaf als teilweise grotesker Haufen religiöser Fanatiker, politischer Extremisten und geldgieriger Banditen dar.

Die Abu-Sayyaf-Gruppe war aus der Moro National Liberation Front hervorgegangen. Ihr war die politische Linie der MNLF zu gemäßigt. Letztere hatte Friedensverträge mit der philippinischen Zentralregierung abgeschlossen, die den Moros eine gewisse Autonomie in den von ihnen bewohnten Gebieten auf Mindanao und im südphilippinischen Archipel einräumte. Das politische Ziel der Abu-Sayyaf-Gruppe war hingegen die vollständige Lösung aus dem Staatsverband der Philippinen und die Errichtung eines islamistischen Gottesstaates. Janjalani war zwei Jahre vor unserer Entführung von philippinischen Polizisten erschossen worden. Das mag eine zusätzliche Motivation für die geschätzt 200 Kernmitglieder der Abu-Sayyaf-Gruppe gewesen sein, eine besonders spektakuläre Aktion zu planen.

Der Anführer unserer Gruppe, Galib Andang, wurde Commander Robot genannt, weil er bei Gefechten mit der Armee auch dann noch roboterhaft weitergekämpft hatte, als er schon von Kugeln getroffen war. Er war ein verhinderter Polizist. Zu klein für den Dienst. Diese Kränkung soll ihn veranlasst haben, auf der Seite der Rebellen zu den Waffen zu greifen. Gemeinsam mit dem undurchschaubaren Mujib Susukan beanspruchte er seine Führungsrolle über mehrere Hundert Rebellen, die sie je nach Bedarf aus den Inseldörfern rekrutierten. Abgesehen von wenigen in Terrorcamps ausgebildeten Kämpfern handelte es sich um zivilisationsfern aufgewachsene Bauernsöhne mit einem ausgeprägten Faible für Waffen.

Unter den bis zu 500 Kämpfern, die uns zeitweise umgaben, befanden sich auch einige Kindersoldaten. Ihr kindliches Aussehen stellte einen erschreckenden Kontrast zu ihrer Bewaffnung dar. Sie waren mit modernen M16-Sturmgewehren aus amerikanischer Produktion bewaffnet. In einem Fall gelang es uns, mit einem von ihnen ins Gespräch zu kommen. Er erzählte uns, dass man ihm ein Amulett gegeben hatte, das er immer um den Hals tragen müsse. Seine Anwerber hatten ihm gesagt, dass dieses Amulett große Kraft besäße und alle Kugeln der Feinde um ihn herum lenken würde. Kindersoldaten begleiteten uns auch auf unserem Weg zum Fluss. Sie sollten dafür sorgen, dass wir nicht von einer anderen Rebellengruppe oder einem rivalisierenden Clan »erobert« werden, denn schließlich wollte man uns eines Tages gegen Lösegeld eintauschen.

Die Abu-Sayyaf-Gruppe war eine perfekt an den Dschungel angepasste Guerillatruppe. In ihrer Region galt sie bei dem Großteil der muslimischen Bevölkerung als Freiheitskämpfer, die sich gegen die Unterdrückung durch die christlich dominierte Regierung und deren Militär stellten.

Die religiösen Ziele und Überzeugungen spielten jedoch meiner Ansicht nach bei den wenigsten Entführern eine Rolle. Ich fühlte mich nie als Opfer einer religiösen Gruppe, für mich waren diese Menschen Terroristen und Banditen, die Unschuldige für ihre Zwecke missbrauchten. Als menschliche Schutzschilde dienten wir zunächst ihrer Sicherheit vor dem militärischen Zugriff der philippinischen Armee. Mehrfach kam es zu Gefechten zwischen den beiden Kriegsparteien, bei denen wir an vorderster Linie um unser Leben fürchteten. Doch es gab etwas, das uns noch mehr Angst machte als die schweren Geschütze um uns herum: die Macheten unserer Entführer. Im nicht kriegerischen Alltag der Bauern auf Jolo dienen die Macheten dazu, Unkraut zu beseitigen oder Bambus zu schlagen. Doch die Rebellen setzen sie im Zweifelsfall auch gegen ihre Geiseln ein, wenn ihre Lösegeldforderungen nicht erfüllt werden. Der Gedanke daran ließ uns das Blut in den Adern gefrieren.

Das Damoklesschwert
über unseren Köpfen

Unfreiwillig und unvorbereitet fanden wir uns quasi über Nacht in einer veränderten Realität wieder, die fremder und feindseliger nicht hätte sein können: mitten im Guerillakrieg und mitten im Dschungel. Hier waren wir mehr oder weniger schutzlos giftigen Insekten und tropischem Klima ausgesetzt. Mangelernährung und fehlende Körperhygiene führten zu Krankheiten, wie zum Beispiel Wundinfektionen, die aufgrund fehlender medizinischer Versorgung weitgehend unbehandelt blieben. Doch die größte Bedrohung für unser Leben stellten nicht die Unwägbarkeiten der Natur oder die militärischen Auseinandersetzungen dar, sondern die Willkür unserer Peiniger.

In unserem ersten Camp lernten wir Patrick kennen, eine philippinische Geisel, die einige Wochen zuvor auf Jolo entführt worden war, aber wenige Tage nach unserem Eintreffen freigelassen wurde. Er berichtete uns davon, dass die Abu Sayyaf ihre Geiseln enthaupteten, wenn ihre Forderungen nicht erfüllt würden. Das wollten wir zuerst nicht glauben. Doch wenig später zeigte uns Patrick einen Artikel in einer philippinischen Tageszeitung, die jemand aus einem nahe gelegenen Dorf ihm heimlich zugesteckt hatte. Darin wurde über jüngste Enthauptungen und Erschießungen von Frauen, Kindern und Priestern durch die Abu Sayyaf auf der Nachbarinsel Basilan berichtet.

Horrorbilder schossen uns durch den Kopf. Damit gesellte sich zu der physischen Bedrohung eine psychische, die nicht minder gefährlich war. Denn Katastrophisieren, der Strudel negativer Gedanken, ist der natürliche Feind des Optimismus. Wenn Gedanken um ein Horrorszenario zu kreisen beginnen, dann verliert man das Wichtigste überhaupt: die Hoffnung. Genau das ist meiner Mutter passiert. Sie hatte im Traum gesehen, wie ich, ihr Sohn, vor ihren Augen enthauptet wurde. Um mich zu schonen, hat sie ihn mir erst nach meiner Freilassung erzählt.

Diesen Traum hatte sie immer wieder, und er zog meiner Mutter den Boden unter den Füßen weg, zuerst psychisch und in der Folge auch körperlich. Sie litt nicht nur unter panischer Angst, sondern unter anderem auch unter extremen Rückenschmerzen und Bluthochdruck. Welche Macht die inneren Bilder auf die eigene Haltung haben, hat sie am eigenen Leib schmerzhaft erfahren müssen.

Zum Glück gab es während unserer Entführung aber auch Beispiele dafür, wie viel Kraft positive Bilder verleihen können.

Die positive Kraft der Bilder

Spitzensportler schwören auf die Kraft der inneren Bilder. Noch bevor sie loslaufen, lassen sie in Gedanken einen Film abspulen, wie sie als Erster über die Ziellinie laufen oder ihre Bestmarke im Hochsprung toppen. Auch Motivationstrainer betonen immer wieder, welche Bedeutung klare Visionen für Erfolg haben, mit Aussagen wie »Der Schlüssel zum Erfolg ist der Fokus auf die Dinge, die wir wollen – nicht auf die Dinge, die wir fürchten« (Brian Tracy). Wenn man sein Sehnsuchtsziel mit allen Sinnen spüren kann, wächst auch die Kraft, den Weg zum Ziel zu finden und zu gehen. Auf Jolo habe ich gelernt, dass positive Bilder nicht nur helfen, Träume zu verwirklichen. Sie geben auch Kraft, um Albträume durchzustehen.

Die Angst zu sterben begleitete uns ständig während unserer Entführung. Doch von wenigen Ausnahmen abgesehen, habe ich nie die Zuversicht verloren, dass es am Ende gut ausgehen würde. »Alles wird gut«, lautete mein Mantra. Besonders gut fühlte ich dies, wenn ich mir die Zeit nach meiner Freilassung ausmalte. Es waren schöne Gedanken, deren ruhige Bilder mir die tröstende Hoffnung auf Freiheit und Normalität gaben. Ich stellte mir vor, wie ich in Luxemburg in ein Café gehe, mir einen Cappuccino bestelle, in der Zeitung blättere und der Hintergrundmusik lausche. Und dann kommt ein guter Freund dazu, dem ich von meinen verrückten Erlebnissen damals auf Jolo erzähle.

Diese Vorstellung war für mich der Inbegriff von Freiheit. Einfach tun und lassen, was ich will. Ganz unaufgeregt. Ein zweites Sehnsuchtsziel war, meinen Bruder Dirk wiederzusehen, ihn fest in den Arm zu nehmen und dann ein kühles Bier mit ihm zu trinken. Beide Bilder, die mir Kraft gaben und eine positive Ausrichtung ermöglichten, sollten nach meiner Freilassung Realität werden.

Auch die anderen Geiseln malten sich aus, was sie in Freiheit machen würden. Im Angesicht des Todes haben die meisten von uns eine »Bucket List« in ihr Tagebuch geschrieben, also eine Liste der Dinge, die sie vor ihrem Tod unbedingt noch machen wollten. Jolo war für uns zugleich

Alles wird gut

auch eine YOLO-Erfahrung, gemäß dem modernen Akronym aus der Internetsprache, das für »you only live once« steht. Jolo erinnerte uns an die Endlichkeit des Lebens und an unsere Lebensträume. Mein Vater war mit Leib und Seele Geografielehrer. Sein heimlicher Traum war es jedoch, als Reisejournalist unterwegs zu sein. Er träumte schon auf Jolo davon, wie er später sein Tagebuch veröffentlichen und von seinen Erlebnissen berichten würde.

Callie und Monique aus Südafrika beschlossen, sich nach ihrer Freilassung ihren Kinderwunsch zu erfüllen. Außerdem machten sie Zeichnungen, wie sie ihren Garten neu gestalten wollten. Die Zukunftsvisionen der anderen Geiseln reichten von Fernreisen über Berufswechsel bis zu Restaurantbesuchen. Diese Vorstellungen davon, wie das Leben weitergehen würde, gaben uns Kraft. Auf meiner Liste stand noch »Als Barpianist in einer Kneipe klimpern« und »Mich richtig verlieben und eine Familie gründen«.

Der Glaube hilft

Neben den weltlichen Sehnsuchtsvorstellungen spielte der Glaube eine wichtige Rolle als Kraftquelle in schwierigen Momenten. Wer sein Schicksal als Gottes Willen oder als Teil eines übergeordneten Plans begreift, dem fällt es leichter, es zu akzeptieren. Gerade in der Not spendet Gottvertrauen die Zuversicht: Am Ende wird alles gut, Gott hält seine schützende Hand über mich. Der Glaube hat vielen Geiseln Kraft gegeben.

Mein Vater war schon immer ein gläubiger Christ. In den ersten Stunden der Entführung, als wir einem uns unbekannten Ziel entgegenschipperten, sah mein Vater drei Sternschnuppen am Nachthimmel. Er deutete sie als eine Art göttliches Zeichen für ein gutes Ende. Für ihn stand fest, dass wir drei überleben würden.

Ich selbst bin weder bibelfest noch kirchentreu, habe aber eine christliche Erziehung genossen und halte mich durchaus für einen spirituellen Menschen. Ich glaube an die Kraft von Gebeten. So ordnete ich auch meinen Wunsch nach einem Wink des Schicksals ein, der irgendwo im Universum auf Resonanz gestoßen war und mir dieses zweifelhafte Abenteuer beschert hatte. Allein der Glaube daran, dass ich selbst mein Schicksal beeinflusst haben könnte, machte mich vom Opfer zum Gestalter. Dieser Glaube half mir, mein Schicksal anzunehmen.

Auch Gebete für andere Menschen können Wirkung zeigen, davon bin ich überzeugt. Als meine Eltern und ich erfuhren, dass in Deutschland zahlreiche Menschen in Gebetskreisen und Gottesdiensten für unsere Freilassung beteten, waren wir nicht nur dankbar für diese Geste, sondern glaubten fest an die Kraft der spirituellen Schützenhilfe.

Und noch etwas: In vielen E-Mails, die wir ausgedruckt auf verschiedenen Wegen in das Geisellager geliefert bekamen, wünschten uns Unbekannte viel Kraft, um die harte Zeit zu überstehen. »Haltet durch!«, haben wir in zahllosen Varianten dort gelesen. Wir fühlten uns regelrecht in die Pflicht genommen, die Geiselhaft lebend zu überstehen. Ich kann mich erinnern, dass wir in Gesprächen mit meinen Eltern zu der einhelligen Auffassung kamen, dass wir diese vielen Unterstützer nicht enttäuschen konnten. Schon ihnen zuliebe mussten wir positiv bleiben und die Haft bis zu einem guten Ende durchstehen.

Alles wird gut

Auch unter uns Geiseln bildete sich ein konfessions-übergreifender Gebetskreis unter der Leitung des prakti-zierenden Christen Callie. Er lud uns allabendlich ein, an seinem »sunset prayer« teilzunehmen. Je nach Gemüts-lage folgten wir ihm. Die meiste Zeit verbrachten wir in Waldverstecken zusammen mit unseren Entführern. Ihre ständige Präsenz und ihr permanent plärrendes Transis-torradio wurden auf Dauer zu einer psychischen Belas-tung. Im Laufe der Zeit und mit wachsendem Vertrauen erlaubten uns die Entführer jedoch, uns für einige Meter vom Camp zu entfernen. Gemeinsam begaben wir uns dann zum Gebet an einen ruhigeren Platz, zum Beispiel auf einem freien Feld oder um ein Lagerfeuer.

Ich hatte mit flehenden Gebeten gerechnet, im Sinne von »Lieber Gott, bitte hol uns ganz schnell hier raus!«. Doch Callie fand vor allem Worte des Dankes, wie »Thank you, dear Lord, that we are all still alive« oder »Thank you, for the food that we received today«. Und dann lud er jeden von uns ein, ebenfalls ein Dankgebet zu sprechen. Es war erstaunlich, für was wir alles in unserer misslichen Lage dankbar sein konnten: »Danke, dass so viele Menschen für uns beten«, »Danke, dass für unsere Freilassung ver-handelt wird«, »Danke, dass es heute keine Militärattacke gab«. Diese Praxis hat uns all die positiven Aspekte, die sonst vor lauter Stress und Angst meist übersehen wur-den, vor Augen geführt. Zum Abschluss hielten wir uns noch einmal an den Händen, lösten dann den Kreis wieder auf und kehrten voller Hoffnung zurück in unseren Gei-selalltag. Dieses Ritual hatte neben dem psychologischen Wert auch einen teambildenden Nutzen.

Einige unserer muslimischen Schicksalsgefährten

schlossen sich den Gebeten der Entführer an, eingereiht in Richtung Mekka. Zwar gab es nur wenige praktizierende Muslime unter den Entführern, dennoch wurden wir häufig vor Sonnenaufgang vom Ausruf »Allahu Akbar« geweckt.

Inspiration zum
Schutzfaktor Optimismus

Optimistische Menschen vertrauen in schwierigen Zeiten darauf, dass sich ihre Situation bessern wird. Sie richten ihren Fokus auf die guten Seiten und auf Dinge, die funktionieren. Sie gehen von einem positiven Ergebnis ihrer eigenen Handlungen aus und zeigen daher eine größere Handlungs- und Durchhaltebereitschaft. Bei der Handlungsausführung erleben sie zudem mehr positive Emotionen als pessimistische Menschen. Das wiederum wirkt sich nicht nur positiv auf ihr Wohlbefinden, sondern auch auf ihre Gesundheit aus. Der positive Zusammenhang zwischen Optimismus und psychischer wie physischer Gesundheit gilt – wie J. Bengel und L. Lyssenko (2012) darlegen – in der gesundheitspsychologischen Forschung als bewiesen.

Optimismus ist in vielfacher Weise eine enorme Kraftquelle für Menschen:

– Psychisch hilft Optimismus Menschen dabei, Schicksalsschläge leichter und schneller zu überwinden. In Studien mit Erdbebenopfern zeigten beispielsweise Betroffene mit hohen Werten auf

Optimismusskalen signifikant weniger Belastungssymptome. Weitere Untersuchungen ergaben, dass sich Optimisten schneller von einer schweren Verletzung mit Intensivbehandlung erholen bzw. nach ihrer Entlassung weniger Angst- und Depressionssymptome aufweisen.

- Körperlich stärkt eine positive Lebenseinstellung nachweislich den Gesundheitszustand. So zeigte eine Studie der Techniker Krankenkasse, dass optimistische Studierende unter Prüfungsstress weniger anfällig für Infektionskrankheiten sind als weniger positiv denkende Kommilitonen.
- Optimisten verfügen dank ihrer positiven Lebenseinstellung über ein größeres soziales Netzwerk. Dieses hilft ihnen, schwierige Zeiten zu meistern.

Die gute Nachricht ist: Optimismus lässt sich trainieren. Eine Möglichkeit hierfür ist das Dankesritual. Dazu führen Sie sich abends vor dem Einschlafen drei Dinge vor Augen, für die Sie an diesem Tag dankbar sein können. Am besten sprechen Sie es laut aus oder schreiben es auf. Egal wie belastend Ihre Situation gerade sein mag – es gibt immer drei Dinge, für die Sie dankbar sein können. Mit dieser Praxis lenken Sie Ihre Aufmerksamkeit auf Dinge, über die Sie sich freuen, und lösen dadurch positive Emotionen aus, die Ihr Wohlbefinden steigern.

Dieses Ritual macht auch und gerade dann Sinn, wenn man schon entspannt ist. Denn ein Ritual vertieft sich in der regelmäßigen Praxis und steht dann auch in stürmischen Zeiten als Kraftquelle zur Verfügung. Oder anders gesagt: Die Feuerwehr übt ja auch nicht erst, wenn es brennt.

Nur nicht den Kopf verlieren!

Dass eine optimistische Grundhaltung hilft, Belastungen und Krisen zu meistern, ist bekannt und wissenschaftlich belegt. Der Volksmund steckt voller Weisheiten über die Kraft des positiven Denkens, wie zum Beispiel »Das Glas ist halb voll statt halb leer«, »Positiv gedacht ist halb vollbracht« oder »Der Glaube kann Berge versetzen«. Sie machen Mut in schwierigen Zeiten. So weit, so gut. Aber manchmal trübt Optimismus auch den Blick für die realen Risiken. Und das ist gefährlich.

Positives Denken hätte für mich fast einmal den finanziellen Ruin bedeutet. Nach einer längeren Auszeit war mein Kontostand besorgniserregend, ich brauchte dringend wieder einen Job. Selbstverständlich ging ich davon aus, dass dies mit meiner Berufserfahrung kein Problem sein sollte. Während es bei der damaligen Lage am Arbeitsmarkt völlig normal war, hundert Bewerbungen und mehr zu verschicken, hatte ich es mit zwei Bewerbungen versucht und wurde prompt zu Vorstellungsgesprächen eingeladen.

Ich war mir meiner Sache sicher. Gefühlt hatte ich beide Jobs schon in der Tasche und ersparte mir deshalb die Mühe weiterer Bewerbungen. Sechs Wochen später hatte ich zwei erfolgreiche Bewerbungsgespräche hinter mir. Es kamen die Einladungen zur zweiten Runde – es lief! Freunde rieten mir, parallel trotzdem ein paar weitere Bewerbungen zu schreiben. Aber ich war optimistisch: Abwarten, einen der beiden Jobs würde ich auf jeden Fall bekommen.

Weitere sechs Wochen später wurde ich eines Besseren belehrt. Ich bekam zwei Absagen. Damit stand ich wieder ganz am Anfang und hatte kostbare Zeit verloren, in der ich wohl besser doch Bewerbungen hätte schreiben sollen. Was dann folgte, war eine quälende Phase erfolgloser Bewerbungen und steigender Schulden. Die Moral von der Geschichte: Solange die Gefahr nicht vorüber ist, sollte man sie besser ernst nehmen. Oder wie der Fußballer sagt: Das Spiel hat 90 Minuten. Und was im Job und im Fußball gilt, das galt erst recht im Dschungel. Denn hier stand das eigene Leben auf dem Spiel.

Eine lebensgefährliche Zitterpartie

Ungewissheit war auf Jolo eine unserer härtesten Proben. Wir wussten nicht, ob wir die Insel je wieder lebendig verlassen würden, und wenn ja, wann. Jeden Moment konnten wir freigelassen oder erschossen werden. Je aussichtsloser und bedrohlicher eine Situation erscheint, desto mehr Angst und Unsicherheit empfindet ein Mensch. Je größer die Verzweiflung, desto verlockender die Versuchung, sich an Illusionen zu klammern. So wie ein Verdurstender in der Wüste, der einer Fata Morgana nachjagt und dabei euphorisch »Wasser, ich sehe Wasser!« ruft, bis er vor Erschöpfung in den Sand fällt. Unsere Fata Morgana hieß: Freilassung.

Die Optimisten unter uns Geiseln gingen schon zu Beginn von einer schnellen Freilassung aus: »Das dauert höchstens eine Woche.« Aber die Frist verstrich, und wir waren immer noch gefangen. Die Enttäuschung war groß, die Stimmung am Boden.

Wieder und wieder sind wir den Entführern auf den Leim gegangen, indem wir ihren Zeitangaben glaubten. Immer wieder fragten wir: »Wann werden wir freigelassen?« Und die Standardantwort lautete: »Soon, very soon. Maybe tomorrow. If not tomorrow, then the day after tomorrow.«

Daran haben wir am Anfang alle geglaubt – und vor allem darauf gehofft! Doch Hoffnung ist in schwierigen, nahezu aussichtslosen Lagen viel zu kostbar, um sie an billigen Trost zu verschwenden oder sie einem offensichtlichen Selbstbetrug zu opfern. Genau das taten die Optimisten oder besser die Euphoristen unter uns. Sie fielen auch noch Wochen nach der erzwungenen Fahrt übers Meer auf die Aussagen unserer Entführer herein. Bei jedem Gerücht einer bevorstehenden Freilassung brachen sie in Euphorie aus: »Nur noch zwei Tage, dann sind wir frei!« Zwei Tage später fielen sie dann in ein tiefes Loch, weil wieder nichts daraus wurde. Dieses gefährliche Auf und Ab der Gefühle zog sich über Wochen und Monate hin.

Die lebensgefährliche Zitterpartie war für alle Geiseln zermürbend, am schlimmsten jedoch traf es die naiven Optimisten – wie ich sie nenne –, denn sie fielen immer wieder aus der Euphorie in eine Depression, einige unter ihnen entwickelten sogar ernsthafte Suizidabsichten. Sie verloren sich in ihren Gefühlen, statt einen kühlen Kopf zu wahren.

In Krisen und unsicheren Zeiten besteht die Kunst darin, nicht den Kopf zu verlieren. Also weder in Angst noch in Euphorie zu verfallen, sondern realistisch und zugleich optimistisch zu bleiben beziehungsweise an ein gutes Ende zu glauben und sich zugleich auf einen langen, harten Weg vorzubereiten.

Diese Haltung hilft nicht nur, Krisen zu meistern, sondern auch, Siege zu erzielen, sogar gegen Angstgegner. Fußballtrainer schwören ihre Spieler darauf ein, keine Angst vor dem Gegner zu haben, sondern Respekt. Wir können das Spiel gewinnen, aber wir müssen kämpfen. »Dieser Weg wird kein leichter sein, dieser Weg wird steinig und hart«, lauteten die Liedzeilen von Xavier Naidoo, dessen Song zur inoffiziellen Hymne der deutschen Nationalmannschaft bei der Weltmeisterschaft 2006 wurde. In diesem Sinne stimmten sich die Nationalspieler emotional auf jedes Match ein und spielten eine WM, die als »deutsches Sommermärchen« in die Geschichte einging.

Positives Denken kann tödlich sein

Enttäuschte Erwartungen sind ein großes Risiko positiven Denkens. Es hat einige Geiseln an den Rand der Erschöpfung gebracht und beinahe in den Suizid getrieben. Noch schwerer wiegt allerdings, wenn man vor lauter Optimismus die realen Risiken ausblendet, statt sich auf sie einzustellen. In unserer Lage war es überlebenswichtig, sich nicht nur innerlich, sondern auch ganz konkret auf eine lange und vor allem gefährliche Zeit im Dschungel einzurichten. Wir mussten Lebensmittel einteilen, für Nachschub sorgen, uns fit halten. Im Kern war Disziplin gefragt, nach dem Motto: Bloß nicht hängen lassen!

Wir hatten teilweise sehr unterschiedliche Einschätzungen unserer Lage. Immer wieder gab es kontroverse Diskussionen, wenn wir schwierige Entscheidungen treffen mussten, die mehrere Personen betrafen. Ich zum Beispiel teilte mir anfangs umfunktionierte kostbare Reissäcke mit meinen Eltern. Sie waren Transportbehälter und Schlafunterlage zugleich. Einmal stellte sich die Frage: Sollen wir nach einem langen Marsch in ein neues Lager den Reissack zerreißen, um eine größere Schlafunterlage zu haben, oder sollten wir ihn besser in seiner Funktion erhalten, um ihn als Tasche für einen eventuellen weiteren Marsch nutzen zu können? Mein Vater war sich ganz sicher: »Das ist das letzte Camp. Von hier aus werden wir freigelassen.« Ich hielt dagegen: »Wer weiß …?«

Unter uns Geiseln war ich definitiv ein Vertreter der skeptischen Fraktion und hatte teilweise den Ruf eines Pessimisten. Dabei würde ich mich selbst eher als realistischen Optimisten bezeichnen. Mein Tagebucheintrag vom 23.05.2000 beschreibt diese Haltung: »Man weiß wie immer nix und muss optimistisch sein und doch zugleich mit allem rechnen. Ob, wie und wann wir freigelassen werden, ist wie immer völlig offen. Zurzeit sind sowohl zwei Tage als auch zwei Monate realistisch.«

Menschen, die auf das Schlimmste gefasst sind, werden oft als Pessimisten abgestempelt. Dabei gehen sie lediglich realistisch mit Risiken um und treffen entsprechende Vorkehrungen, um dann im Fall einer Verschlechterung immer noch so sorgenfrei sein zu können wie die Optimisten. Ich vergleiche das mit einer Brandschutzübung, die Menschen ja auch keine Angst machen soll. Im Gegenteil, wer sie mitmacht, kann anschließend beruhigt sein, denn sie dient der Sicherheit und rettet notfalls Leben. Auch wir mussten auf alles gefasst sein, sonst wurde es lebensgefährlich.

Zu Beginn unserer Geiselhaft waren wir alle recht optimistisch. Wir konnten die Risiken noch nicht richtig einschätzen. Wir wussten zwar, dass das philippinische Militär uns weiträumig eingekreist hatte, aber wir konnten uns nicht vorstellen, dass es uns angreifen würde. Doch am zehnten Tag eröffneten die Soldaten unvermittelt und aus nächster Nähe das Feuer auf unser Camp.

Wir flüchteten Hals über Kopf in die Büsche und ließen unsere Habseligkeiten zurück: Zum Teil barfuß und halb verdurstet liefen wir zwei Tage und eine Nacht durch den Dschungel. Mit Flipflops im Mondlicht auf glitschigen Pfaden durchs Unterholz zu marschieren, war schon riskant genug. Ohne Flipflops war es eine Katastrophe. Bei jedem blinden Schritt musste man fürchten, auf einen spitzen Stein, einen Stock oder ein giftiges Insekt zu treten. Das war lebensgefährlich, denn wir waren ohne medizinische Versorgung.

Durst war das zweite selbst verschuldete Risiko, da wir bei der Flucht auch das Wasser zurückgelassen hatten. Die schwüle Hitze – auch nachts – fühlte sich an wie der dritte Saunagang nach dem Aufguss. Nach etlichen Kilometern stießen wir an unsere Grenzen. Meine Mutter überschritt ihre Belastungsgrenze sogar und kollabierte. Dehydriert fiel sie mitten im Gehen einfach zur Seite.

Viele glückliche Fügungen haben dazu geführt, dass es zwar Verletzte, aber keine Toten gab. Meine Mutter konnte auf einem Esel transportiert werden, den wir von einem

Dorfbewohner übernahmen. Einige unserer Habselig-keiten wurden uns von Rebellen hinterhergetragen. Und im Moment der totalen Erschöpfung erreichte uns wie aus dem Nichts die erste Hilfslieferung: Kampfrationen der französischen Armee – wie passend in einem Guerilla-krieg.

Wir waren also noch einmal mit einem blauen Auge da-vongekommen. Die Optimisten sagten: »Puh, das haben wir überstanden«, und ließen sich erschöpft auf die Erde fallen. Die Realisten sagten: »Das kann jederzeit wieder passieren«,und sortierten ihre Siebensachen, um sie beim nächsten Mal nicht erneut zu verlieren.

Stress – unser Überlebenshelfer

In Krisen gibt es zwei besonders gefährliche Gemütszu-stände: das Katastrophisieren und die Euphorie. In beiden Fällen leidet die Leistungsfähigkeit entweder aufgrund von zu viel oder zu wenig Stress. Denn Anspannung aktiviert Menschen bis zu einem gewissen Punkt, danach nimmt die Leistungsfähigkeit wieder ab. Dies wird vom u-förmi-gen Verlauf des Leistungsniveaus in Abhängigkeit vom Anspannungsniveau nach dem Yerkes-Dodson-Gesetz veranschaulicht. Meine Mutter war ein klarer Fall von Ka-tastrophisieren. Die stets wiederkehrenden Horrorbilder von Enthauptungen lösten in ihr panische Angst aus und ließen sie emotional und körperlich kollabieren. Sie hatte zu viel Stress, während die von mir so genannten naiven Optimisten davon zeitweise zu wenig hatten. Sie brachen angesichts von Gerüchten um eine baldige Freilassung in

Euphorie aus und waren dann zu entspannt in einer Gefahrensituation. Beides ist gleichermaßen problematisch. Man darf sich nicht in Gefühlen verlieren oder, wie ich es nenne, den Kopf verlieren. Denn in Krisen ist es wichtig, den eigenen Stresslevel zu managen, also dafür zu sorgen, dass nicht zu viel Stress ist, aber auch nicht zu wenig.

Stress haftet ein schlechter Ruf an. Dabei handelt es sich um eine Körperreaktion, die unseren Vorfahren das Überleben ermöglichte. Gern wird in diesem Zusammenhang die Begegnung mit dem Säbelzahntiger in freier Natur zitiert. Hätten unsere Vorfahren in dieser Situation keinen Stress gehabt, dann gäbe es uns heute nicht. Ohne Stress wären unsere Vorfahren möglicherweise zu der leichtfertig optimistischen Einschätzung gelangt: »Der macht nichts, der will nur spielen.«

Doch was, wenn er Hunger hat? Für diesen Fall springt ein ausgeklügelter Mechanismus an, bei dem unter anderem Adrenalin ausgeschüttet wird, das letztlich den Blutzucker, den Blutdruck und den allgemeinen Muskeltonus erhöht. Der Körper wird in Alarmbereitschaft versetzt und für jene Handlungsoptionen aktiviert, die einem Säbelzahntiger gegenüber einzig angemessen sind: Kampf oder Flucht.

So weit zur Theorie. Doch wie sind wir als Geiseln mit unserem Stress umgegangen? Es gab zwar keinen Säbelzahntiger im Dschungel, der plötzlich vor uns stand, aber es gab Hunderte von Kriegern, die bis an die Zähne bewaffnet waren. In dieser Lage waren weder Kampf noch Flucht echte Handlungsoptionen. Gegen unsere Entführer kämpfen zu wollen, wäre einem Selbstmord gleichgekommen. Und mit 21 Geiseln unbemerkt aus dem Dschungel zu schleichen, war auch nicht realistisch. Wir hatten keine Orientierung, und die Insel wimmelte von Rebellen und ihren Sympathisanten. Der Dschungel selbst war der perfekte Gefängniswärter. Daher kämpften und flüchteten wir auf unsere Weise, nämlich im übertragenen Sinn.

Gedanklich flüchten

Körperlich waren wir gefangen, doch gedanklich waren wir frei, zumindest zeitweise. Jeder von uns hatte seine eigene Art, sich eine kleine Auszeit von der belastenden Geiselrealität zu nehmen. Besonders wenn der Stress zu groß wurde, träumten wir uns in eine andere Welt. Das nahm mitunter groteske Züge an, sodass ich manches Mal an die berührende Tragikomödie *Das Leben ist schön* von Roberto Benigni denken musste. Darin spielt er einen jüdischen KZ-Häftling, der seinen Sohn vor der grauenhaften Realität bewahrt, indem er ihm auf humorvolle Weise suggeriert, ihr Aufenthalt sei ein kompliziertes Spiel, dessen Regeln sie genau einhalten müssten, um am Ende als Sieger einen echten Panzer zu gewinnen.

Wurde der Stress zu groß, wurden auch wir erfinderisch. Aber manchmal half schon das sprichwörtliche Pfeifen im Wald. Bei unseren vielen Tages- und Nachtmärschen durch den Dschungel hat zum Beispiel Marie, eine französische Geisel, vor Erschöpfung und Angst gepfiffen. Das wirkte surreal, da wir jederzeit mit einem Überraschungsangriff des philippinischen Militärs rechnen mussten. Doch genau in solchen Momenten hilft das Pfeifen, um Druck abzulassen – wie bei einem Teekessel.

Nur nicht den Kopf verlieren!

Andere haben den Fokus ihrer Wahrnehmung auf die Natur gelegt, die wirklich beeindruckend schön war. Der Franzose Stéphane spezialisierte sich auf Insekten und entdeckte gigantische Ameisen in einem abgestorbenen Baumstamm. Auch hoch in den Bäumen gab es allerhand zu sehen, von Affen über Flughunde bis zu Papageien. »Birdwatching« bot sich geradezu an, so sah es Callie aus Südafrika und begab sich immer wieder auf Expedition.

Wir unternahmen Gedankenreisen. Nicht selten träumten wir auch von leckerem Essen. Dann beschrieben wir uns gegenseitig unsere Lieblingsrezepte in allen schmackhaften Details, bis jedem von uns der Speichel im Mund zusammenlief. Diese schönen Momente wurden jedoch schnell von der Realität der üblichen Reisportion wieder eingeholt. Doch von Zeit zu Zeit erreichten uns Hilfslieferungen mit wahren Gaumenfreuden. Nach zwei Wochen mit Flusswasser und Reis steckte ich mir während eines Nachtmarsches ein Karamellbonbon in den Mund. Es war eine Geschmacksexplosion, die mich für einen Moment in meine Heimat beamte – herrlich.

Vor allem die asiatischen Geiseln zogen Kraft aus der Meditation. Meditation dient zwar explizit nicht zum Wegträumen, hilft aber, den belastenden Gedankenfluss zu unterbrechen. Abi, eine philippinische Geisel, war mir bereits auf dem Boot aufgefallen. Während der zwanzig Stunden unserer Überfahrt saß er da, ohne sich auch nur einmal zu rühren. Ich habe mich manchmal gefragt, ob er überhaupt noch lebte. Ich hielt es sogar für möglich, dass er zu den Entführern gehörte, so unberührt, wie er mir erschien.

Eine willkommene Abwechslung im Camp bot jede Form der Lektüre. Wir erhielten Bücher, Zeitungen und

Zeitschriften sogar per Post. Das ist schwer vorstellbar, doch irgendwann kamen tatsächlich Pakete zu uns in den Dschungel. Rebellen und ihre Sympathisanten transportierten die Pakete aus der Inselhauptstadt zu uns – ohne Gewähr. Am beliebtesten waren Frauenzeitschriften, selbst bei den Männern. Sie waren so wunderbar trivial, im krassen Gegensatz zu unserer Lage. Aida, unsere Filipina, verschlang ein *Reader's Digest*-Heft nach dem anderen.

Auch Beruhigungspillen waren ein beliebtes Mittel, um den Stress zu reduzieren. Ich habe mich eher an Zigaretten gehalten, die ich über meinen Bodyguard organisieren konnte. Nach etwas mehr als einem Monat in Gefangenschaft fing ich mit dem Rauchen an. Es war meine kleine Auszeit vom mühsamen Geiselalltag und verschaffte mir einen klitzekleinen Rausch in der hin und wieder hoffnungslos erscheinenden Lage. Lustigerweise hieß die gängige Zigarettenmarke auch noch »Hope«.

Bei einem unserer Camps gab es einen aufgestauten Bach in der Nähe. In diesem »Pool« hat sich meine Mutter treiben lassen, den sogenannten Toten Mann gemacht, die Ohren hielt sie dabei unter Wasser. Das waren ihre einzigen friedlichen Minuten, ohne dass sie ständig Schüsse hören oder befürchten musste. Nach dem Auftauchen wurde dann aber ihre Empfindlichkeit von den ersten Schüssen umso härter getroffen.

Manche von uns versuchten, so viel wie möglich zu schlafen. Sie flohen regelrecht in den Schlaf, steckten sich Stöpsel in die Ohren, legten ein Tuch über die Augen und träumten sich weg. Aber wie in anderen schwierigen Lebenslagen auch: Wenn man dann aufwacht, und alles ist so trist wie vorher, fällt man in ein noch tieferes Loch.

Eine der effektivsten »Fluchtmaßnahmen« war der Galgenhumor. Je aussichtsloser die Situation, desto mehr flüchteten wir uns in die Ironie.

Letzte Ausfahrt:
Galgenhumor

Gelegentlich reagieren Menschen irritiert, wenn ich sage, dass Galgenhumor mir während der Entführung geholfen hat. Humor, in eurer Situation? Sie vermuten dann, dass es nicht so gefährlich gewesen sein kann … Das Gegenteil war jedoch der Fall. Gerade weil es so aussichtslos schien, stellte sich Galgenhumor ein. So wie die makabren Aussprüche von zum Tode Verurteilten auf ihrem letzten Weg. Mir wurde die ursprüngliche Bedeutung von Galgenhumor auch erst klar, als ich mich selbst dem Tod nahe wähnte.

Die Verhandlungen um unsere Freilassung waren ins Stocken geraten. Die Entführer formulierten immer neue und umfassendere Forderungen. Die Verhandlungsführer auf der anderen Seite hielten sich die Option einer militärischen Lösung offen. Als die Gespräche eskalierten, setzten die Verhandlungsführer den Prozess bis auf Weiteres aus und sprachen von einer »cooling-off-phase«.

Wenig später statteten uns Vertreter des radikalen Arms der Abu Sayyaf von der Insel Basilan einen Besuch ab. Ihr Anführer, Abu Sabaya, trat mit ungerührter Miene vor unsere Bambusplattform und erklärte unmissverständlich die Lage: »Wenn kein Lösegeld gezahlt wird oder das Militär noch einmal angreift, dann werden wir euch enthaupten.«

In diesem Moment hörte ich mich flüstern: »Marc, jetzt

nur nicht den Kopf verlieren!« Es war, als hätte ich eine Pistole an meiner Schläfe und würde mir noch eben die Krawatte zurechtrücken, bevor ich erschossen werde. Irgendwie verrückt und doch sehr wirksam. Galgenhumor löst zwar nicht das Problem, aber löst zumindest die innere Anspannung.

Nicht weniger verrückt war die Situation, als wir zum zweiten Mal vom philippinischen Militär unter Beschuss genommen wurden. Von einer Befreiungsaktion konnte nicht die Rede sein. Vermutlich um Druck auf die Entführer auszuüben, feuerte die Armee eine gefühlte Ewigkeit aus allen Rohren in unsere Richtung. Gewehrsalven zischten durch die Luft, neben mir wurden Bananenblätter oder Baumrinde durchsiebt, in größeren Abständen flogen Granaten heran, die sich mit dem typischen Heulen in der Luft ankündigten.

Die Entführer versuchten, uns aus der Schusslinie zu bringen, und befahlen mir und einigen weiteren Geiseln, in ein großes Erdloch zu springen. Unsere Körper waren jetzt zumindest vor den Gewehrsalven und Splittern geschützt. Der Artilleriebeschuss blieb weiterhin eine Art Russisch Roulette. Wir hatten Todesangst. Ich blickte auf die fünf Rebellen, die sich um unser Erdloch postiert hatten, um uns zu beschützen oder an der Flucht zu hindern. Es waren offenbar erfahrene Kämpfer mit Spezialauftrag: Geiselsicherung. Ihre Kampferfahrung ließ sich unschwer erkennen. Einer hatte nur einen Arm, ein anderer trug eine Augenbinde. Der Nächste hatte einen halben Unterkiefer vermutlich im Gefecht eingebüßt. Obwohl ich mich ganz bestimmt nicht über das Äußere anderer Menschen und schon gar nicht über Behinderungen lustig mache, ließ mich in diesem Augenblick eine unfreiwillige Komik laut ins Erdloch rufen: »Das ist doch keine Elitetruppe. Das ist eine verdammte Freakshow!«

Stéphane konnte sich vor Lachen kaum beruhigen, und wir verfielen in einen wahnsinnig anmutenden Lachkrampf. Meine Mutter konnte darüber nicht lachen. Ihr machte mein Verhalten Angst, und sie befürchtete, dass ich durchdrehen würde. Und damit lag sie vermutlich gar nicht so falsch. Vielleicht hat mich gerade das Lachen davor bewahrt, durchzudrehen.

Durch meine Erfahrung kann ich heute besser nachvollziehen, warum einige Berufsgruppen, wie zum Beispiel Ersthelfer oder Chirurgen, teilweise zynische Sprüche in der Art von »Die Schrumpfniere auf der 17« über die Lippen bringen. Nicht aus Spaß, sondern um mit der Belastung fertigzuwerden. Es handelt sich also um einen effektiven Selbstschutzmechanismus.

Galgenhumor hilft nicht nur in lebensbedrohlichen Situationen, sondern auch im ganz normalen alltäglichen Wahnsinn. Wikipedia gibt dafür eine sehr treffende Beschreibung: »Galgenhumor übt oder besitzt, wer in einer für ihn nachteiligen, bedrohlichen oder ausweglosen Situation ein komisches Element findet und seine Lage oder sich selbst belacht oder verspottet, indem er beispielsweise sein tatsächliches oder vermeintliches Unglück auf humoristische oder ironische Weise in einen Vorteil umdeutet.« In diesem Sinne half uns Humor immer wieder, unserem bedrohlichen Geiselalltag etwas von seinem Schrecken zu nehmen und ihn damit erträglicher zu machen.

Im lokalen Radiosender liefen immer dieselben Lieder, darunter »Please release me, let me free« und »We have joy, we have fun, we have seasons in the sun«. Es war zum Verrücktwerden. Schließlich beschlossen wir, ebenfalls Lärm zu machen, und begannen, mitten in der Nacht laut Lieder zu singen. Mein Vater dichtete unter anderem den Beatles-Hit »Yellow Submarine« um, und so sangen wir im Chor: »We all live in the jungle of Jolo …« Anfangs fanden unsere Entführer das noch lustig, später nicht mehr. Wir jedenfalls hatten unseren Spaß oder zumindest das Gefühl, auch mal ein bisschen Terror machen zu können.

Und noch ein letztes Beispiel von Galgenhumor, weil es so anschaulich ist. Wenn es wieder mal nur eine dürftige Reismahlzeit gab, zu der wir uns fast überwinden mussten, munterten wir uns gegenseitig auf mit: »Kommt, lasst uns die Würmer füttern, sie sind hungrig.« Würmer hatten wir nämlich nach einer gewissen Zeit aufgrund der mangelnden Hygiene alle.

Kämpfen im Rahmen der Möglichkeiten

Gedankliche Flucht beschützt nur temporär vor dem Durchdrehen, wenn man den Kopf zu verlieren droht. Die Rückkehr in die bedrückende und lebensbedrohliche Realität ist dann oft mit einer harten Landung verbunden.

Im Gegensatz zur Flucht kann die Stressreaktion Kampf tatsächlich helfen, eine schwierige Lage zu verbessern. Ein Angriff auf unsere Entführer war jedoch keine realistische Option. Selbst wenn jeder von uns mit einem geladenen Schnellfeuergewehr ausgerüstet gewesen wäre, hätten wir nicht die geringste Chance gehabt gegen Hunderte erfahrener Guerillakämpfer. Das wussten die Rebellen auch, darum ließen sie ihre Waffen teilweise offen herumliegen. Wir konnten unserer Situation nicht entrinnen, zumindest nicht mit Gewalt. Aber wir versuchten, mit friedlichen Mitteln auf eine schnelle Freilassung hinzuwirken. Immer wieder wurden internationale Journalisten zu uns ins Camp gelassen, da die Entführer gezielt die Aufmerksamkeit der Medien suchten. Wir nutzten diese Chance, um in dramatischen Appellen einen Stopp der Militärattacken zu fordern und um schnelle Verhandlungen zu bitten.

Wir kämpften nicht nur für die Beendigung unserer Geiselhaft, sondern auch für eine Verbesserung unserer Haftbedingungen. Unser natürlicher Feind war der Regenwald, wo wir dem Regen teilweise schutzlos ausgesetzt waren. Meist hausten wir auf Plattformen aus Bambus. Diese standen zwar auf Bambusstelzen zum Schutz vor giftigen Kriechtieren, doch ein festes Dach zum Schutz vor Regen fehlte. Einmal erwischte uns ein Tropenschauer und bescherte uns eine feuchtkalte Nacht. Unsere Ingenieure, Risto und Stéphane, errichteten daraufhin eine Dachkonstruktion aus Bambus und Plastikplanen, die unsere Lebensqualität deutlich erhöhte. Auch der nützliche Bau einer Dachrinne, die aus einem halbierten ausgehöhlten Bambusrohr bestand, verbesserte unsere Lage. Mit ihr leiteten wir Regenwasser vom Dach in einen leeren Benzinkanister und hatten dadurch einen Vorrat an Trinkwasser für trockene Zeiten.

Mit vielen kleinen Maßnahmen erkämpften wir uns Freiräume im Gefangenenlager. Irgendwann hatten wir eine eigene Feuerstelle inklusive Topf und waren damit unabhängig von der willkürlich chaotischen Rebellenküche. Sonja, eine französische Geisel, gelang es, Kontakt zu einer Zivilistin aufzunehmen, die uns Gemüse, Obst und Fisch vom Markt besorgte.

All das verbesserte unsere Lebensbedingungen und reduzierte die Stressquellen. Und es gab uns das Gefühl, etwas tun zu können, statt nur abzuwarten. So wurden wir von Opfern zu Gestaltern und fühlten uns der Willkür der Rebellen weniger ausgeliefert. Damit verfolgten wir das Prinzip der Selbstwirksamkeit – eine wichtige Resilienzstrategie.

Inspiration zum Schutzfaktor
Stresskompetenz

In Krisen gilt: Nur nicht den Kopf verlieren! Wer in unsicheren Zeiten euphorisch wird, sollte sich fragen, ob die Gefahr wirklich gebannt ist. Beispiel: Habe ich den Job schon in der Tasche, nur weil ich zum Vorstellungsgespräch eingeladen wurde, oder sollte ich mich zur Sicherheit noch woanders bewerben? Bei zu viel Angst und Stress hilft unter anderem: Bewusst atmen – daran kann man sich selbst immer wieder erinnern. Und meditieren – Gefühle und Gedanken beobachten, aber nicht darauf einsteigen, sondern loslassen. Und wenn gar nichts mehr geht: Galgenhumor.

In Krisen hilft Helfen!

Früher oder später trifft jeden von uns eine Krise. Einige verlieren ihren Job oder einen nahestehenden Menschen. Andere werden schwer krank oder haben einen Unfall. Viele Menschen fühlen sich als Opfer des Schicksals und fragen sich: »Warum ist gerade mir das passiert?« So menschlich diese Reaktion ist, so sehr erschwert sie die Bewältigung der Krise. Denn wer sich ohnmächtig und ausgeliefert fühlt, gerät vor Angst in eine belastende Negativspirale.

Die Kunst, nicht den Kopf zu verlieren, besteht unter anderem darin, sich seiner eigenen Handlungsoptionen zur Bewältigung der Krise bewusst zu werden. Indem man etwas tut, handelt, stellt sich das positiv bestärkende Gefühl ein, selbst etwas bewirken zu können. Dabei schöpft man aus den eigenen Ressourcen, um Lösungen zu finden, die die eigene Lage verbessern können. Diese Ressourcen können frühere Erfahrungen sein, auf die man sich besinnt, besondere Fähigkeiten oder praktische Fertigkeiten. Jeder hat etwas, das er gut kann, und auch jedem ist schon mal etwas gelungen im Leben. Wenn man aktiv wird, stößt man einen Positivkreislauf an.

Es gibt Schicksalsschläge und ausweglose Situationen, in denen die eigentliche Veränderung nicht wirklich beeinflusst oder rückgängig gemacht werden kann. Aber irgendetwas kann man immer tun. Und das tut gut. Beispiel: Mir wird gekündigt – ich schreibe Bewerbungen. Ich habe meinen Ehepartner verloren – ich tröste meine Kinder. Mein Haus ist abgebrannt – ich rufe meine Versicherung an. Ich bin schwer erkrankt – ich teile meine Erfahrungen mit anderen. Manchmal sind es auch Kleinigkeiten, die helfen können. Das Konto läuft leer, und die Kundenaufträge bleiben aus – ich bereite mich auf die Kundenakquise vor, räume schon mal den Schreibtisch auf und spitze den Bleistift an.

Jeder hat seine eigene Art, mit schwierigen Situationen umzugehen. Jeder kann etwas, das ihm besonders liegt. Hauptsache ist, man tut etwas. Wer handelt, hat mehr Kraft und weniger Angst. So war es auch bei uns auf Jolo.

Handeln macht stark

Letztlich lag unser Schicksal in den Händen unserer Entführer. Sie waren die Herren über Leben oder Tod, Freiheit oder Gefangenschaft. Aus dieser Situation konnten wir zwar nicht ausbrechen, aber wir konnten sie ausgestalten, in unserem Sinne verbessern. Indem wir für bessere Lebensbedingungen kämpften, reduzierten wir die Stressquellen. Wir bauten ein Dach gegen den Regen, eine Dachrinne für Trinkwasser und so weiter. Die konkreten Vorteile waren enorm, der psychologische Nutzen sogar noch größer. Wir nahmen unser Schicksal in die eigene Hand. Wir machten uns nützlich und fühlten uns handlungsfähig. Ein jeder auf seine Weise und nach seinen Talenten. Unsere Ingenieure, Stéphane und Risto, bastelten nützliche Dinge aus Bambus. Marie als Ersthelferin kümmerte sich um Wunden und die Behandlung von Krankheiten. Seppo, der Künstler, malte Bilder vom bedrückenden Geiselalltag. Mein Vater führte Tagebuch. Sonja bestellte Nahrungsmittel. Und wir alle schrieben Bittbriefe an unsere Botschaften und gaben Interviews, um durch medialen Druck die Verhandlungen um unsere Freiheit zu beschleunigen.

Einige dagegen blieben in ihrer ohnmächtigen Angst stecken. Dazu zählte auch meine Mutter. Nur selten gelang es ihr, an das anzuknüpfen, was ihr sonst im Alltag große Kraft verlieh: anderen zu helfen und Mut zu machen. Dies tat sie, als mein Vater an einer Bauchspeicheldrüsen-Entzündung erkrankte. Da war sie wieder in ihrer Kraft. Doch meistens war es umgekehrt. Mein Vater und ich halfen ihr bei der Bewältigung der täglichen Herausforderungen und beim Überleben in kritischen Situationen. Diese Aufgabe war extrem anstrengend, aber sie gab uns Kraft. Und, was noch wichtiger war, sie nahm uns die Angst.

Wer anderen hilft,
hilft sich selbst

Manchmal werde ich gefragt, was wir den ganzen Tag gemacht haben, ob es nicht langweilig war. Wir hatten zwar keine Termine, aber zu tun hatten wir schon. Die kleinen Pflichten des Alltags wurden im Regenwald zu einer echten Herausforderung: Körperhygiene ohne (fließendes) Wasser, Wäschewaschen am Fluss (falls vorhanden), Essenkochen (sofern wir Lebensmittel und eine Feuerstelle hatten), Putzen und Aufräumen (ohne Lappen in einer

Bambushütte mit matschigem Boden), um nur ein paar Beispiele zu nennen. Was im zivilisierten Alltag schon nervt, war bei uns Mühsal mit Faktor zehn. In den Phasen, als meine Mutter nicht laufen konnte, verschärfte sich die Mühsal mit Faktor hundert. Es wurde also nicht langweilig, es war vielmehr extrem anstrengend. Aber einen Vorteil hatte es: Vor lauter Tagesgeschäft kamen wir kaum dazu, ängstlich über unsere Situation zu grübeln.

Die Rolle des Helfers verleiht in Krisensituationen nicht nur Kraft, sondern auch Mut, besonders in lebensgefährlichen Lagen. Dieses Phänomen habe ich erst nach meiner Freilassung wirklich begriffen, als ich eine Videoaufnahme von uns sah. Das erste Kamerateam eines philippinischen TV-Senders, das uns im Dschungel besuchte, kam just in dem Moment, als wir zum zweiten Mal auf der Flucht vor dem Militär waren. Wir pausierten im Sichtschutz der Vegetation, auf dem Boden kauernd, meine Mutter lag zwischen uns auf einer improvisierten Trage. Sie konnte nicht laufen, war dehydriert, zeitweise bewusstlos und hatte erst kurz zuvor beatmet werden müssen. Marie legte ihr zur Beruhigung eine Hand auf den Rücken, ich fächelte ihr etwas Luft zu, und mein Vater sprach einen Appell an die Regierung in Manila in die Kamera.

Plötzlich Gewehrsalven aus feindlicher Richtung. In diesem Moment war das philippinische Militär unser Feind. Die meisten Geiseln duckten sich auf den Boden, was in der Situation das einzig Richtige war. Ich dagegen blieb aufrecht sitzen und fächelte meiner Mutter weiterhin mit stoischer Gelassenheit Luft zu. Das war sehr leichtsinnig gewesen. Als ich diese Szene später in Freiheit im Video sah, fragte ich mich, warum ich mich nicht ebenfalls geduckt hatte. Da wurde mir klar: In diesem Moment hatte ich mehr Angst um das Leben meiner Mutter als um mein eigenes.

Nachdem das Kamerateam verschwunden war, setzten wir unsere Flucht fort. Zu viert nahmen wir die Trage mit meiner Mutter auf die Schultern und rannten um unser Leben. Wenn Artilleriegeschosse heranheulten, riefen die Rebellen »Drop! Drop!«, und wir warfen uns vorsichtig mit der Trage auf den Boden. Nach der Detonation setzten wir die Trage wieder auf unsere Schultern und rannten weiter.

Eine Szene, wie ich sie nur aus Kriegsfilmen kannte. Heldenhaft, könnte man fast meinen. Aber das war es nicht. In diesem Moment war ich einzig darauf fokussiert, dass meine Mutter nicht von der Trage fiel. Das war mir wichtiger als der Gedanke, nicht getroffen zu werden. Ich hatte das Glück, helfen zu können. Das gab mir Kraft und nahm mir die Angst.

Auch andere Geiseln beschrieben, wie sehr es ihnen geholfen hat, anderen helfen zu können. Marie zum Beispiel lief zur Höchstform auf, als sie die Schusswunden einiger Rebellen versorgte oder meiner Mutter mit einer Mund-zu-Mund-Beatmung half.

In Krisen hilft Helfen. Wer anderen hilft, hilft auch sich selbst. Das lässt sich in vielen Notsituationen beobachten, etwa bei einem Hausbrand. Viele Menschen geraten in Angst und Panik. Doch meistens gibt es jemanden, der auf einmal ganz ruhig ist und den Verkehr regelt. Diese Menschen spüren plötzlich ihre eigene Kraft und wirken beruhigend auf andere ein. Ihr Fokus liegt auf dem Helfen, während die eigene Angst in den Hintergrund tritt.

Die Rolle des Helfers ist eine große Chance und hilft, stark durch Krisen zu kommen. Sie birgt aber zugleich ein Risiko, wenn man seine eigenen Grenzen überschreitet.

Erst sich und danach den anderen helfen

Sich aufzuopfern scheint heldenhaft, ist aber mitunter leichtsinnig oder sogar verantwortungslos. Mein Vater hat einmal selbstlos gehandelt, als er sein Trinkwasser meiner Mutter gab, statt dafür zu sorgen, dass er selbst ausreichend zu trinken hatte. Er hat sich sogar nicht mehr die Hände gewaschen, um Wasser zu sparen. Die Folge war eine schlimme Infektion am Finger, die zu hohem Fieber führte, bis er schließlich kollabierte. Damit war am Ende niemandem geholfen, da er als Helfer ausfiel und selbst zeitweise zum Pflegefall wurde. »Gut gemeint ist nicht gleich gut gemacht.«

Helfen zum Preis der Selbstaufgabe oder für den Heldentod bringt niemandem etwas. Anderen kann man nur helfen, wenn man zuerst sich selbst geholfen hat. Getreu der Devise der Sicherheitshinweise bei jedem Start im Flugzeug, wenn es heißt: »Sollte es zu einem Druckabfall in der Kabine kommen, öffnet sich eine Klappe über Ihnen, und eine Sauerstoffmaske fällt herunter. Ziehen Sie die Maske zu sich heran, und platzieren Sie sie fest auf Mund und Nase. Danach erst helfen Sie Kindern und hilfsbedürftigen Personen.«

Mich irritiert diese Durchsage immer. Intuitiv würde man doch eher meinen: »Frauen und Kinder zuerst!« Aber auch hier darf man nicht den Kopf verlieren. Der Helfer muss zuerst sicherstellen, dass er überhaupt zum Helfen in der Lage ist. Daher heißt es bei Verkehrsunfällen: »Bevor ein Ersthelfer sich einen Überblick über das Unglücksgeschehen verschafft, muss er sich zunächst selbst absichern. Das eigene Auto wird also bei einem Unfall in sicherer Entfernung abgestellt, der Warnblinker eingeschaltet und die Warnweste angezogen.«

Zuerst für sich zu sorgen klingt egoistisch, ist aber sinnvoll. Das gilt für treu sorgende Mütter und Väter, die mal auftanken müssen, um dann wieder geben zu können, ebenso wie für Angestellte, die auch mal abschalten müssen. In der Praxis kommt das allerdings oft nicht gut an. Beliebter sind Kollegen, die immer erreichbar sind und für jedes Problem bereitstehen, nach dem Motto »Einer muss es ja machen«. Dieser Typus, ich nenne ihn »Held der Arbeit«, zieht seine Kraft aus dem (vermeintlich) selbstlosen Helfen und geht dennoch nicht selten daran zugrunde. Gute Führungskräfte sorgen dafür, dass ihre Mitarbeiter hinreichend für sich sorgen können. Ich habe in meinem Leben beide Seiten erleben dürfen und viel daraus gelernt.

Inspiration zum Schutzfaktor – Selbstwirksamkeit als Helfer

Das Gefühl, etwas für das eigene Schicksal tun zu können, verleiht gerade in Krisen große Stärke. Es bewahrt uns davor, in die Opferrolle und damit in das Gefühl der Ohnmacht abzurutschen. Wer in schwierigen Lagen handeln kann, hat weniger Angst. Jeder hat seine eigene Art zu handeln, hat ein Talent, eine Neigung. Es ist gut, diese Ressource zu kennen und bewusst zu nutzen. Mir persönlich hat das Helfen sehr geholfen. Doch sorgen Sie auch für sich selbst, damit Sie stark bleiben können. Im Zweifelsfall muss man zuerst sich selbst helfen, auch wenn dies manchmal schwerfällt.

Never walk alone!

Von Anfang an hatten wir eine Gruppenregel aufgestellt, um uns gegenseitig und insbesondere die Frauen vor Übergriffen zu schützen: »Niemals allein!«

Patrick, die philippinische Geisel hatte uns gewarnt: »Lasst, wenn möglich, nie jemanden allein mit den Rebellen aus dem Camp laufen. Denn dann kann es passieren, dass der oder diejenige geschlagen oder missbraucht wird, damit anschließend ein entsprechend dramatischer Appell per Telefon an die Außenwelt abgegeben werden kann.«

Wir sind also von Anfang an nur zu zweit in die Dschungeltoilette gegangen oder zum Waschen an den Fluss, und stets musste ein Mann dabei sein. Marie, die allein reiste, hatte mich gleich zu Beginn den Entführern gegenüber als ihren Verlobten ausgegeben, um sich so zu schützen. Diese Rolle haben wir sehr überzeugend gespielt, was uns aufgrund gegenseitiger Sympathie nicht schwergefallen ist.

Gemeinsam durch die Krise

Ich empfand es als ein Riesenglück, nicht allein entführt worden zu sein. Denn eine Gruppe gibt Halt. Zudem bestand unsere Gruppe überwiegend aus Paaren. Paare geben sich und damit auch der Gruppe Halt. Der Zusammenhalt meiner Familie funktionierte gut, wenn auch nach einem anderen Muster als in meiner Kindheit, denn meine Mutter war von einer Hilfe spendenden in eine Hilfe empfangende Rolle geschlüpft. Die Geiselgruppe war ein soziales Netz, das in schwierigen Situationen getragen hat, manchmal sogar sprichwörtlich, wie im Fall meiner Mutter.

Nachbarschaftshilfe ist auch im zivilen Alltag eine große Stütze. Man hilft sich aus, packt mit an, passt aufeinander auf und gibt sich, wenn es gut läuft, ein Gefühl der Geborgenheit. Die soziale Einbindung in Nachbarschaft und Großfamilie geht in unserer schnelllebigen Zeit leider immer mehr verloren und wird durch soziale Netzwerke ersetzt, die vorzugsweise digital sind. Insofern hatten wir auf Jolo einen elementaren Vorteil: Wir befanden uns in einer analogen Welt und in unmittelbarster Nachbarschaft, gemeinsam in einer Unterkunft ohne Wände und Türen. Wenn es jemandem schlecht ging, blieb das nicht unbemerkt. Wir spendeten einander Trost, machten uns gegenseitig Mut, oder kotzten uns einfach mal bei jemandem aus – geteiltes Leid ist halbes Leid.

Es gab auch gesellige Momente, in denen wir uns mit Spielen von unserer bedrohlichen Lage ablenkten, zum Beispiel mit dem – Achtung, Galgenhumor! – von uns so genannten »Happy Hostage Game«. Dafür hatte ich eine Art Mensch-ärgere-dich-nicht-Spielfeld auf einen Block gemalt, und Stéphane hatte die Figuren und einen Würfel aus Bambus geschnitzt. Ziel des Spiels war es, in die Freiheit zu gelangen und die Hindernisse im Stil von »Achtung Militärattacke – eine Runde aussetzen« zu überwinden. Auf Außenstehende mochte dieses Spiel irritierend wirken. Doch innerhalb unserer unfreiwilligen Selbsthilfegruppe teilten wir alle das gleiche Schicksal und hatten somit vollstes Verständnis für die Situation der anderen.

Die enge Gemeinschaft wirkte sich definitiv unterstützend aus, mental wie praktisch. Dabei war es wie im echten Leben: Nachbarn können auch nerven. Im Endeffekt lässt sich sagen, dass das Leben als Einzelkämpfer manchmal unkomplizierter ist, das Überleben allerdings in der Gemeinschaft leichter. Ein afrikanisches Sprichwort besagt: »Wenn du schnell gehen willst, dann geh alleine. Wenn du weit gehen willst, dann geh mit anderen.«

Zum erweiterten Kreis unserer Lebensgemeinschaft zählten auch unsere Entführer. In letzter Instanz blieben sie zwar unsere Feinde, doch im Alltag waren sie nicht selten auch unsere Unterstützer. Bei ihnen holten wir uns Hilfe, die wir selber nicht leisten konnten: ein Buschmesser zum Schlagen von Bananenblättern als Regenschutz, ein Tipp zum Umgang mit giftigen Insekten, eine Begleitung zum Wasserholen an den Fluss und vieles mehr. Sie waren das Leben im Dschungel gewohnt und kannten viele Tricks. Womit kann man sich zum Beispiel im Dschungel die Zähne putzen? Viele Kämpfer trugen eine Machete bei sich. Damit konnte man aus dem Stamm einer Kokospalme ein etwa einen Zentimeter breites und zehn Zentimeter langes Stück herausschlagen, das auf der Innenseite faserig war, womit wir in den ersten Tagen eine rudimentäre Zahnpflege betreiben konnten, natürlich ohne Zahnpasta.

Es half, wenn man zumindest zu einem der Rebellen eine gute Beziehung aufgebaut hatte. Freundliches Grüßen gehörte ebenso zum guten Ton wie in Europa, auch wenn sich die Begrüßungsrituale von den unsrigen unterschieden. Wenn die Rebellen einen mochten, dann drückten sie zur Begrüßung einen Daumen gegen den Daumen ihres Gegenübers und machten eine Drehbewegung. Sie freuten sich jedes Mal, wenn man mitmachte. Auch Witze waren beliebt, beschränkten sich wegen ihrer mangelnden Englischkenntnisse allerdings auf Ein-Wort-Sätze. Ich habe zum Beispiel meine lange Narbe am Arm vorgezeigt, die von einem Fahrstuhlunfall in der Kindheit herrührt, und gesagt: »fighting«. Nun gab es zwei mögliche Reaktionen. Entweder erstarrten die Rebellen vor Ehrfurcht, da Narben von Kampfesmut zeugten, oder sie durchschauten meinen Witz und mussten lachen. Beides war für eine gute Beziehung förderlich.

Networking spielte bei uns eine ähnliche Rolle wie im Alltag zu Hause, auch wenn es sich hier nicht um Freunde und Kollegen handelte. Die Spielregeln waren dieselben. Beziehungen beruhten auf Vertrauen, entstanden durch wechselseitiges Geben und Nehmen und brauchten Zeit, um sich zu entwickeln. Daher setzten wir von Beginn an auf ein gutes Verhältnis zu unseren Entführern. Das war nicht leicht, aber überlebenswichtig, wie wir später feststellen sollten.

Unterstützung von außen

Genauso wichtig wie der Zusammenhalt innerhalb der Gruppe war der Kontakt zur Außenwelt. Das Wissen darum, dass man nicht vergessen ist, hilft ungemein weiter. Die deutschen Journalisten versorgten uns mit Hilfsmitteln, Briefen und Neuigkeiten aus der Heimat. Viele Menschen verfolgten unser Schicksal in den Medien, nahmen Anteil und schrieben uns Briefe. Wildfremde Menschen schickten uns Päckchen und Pakete. Mir hat beispielsweise eine Dame einen selbst getöpferten Becher zum Anrühren von Rasierschaum geschenkt, inklusive Dachshaarpinsel. Sie sah vermutlich die Bilder von uns bärtigen Geiseln im Fernsehen und hat sich gedacht, dass wir eine anständige Rasur vertragen könnten. Das war zwar nicht unser drängendstes Problem, aber allein die Vorstellung, dass sich in Deutschland jemand Gedanken um unser Wohl machte und dann ein Hilfspäckchen schnürte, rührte mich zu Tränen. Ich besitze übrigens noch heute den Rasierbecher.

Besonders bewegend war der Austausch mit unseren Freunden und Verwandten in der Heimat. Wir standen im intensiven Briefkontakt, der über die Botschaften koordiniert und mittels Journalisten und Boten abgewickelt wurde. Post aus der Heimat war für unsere Psyche so wichtig wie Wasser für den Körper. Ich musste an meinen Großvater denken, der mir mal erzählt hatte, wie viel Kraft ihm als Soldat im Zweiten Weltkrieg die Feldpostbriefe seiner Frau gaben. Heimatpost stärkt die Moral der Truppe, das spürten auch wir deutlich.

Mein Bruder Dirk schickte eine Reihe von Hilfspaketen, die es in sich hatten. Dinge, die wir brauchten und teilweise über die Botschaftsbriefe bestellt hatten: spezielle Medikamente, ordentliche Sandalen in der passenden Größe, unsere Lieblingskräcker und vieles mehr. Das half. Noch wichtiger aber waren seine Briefe, aus denen wir herauslesen konnten, wie stark er sich im Hintergrund für unsere Freilassung einsetzte und welcher Apparat auf politisch-diplomatischer Ebene zum Zweck unserer Befreiung angelaufen war. Diese Hilfe im Rücken fühlte sich an wie Feuerunterstützung aus der Luft. Wir kämpften also nicht auf verlorenem Posten. Das zu wissen war das Wichtigste überhaupt.

Ein berührendes Beispiel für unterstützende Anbindung an die Familie gab Marie. Sie war nach einem Gewaltmarsch total am Boden zerstört und so erledigt, dass sie sagte:»Ich will und kann nicht mehr.« Kurz darauf hörte sie die Stimme ihres 80-jährigen Vaters im Radio eines Rebellen. Er sprach direkt zu ihr:»Marie, wenn du mich hörst, ich bin hier …« Er war extra nach Manila geflogen, um dort auf seine Tochter zu warten. Das war der Wendepunkt bei Marie. Ihre Energie und der Wille zu überleben kehrten zurück.

Die Hilfsbereitschaft in der Heimat war enorm und hat uns sowohl physisch als auch psychisch extrem geholfen. Das Wissen darum, dass Menschen für unsere Freilassung beteten, gab uns zudem Anlass zur Hoffnung, dass wir neben der Hilfe von außen auch Unterstützung von »oben« erhielten.

Inspiration zum Schutzfaktor
soziale Unterstützung

Soziale Unterstützung wirkt wie ein Schutzschild gegen Stress, da sie negative Folgen von Krisen abschwächen oder gar verhindern kann. Nach dem Stressverarbeitungsmodell von Lazarus (1984) handelt es sich um eine wertvolle Ressource, mit der Stressoren als weniger bedrohlich eingeschätzt werden. Dies wurde vor allem in Laborstudien festgestellt (Ditzen, Heinrichs, 2007). Dabei zeigte sich, dass soziale Unterstützung deutlich die körperlichen Stressreaktionen senkt. Der Grund hierfür liegt im Oxytocin, einem Bindungshormon, das bei sozialen Interaktionen ausgeschüttet wird und die Ausschüttung von Cortisol (ein Stresshormon) vermindert.

Die Bedeutung eines sozialen Netzwerkes kann nicht hoch genug bewertet werden. Deshalb ist es wichtig, Beziehungen zu pflegen und sich um sein soziales Netzwerk zu kümmern – und zwar bevor man in Not gerät. Nur dann kann (und sollte) man sich in der Krise Hilfe aus dem sozialen Netzwerk holen, statt als Einzelkämpfer die Situation meistern zu müssen.

Bloß nicht hängen lassen!

In nerven- sowie kräftezehrenden Situationen ist es besonders schwer, aber auch besonders wichtig, sich nicht hängen zu lassen. Jeder kennt das: Je gestresster man ist, je schwächer man sich fühlt, desto eher möchte man sich etwas gönnen oder herumlungern. Im Dschungel klang das so: »Ich werfe die Essensreste einfach unter die Bambusplattform, statt sie durch den Regen in den Wald zu tragen. Das ist schon alles mühsam genug hier ...« Die Folgen lagen auf der Hand, die vergammelnden Essensreste zogen Ungeziefer und Mäuse an. Oder: »Mir ist es zu anstrengend, zehn Minuten an der tröpfelnden Quelle zu stehen und mich von Mücken zerstechen zu lassen, bis die halbe Kokosnuss mit Wasser gefüllt ist. Dann wasch ich mir heute eben mal nicht die Hände.« Folglich plagten sich einige zeitweise mit ernsthaften Infektionen und juckenden Hautkrankheiten. Oder: »Es regnet, und es ist dunkel ... Da verrichte ich halt mein Geschäft nah beim Camp, statt weiter in den Busch zu laufen.« Dass man dann mit nackten Füßen zwangsläufig in die Scheiße trat und sich mit Würmern ansteckte, war ein Übel, das man hätte vermeiden können.

Unser Leben im Dschungel war Tag für Tag eine physische wie psychische Herausforderung. Um zu überleben, war eine nie nachlassende Disziplin erforderlich. Das betraf zum einen die Hygiene, egal wie mühsam es war, an eine Wasserstelle zu kommen. Wenn wir in einem Fluss baden oder unter einem Wasserfall duschen konnten, war dies auch immer gleich eine Gelegenheit, unsere Kleidung zu waschen. Zum anderen war neben der Körperpflege auch körperliche Fitness eine Grundvoraussetzung, um den Belastungen nachhaltig standhalten zu können.

Fitness for future

Mit einer guten Grundfitness sind wir in unser Abenteuer gestartet. Wir waren ja eine Gruppe aktiver Taucher, die es gewohnt waren, sich körperlich fit zu halten. Die knappen Reis- und Wasserrationen auf Jolo zehrten aber an unseren Kräften und ließen die Pfunde purzeln. Bei mir waren es über zehn Kilo, andere haben noch viel mehr Gewicht verloren. Monique begrüßte diesen Nebeneffekt mit der ironischen Bemerkung, die Entführer seien die effektivsten und günstigsten Weight Watchers, die sie je hatte. Der Hunger beförderte unseren Galgenhumor und unseren Zustand der Erschöpfung. Da war an Sport erst mal nicht zu denken. Doch mit jeder Hilfslieferung verbesserte sich die Lage deutlich.

Nach einigen Wochen konnte jeder so viel essen, wie er wollte, da bekamen wir nämlich zig Kampfrationen der Bundeswehr geliefert, leider alle identisch: Typ 3B mit Hamburger in Tomatensoße. Nach der zwanzigsten Portion trieb der Hunger rein, was da war. Im letzten Camp, in dem ich fast drei Monate verbrachte, hatten wir vergleichsweise abwechslungsreiches Essen und ausreichend Wasser.

Einige von uns hörten nicht mehr auf zu essen und lenkten sich damit von der unverändert bedrohlichen Situation ab. Das war riskant, denn es hätte jederzeit wieder zu einer Militärattacke und entsprechenden Gewaltmärschen kommen können. Sich auf diesen Fall körperlich und mental vorzubereiten, wäre besser gewesen. Doch sie waren optimistisch und sollten diesmal recht behalten. Am Ende wurden sie sogar recht wohlgenährt in die Freiheit entlassen.

Viele nutzten die günstige Versorgungslage, um sich körperlich in Form zu bringen für eine möglicherweise lange und beschwerliche Zeit in Gefangenschaft. Mein Vater zum Beispiel lief jeden Tag eine bestimmte Strecke in Gummistiefeln aus einem Hilfspaket ab, die zwar im Dschungel wenig alltagstauglich waren, sich aber zur persönlichen Leistungssteigerung eigneten.

Ich habe mein Programm auf jeweils dreimal dreißig Liegestütze, Kniebeugen, Sit-ups sowie Bizepsbeugen und Trizepsstrecker mit einer Gallone Wasser als Gewicht erweitert. Das habe ich nicht nur aus Lust oder Langeweile gemacht, sondern um der zunehmenden Erschlaffung unter den schwierigen Dschungelbedingungen vorzubeugen.

Stéphane hat zum Ende hin sogar einen halben Fitnessparcours aus Bambus in den Wald gezimmert, an dem man Klimmzüge und Armpressen absolvieren konnte. Das blieb zwar eher eine Spielerei, vermittelte aber ein Gefühl von Selbstwirksamkeit. Und das Basteln an sich diente ja auch schon zur körperlichen Ertüchtigung.

Es erforderte ein hohes Maß an Disziplin, sich aufzuraffen und sich in der feuchtschwülen Luft zusätzlich zum Schwitzen zu bringen, zumal darauf das lästige Waschen am Fluss mit den Mückenschwärmen folgte. Aber die

Mühe lohnte sich, denn danach waren wir ausgeglichener. Sport stärkt nicht nur den Körper, sondern durch Ausschüttung von Glückshormonen auch den Geist.

Letztlich ging es auch darum, Haltung zu bewahren im buchstäblich-körperlichen sowie im übertragenen Sinn. Denn meist saßen wir den ganzen Tag auf dem Boden, und das förderte das Gefühl der Niedergeschlagenheit.

Die Wirkung der Körperhaltung auf die Psyche ist wissenschaftlich nachgewiesen. Zur Vermeidung von Stress werden unter anderem sogenannte Power-Posen empfohlen, bei denen man sich zum Beispiel breitbeinig hinstellt und die Arme in Jubelpose nach oben reißt. Nach zwei Minuten sinkt unter anderem der Level des Stresshormons Cortisol messbar. Das wusste ich damals noch nicht. Aber intuitiv habe ich teilweise genau das gemacht und den Effekt spüren können. Bei Stress wirklich empfehlenswert, nicht nur im Wald.

Waldbaden

»Shinrin Yoku« ist eine Stress-Management-Methode aus Japan und bedeutet »Waldbaden«. Das bewusste Eintauchen in die Natur des Waldes wird auch in Europa immer beliebter und wirkt sich positiv auf Gesundheit und Wohlbefinden aus. Bereits der Anblick eines Waldes soll schon die Stresshormone senken, die Laune heben und für inneres Gleichgewicht sorgen. In meinem mitteleuropäischen Alltag kann ich diese Wirkung bestätigen. Ich liebe den Wald sehr und kann schon bei kurzen Spaziergängen wunderbar auftanken und abschalten.

Zum Regenwald ist unter unseren prekären Lebensbedingungen als Geiseln allerdings eher eine Hassliebe entstanden. Dennoch war es unserer mentalen wie körperlichen Gesundheit sicherlich zuträglich, dass wir Tag und Nacht in der Natur waren und reichlich Licht tanken konnten. In jedem Fall befanden wir uns in einem Lebensraum, der uns in Sachen Resilienz nur inspirieren konnte.

Wie bereits erläutert, gibt es unterschiedliche Aspekte und Definitionen von Resilienz. Die wichtigsten drei Formen von Belastungsbewältigung sind von Lepore und Stevens mithilfe der Analogie eines Baumes, der einem Sturm ausgesetzt ist, besonders anschaulich beschrieben worden. Die erste Form ist die *Resistenz*, bei der ein massiver Baum einem Sturm bewegungslos trotzen kann. Die zweite Form ist die *Regeneration*. Hier wiegt sich der Baum flexibel im Wind und stellt sich danach wieder auf. Mit *Rekonfiguration* wird die dritte Form des Umgangs mit Belastung illustriert, bei der ein Baum seine Wuchsrichtung so verändert, dass er künftigen Stürmen weniger Angriffsfläche bietet.

Aus meiner persönlichen Lebensgeschichte habe ich gelernt, wie wichtig eine Rekonfiguration im Leben sein kann, sich also nach einem Sturm neu auszurichten, statt ihm einfach nur standzuhalten oder sich danach einfach wiederaufzurichten. Es ist eine völlig andere Herausforderung, stark durch eine Krise zu kommen, als gestärkt aus ihr hervorzugehen. Während unserer Entführung galt es, zunächst den äußeren Belastungen mit Resistenz (also Standhaftigkeit) und Regeneration (also Flexibilität) zu begegnen. Und dafür hatten wir auf Jolo sehr inspirierende Vorbilder vor Augen.

Die Regenerationsfähigkeit des Regenwaldes hat mich immer wieder beeindruckt. Nach gut drei Monaten besuchte ich in Begleitung einiger Rebellen unser nahe gelegenes erstes Camp, von dem wir unter Beschuss fliehen mussten. Das Dach unserer Bambushütte war von Kugeln durchsiebt. Ansonsten hatte sich die Natur den Raum zurückerobert. Denn was wir zurückgelassen hatten, war ein Bild der Zerstörung gewesen. Die Pfade ausgetreten, weil die Büsche von uns als Latrinen genutzt worden waren. Die Bananenblätter ringsum abgeschlagen, weil Hunderte von Rebellen sie als Regenschutz, Schlafunterlage oder auch als Teller verwendet hatten. Ebenso waren die Bambushaine dezimiert worden, vor allem zum Zweck des Hüttenbaus. Doch von all dem war nichts mehr zu sehen. Es war im wahrsten Sinne Gras über die Sache gewachsen. Bambusrohre sind eigentlich Halme und zählen zu den Grasgewächsen. Sie können über dreißig Meter hoch werden und einen halben Meter pro Tag wachsen. Sie sind stabil und flexibel zugleich. Bei Sturm legen sie sich in den Wind und richten sich danach wieder auf. Daher gilt der Bambus dank seiner regenerativen Widerstandskraft auch als ein Symbol für Resilienz.

Der schnelle Übergang vom Leben in den Tod war Teil unserer natürlichen Umgebung. Auch die Tierwelt bot dafür ein anschauliches Beispiel. Eines Morgens entdeckte ich eine riesige tote Echse am Wegesrand. Am Abend war von ihr nur noch ein abgenagtes Gerippe übrig, daneben eine riesige Ameisenstraße, die die letzten Fleischstücke abtransportierte. Dies führte mir sehr eindrücklich vor Augen, wie flüchtig und vergänglich das Leben in dieser Umgebung war. Wir mussten uns mit einer sehr dynamischen Natur arrangieren und damit, dass wir zu keinem Zeitpunkt sicher waren, welche Wendung unser Geiselschicksal nehmen würde. Ordnung spielte für unser Überleben eine zentrale Rolle.

Ordnung ist
das halbe Überleben

Im normalen Alltag und in unseren Jobs waren wir gewohnt zu planen, zu organisieren und Entscheidungen zu fällen. Im Dschungel waren wir sogar bei den Grundbedürfnissen vom Rhythmus der Natur und der Willkür der Entführer abhängig. Ein Ereignis jagte das andere: Militärattacke, Gewaltmarsch, Regen, Journalistenbesuch, Hüttenbau und so weiter. Je größer die Belastungen waren, desto stärker wurde der Wunsch, sich einfach mal hängen zu lassen. Gerade in den ersten Tagen ließen wir uns nachmittags erschöpft auf die leeren Reissäcke unseres Schlafplatzes fallen, um die Ereignisse des Tages zu verarbeiten. Plötzlich ging dann die Sonne unter, und es war stockdunkel. Da wir keine Taschenlampen hatten, begann das Tasten im Dunkeln. Nach mühsamer Suche stolperten wir halb blind durch die Nacht, um im stinkenden Unterholz einen Ort für die Abendtoilette zu finden. Es war kaum zu erkennen, ob das Örtchen schon benutzt worden war. Auch die Suche nach Blättern, die sich als Toilettenpapierersatz eigneten, gestaltete sich schwierig. Einmal riss ich ein verwelktes Bananenblatt vom Baum und spürte, wie mir plötzlich zig Ameisen den Arm hochkrabbelten. Das lehrte mich den Wert von Ordnung und Disziplin. Entsprechend notierte ich in meinem Tagebuch: »Wichtig: auch mit minimaler Energie maximal organisieren!«

Meinem Bruder wäre ein solches Malheur vermutlich nicht passiert. Denn er hatte seine Lektion bereits bei der Bundeswehr gelernt. Soldaten werden gedrillt, ihre Ausrüstung penibel im Spind abzulegen und ihre Kleidung auf den Zentimeter genau zu falten. Was für mich früher nach reiner Schikane aussah, ergab nun einen Sinn. Soldaten müssen sich im Ernstfall schnell anziehen und ihre Klamotten im Dunkeln finden können. Dasselbe Prinzip erleichtert das Vorgehen an zivilen Arbeitsplätzen, zum Beispiel in der Werkstatt oder im Büro. Wenn ein dringender Auftrag oder eine Anfrage hereinkommt, muss man schnell reagieren und darf keine Zeit mit Suchen verlieren. Wohl dem, der dann auf ein strukturiertes Ablagesystem zurückgreifen kann, sei es im Werkzeugkasten, im Leitzordner oder auf der Festplatte. Je chaotischer es zugeht, desto disziplinierter muss man Ordnung halten, auch wenn es schwerfällt.

So hielten wir es dann auch im Dschungel, zumindest einige von uns. Wir etablierten nach und nach einen strukturierten Tagesablauf, orientierten uns am Stand der Sonne. Morgens, wenn möglich, holten wir Wasser. Tagsüber sortierten wir Sachen und deponierten Blätter für den nächtlichen Toilettengang an einem festen Ort. Vor Sonnenunterhang erledigten wir die große Abendtoilette. In ruhigen Phasen funktionierte das ganz gut. An chaotischen Tagen wurde es deutlich schwieriger. Nach belastenden Ereignissen, wie einem Tagesmarsch in ein neues Versteck, brach das System meistens zusammen. Das heißt, wir brachen zusammen, vor Erschöpfung.

Nach Krisen lauert die Komfortzone. Man möchte sich von den belastenden Ereignissen erholen. Das ist menschlich und mitunter ein wichtiger erster Schritt. Doch auf Dauer lauert in der Komfortzone gleich die nächste Gefahr. Denn nach der Krise ist vor der Krise. Daher ist es wichtig, sich auf die Zukunft vorzubereiten und aus den Fehlern und Erkenntnissen der vergangenen Krise zu lernen, solange sie noch präsent sind. Sonst läuft man Gefahr, beim nächsten Mal in dieselben Fallen zu tappen.

Genau das ist mir nach meiner Freilassung passiert. Vor lauter Euphorie über meine Freilassung habe ich den Kopf verloren und mich in meine alte Komfortzone zurückbegeben. Was dann folgte, war die wohl schmerzhafteste Lektion meines Lebens.

Inspiration zum Schutzfaktor Fitness und Disziplin

In Belastungssituationen ist es besonders wichtig, sich nicht hängen zu lassen. Um Ihren inneren Schweinehund zu überwinden, benötigen Sie Disziplin. Die können Sie trainieren, indem Sie zum Beispiel morgens eine Minute kalt duschen. So kommen Sie schon mal aus Ihrer Komfortzone und steigern zugleich Ihren Energielevel. Auch Waldbaden oder eine Runde ums Firmengelände in der Mittagspause laufen fördern die mentale und körperliche Fitness. In hektischen Phasen haben wir dafür oft keine Zeit, deshalb müssen wir sie uns bewusst nehmen – auch das ist eine Frage der Disziplin.

Bloß nicht hängen lassen!

STARK DURCH
KRISEN WERDEN

Zurück in die Komfortzone

Menschen, die von meiner Entführungsvergangenheit hören, haben meistens zwei Annahmen über mein späteres Leben, die unterschiedlicher nicht sein könnten. Die einen gehen davon aus, dass mich die traumatische Erfahrung bis heute belastet. Die anderen vermuten, dass mich nach dieser Extremerfahrung im Alltag nichts mehr stressen kann oder dass ich daraus irgendwie erleuchtet hervorgegangen bin. Weder das eine noch das andere trifft zu. Ich habe die Entführung zum Glück unbeschadet überstanden. Die Schutzfaktoren der Resilienz halfen mir, stark durch jene belastende Zeit zu kommen.

Meine Extremerfahrung hat mich nicht kaputt gemacht, sie hat mich aber ebenso wenig gegen Stress immun gemacht, wie viele Menschen glauben. Ehrlich gesagt, glaubte ich das selber, als ich noch im Dschungel saß. Wenn ich das hier überlebe, dachte ich, dann werden mich banale Alltagssorgen wie »Deadlines« im Beruf nie wieder stressen können. Schließlich sind die ja nicht wirklich tödlich, im Gegensatz zu dem Lösegeldultimatum, das mich beinahe den Kopf gekostet hat. Aber dann kam es ganz anders als erwartet: Jahre nach meiner Entführung erlitt ich einen Burn-out.

Was war da schiefgelaufen? Im Rückblick habe ich verstanden, dass es etwas gänzlich Verschiedenes ist, ob man stark durch Krisen kommt oder ob man gestärkt aus ihnen hervorgeht. Zu dieser Erkenntnis führte mich eine intensive Spurensuche. Ich nahm mein bisheriges Leben unter die Lupe und konzentrierte mich dabei auf die entscheidenden Momente: die Krisen und die Wendepunkte. Dabei stellte ich fest, dass ich mich bei der Bewältigung von Krisen an den falschen Bildern orientiert hatte. Ich dachte, Krisen seien lediglich Hürden, die man möglichst schnell überwinden muss. Und danach müsse man aufstehen und weitergehen wie ein Stehaufmännchen. Genau so habe ich es nach meiner Entführung gemacht, indem ich an mein altes Leben anknüpfte, statt dem Wink des Schicksals zu folgen, den mir das Leben mit der Entführung gegeben hatte.

Ende mit Schrecken

Am Morgen des 9. September 2000 ahnte ich noch nichts von meiner bevorstehenden Freilassung. Wir hörten plötzlich starkes Gefechtsfeuer im Dschungel. Wieder mussten wir fliehen, ohne zu wissen, wohin und wovor. Mittlerweile waren wir nur noch vier westliche Geiseln: Seppo, Risto, Stéphane und ich. Die anderen waren bereits freigekommen, mit Ausnahme unseres philippinischen Schicksalsgefährten Abi, der an einem anderen Ort festgehalten wurde.

Nach mehreren Kilometern Fußmarsch kletterten wir auf Befehl von Commander Robot in ein kleines Bambushaus auf Stelzen, mitten auf einem freien Feld. Da hockten wir nun und warteten – auf das Äußerste angespannt, während das Gefechtsfeuer immer näher kam. Schließlich fuhren mehrere Militärjeeps und -transporter vor. Zwei Abgesandte der philippinischen Verhandlungsführer stiegen aus und begannen aufgeregt mit Commander Robot zu diskutieren. Offensichtlich hatten sie das Lösegeld für uns dabei. Ihr Konvoi war auf dem Hinweg aus dem Hinterhalt von einer rivalisierenden Fraktion der Abu Sayyaf beschossen worden. Sie fürchteten um ihren Anteil des Lösegelds und versuchten deshalb, unsere Freilassung zu torpedieren. Bei dem Angriff hatte es Tote und Verletzte unter den Bodyguards der Abgesandten gegeben. Vor unseren Augen fand ein nervenaufreibendes Gefeilsche um uns Geiseln statt – mit unmissverständlichen Gesten. Die Abgesandten deuteten auf uns und machten ein Handzeichen mit vier Fingern. Commander Robot hob drei Finger und zeigte auf Seppo, Risto und Stéphane. Er wollte nur drei Geiseln freilassen. Ausgerechnet ich sollte als Faustpfand zu ihrer Absicherung vor dem philippinischen Militär zurückbleiben. Vielleicht auch um weiteres Lösegeld zu erpressen.

Es war grausam, mitansehen zu müssen, wie in dem Chaos meine Freilassung zum wichtigsten Verhandlungsgegenstand wurde. Meine größte Angst war, am Ende allein zurückzubleiben. Niemanden mehr zu haben, der mein Schicksal teilte, mit dem ich reden, um den ich mich kümmern konnte.

Das Gefechtsfeuer schien näher zu kommen. Die Zeit

drängte. Plötzlich reichten die vor Aufregung schwitzenden Abgesandten Commander Robot die Hand. Er schlug ein. Mir blieb fast das Herz stehen. Dann erfolgte die befreiende Nachricht: Alle vier Geiseln würden freigelassen werden.

Wir wurden aufgefordert, schnell auf die Ladefläche eines Transporters zu steigen. Dicht gedrängt saßen wir zwischen schwerbewaffneten Rebellen und Bodyguards der Abgesandten. Der auf dem Hinweg beschossene Konvoi war zum Gefallenen- und Verwundetentransport geworden. Der Transporter war an den Seiten offen und bot keinerlei Schutz. Durch die offene Rückseite konnte ich weitere Transporter sehen, dicht beladen mit Rebellen, die ihre Waffen im Anschlag hielten. Zusammen mit den Rebellen holperten wir eine gefühlte Ewigkeit über Dschungelpisten, bis wir an einer befestigten Straße anhielten. Die Rebellen sprangen von unserem Fahrzeug, und Soldaten der philippinischen Armee stiegen zu. Das war ein gutes Zeichen. Ich versuchte dennoch, meine Euphorie zu bremsen. Bloß nicht den Kopf verlieren.

Wir rollten einige Kilometer die Straße entlang und stoppten an einem Feld. Dort erwarteten uns bereits Militärhubschrauber. Mit ihnen hoben wir ab in Richtung Freiheit. Die Türen der Kampfhubschrauber waren ausgehängt und mit Soldaten mit Maschinengewehren bemannt.

Überwältigt von einer unbeschreiblichen Gefühlsmischung, schaute ich in die Augen meiner drei Weggefährten. Auch sie schwankten zwischen Weinen und Lachen. Da durchzuckte mich ein letzter Zweifel: Was, wenn uns jetzt eine Boden-Luft-Rakete vom Himmel traf? Doch nach dem gefühlt längsten Flug meines Lebens setzten wir schließlich an einem sicheren Ort auf. Ich sah die ersten befestigten Häuser seit Langem und eine Traube von Menschen, die uns erwarteten. Ich konnte mein Glück kaum fassen. Nach einer monatelangen Zitterpartie war es endlich wahr: Ich war wieder ein freier Mann.

Frei und doch wieder nicht

Meiner Euphorie über die gerade gewonnene Freiheit folgte schnell Ernüchterung: Ich realisierte meine neue Unfreiheit – als öffentliche Person. Die unfassbar große mediale Aufmerksamkeit während unserer Entführung hatte nach meiner Einschätzung maßgeblich zu dieser friedlichen Lösung beigetragen. Bis heute bin ich dankbar dafür, dass wir im Gegensatz zu vielen anderen Geiseln von der Präsenz der Medien profitieren konnten. Doch das hatte seinen Preis. Und den habe ich mit meiner persönlichen Freiheit bezahlt.

Einfach nach Hause zu fliegen und auszuruhen war keine Option. Zu groß waren das öffentliche Interesse und der mediale Druck auf uns Ex-Geiseln. Nachdem die Menschen in der Heimat mit »ihren« Geiseln über Monate mitgefiebert und die Ereignisse in den Medien verfolgt hatten, wollten sie wissen, wie das ganze Geschehen sich aus unserer Sicht darstellte. Die Rolle als öffentliche Person war unfreiwillig, darin fand ich mich genauso unvermittelt und unvorbereitet wieder, wie ich zwanzig Wochen zuvor im Dschungel gelandet war.

Noch bevor wir den Hubschrauber verlassen hatten, streckten unzählige lokale Journalisten ihre Diktiergeräte und Mikrofone an langen Teleskoparmen zu uns in den Hubschrauber und schrien uns gegen den Lärm der laufenden Rotoren die ersten Fragen zu: »Marc, how do you feel?« Im euphorischen Überschwang schrie ich zurück: »Fucking great!«

In der Menge der Wartenden erkannte ich die vertrauten Gesichter unserer Verhandlungsführer. Sie freuten sich mit uns und geleiteten uns durch die Menschentraube zu einem der Häuser. Dann flogen wir direkt weiter zu einem Militärstützpunkt, wo mich der deutsche Botschafter, ein BKA-Beamter und ein deutscher Arzt in Empfang nahmen. In diesem Moment wurde mir einmal mehr bewusst, mit welch großem personellem Aufwand für unsere unversehrte Freilassung gearbeitet wurde. Ich empfand große Dankbarkeit.

Noch auf dem Rollfeld gab ich das erste Interview in unzählige Mikrofone und dankte auch den Menschen in der Heimat für die große Unterstützung während der letzten Monate. Dann im Flughafengebäude eine weitere Pressekonferenz mit Liveübertragungen von CNN bis BBC. Weiter ging es in einer Hercules Transportmaschine. Wir machten einen weiteren Zwischenstopp in der philippinischen Stadt Zamboanga. Sofort begann eine erneute Belagerung. Der deutsche Botschafter drückte mir sein Handy in die Hand mit den Worten: »Bundesaußenminister Joschka Fischer würde Sie gerne sprechen.« Verrückt!

Es folgte die nächste internationale Pressekonferenz. Ich trug noch immer meine zerschlissenen Dschungelklamotten und wollte nur noch duschen, eine Tür hinter mir zumachen und einfach einmal kurz durchatmen. Doch Vertreter deutscher Fernsehsender baten mich um ein Interview für die Abendnachrichten. Es hieß: »Die Nation wartet.«

Also noch ein letztes Interview mit vier deutschen TV-Sendern, das auf mein Bitten hin freundlicherweise parallelgeschaltet wurde, um es möglichst kurz zu halten. Danach hatte ich zum ersten Mal seit Monaten so etwas wie Privatsphäre. Der BKA-Beamte geleitete mich zu meinem Hotelzimmer und bot mir sogar an, zu meiner Sicherheit in oder vor meinem Zimmer zu übernachten. Doch ich wollte nur noch eins: allein sein. Ich entdeckte die kleinen Wunder der Zivilisation aufs Neue: eine Toilette zum Sitzen, sogar mit Spüler, fließendes Wasser, ein weiches Bett mit Decke, eine Klimaanlage. Ich war überwältigt vom Zivilisationskomfort, den ich früher als selbstverständlich erachtet und kaum wahrgenommen hatte.

Am nächsten Morgen versuchte ich, einen Spaziergang über das Hotelgelände zu machen, um mich von den Strapazen des Vortags zu erholen und das Gefühl der Freiheit zu genießen. Daraus wurde nichts, denn das Medieninteresse war unvermindert groß. Deutsche Medienvertreter kamen auf mich zu. Ich bat um Verständnis, am Vormittag erst einmal durchatmen zu wollen. Doch einer der Journalisten gab mir den sehr deutlichen Hinweis, dass kein Interview keine Option sei, wenn mir an einer gewogenen Berichterstattung mit anständigen Bildern gelegen sei. Wir einigten uns darauf, ein gestelltes Foto zu machen, wie ich am zweiten Tag »in Freiheit« Zeitung lesend beim Frühstück saß. Ich folgte geduldig den Regieanweisungen des Journalisten. Eine ungewohnte Rolle.

Wie bereits mein Vater sollte auch ich auf meiner Rückreise einen Zwischenstopp in Libyen einlegen, um mich dort dankbar der Presse zu präsentieren. Es war schon verrückt, denn unser Lösegeld war von Libyen gezahlt worden, laut Medienberichten eine Million Dollar pro Geisel. Zudem hatte der lybische Ex-Botschafter auf den Philippinen, Rajab Azzarouk, erfolgreich und mit viel Empathie für uns Geiseln die Verhandlungen unterstützt. Daher fand ich ein Dankeschön bei Saif al-Islam al-Gaddafi, dem Sohn von Muammar al-Gaddafi, auch angemessen, dessen Stiftung das Lösegeld bereitgestellt hatte. Das Land wurde seit dem Lockerbie-Anschlag im Jahr 1989 von der internationalen Staatengemeinschaft boykottiert. Mit humanitärem Engagement wollte Libyen zurück auf das internationale diplomatische Parkett.

Die größte Überraschung war, dass auch mein Bruder mich in Tripolis in Empfang nahm. Endlich konnte ich das tun, was ich mir im Dschungel so sehnlichst gewünscht hatte: ihn in den Arm nehmen und ihm für seine riesige Unterstützung während der letzten Monate danken. Er hatte es sogar geschafft, eine Dose Bier in das streng muslimische Land zu schmuggeln. Es war einer der schönsten Momente nach meiner Freilassung. Doch jetzt wollte ich nur noch zurück nach Deutschland, sodass ich die Anreise von Joschka Fischer, der sich als Außenminister bei den Libyern für ihren Einsatz bedanken wollte, nicht mehr abwartete.

Drei Tage nach meiner Freilassung landete ich in einem Regierungsflieger in Hannover. Mein Bruder Dirk und ich stiegen aus dem Flieger, meine Mutter kam auf mich zugerannt, gefolgt von meinem Vater. Wir umarmten uns herzlich, für mehr blieb wenig Zeit. Es ging sofort weiter. Schon einigermaßen routiniert gab ich auf dem Flughafen meine Statements ab. Dann fuhren wir, begleitet von dem SPD-Politiker Thomas Oppermann, mit einem Bus nach Göttingen. Oppermann war damals niedersächsischer Kultusminister, er repräsentierte also die Landesregierung. Schnell wurde deutlich, dass er nicht nur seinen Verpflichtungen nachkam, sondern auch persönlich Anteil am Schicksal meiner Familie nahm und daher ein wunderbarer Begleiter war. Vor meinem Elternhaus in Göttingen erwarteten uns zahlreiche Pressevertreter. Ich gab meine letzte Erklärung des Tages ab, bevor sich die Haustür hinter mir und meiner Familie schloss.

Endlich waren wir als Familie wieder vereint, in Freiheit und nur für uns. Meiner Mutter ging es schon deutlich besser als auf Jolo. Mein Vater hatte am Tag meiner Freilassung seinen Geiselbart abrasiert und war kaum mehr wiederzuerkennen. Mein Bruder war endlich wieder an unserer Seite. Es war ein unbeschreiblich schöner Moment. Und dann aßen wir gemeinsam Abendbrot. Ganz unspektakulär, aber wunderschön. Ich stürzte mich auf Schwarzbrot mit Käse, Gewürzgurken und ein Bier. Was Heimat wirklich bedeutet, habe ich erst nach meiner Entführung begriffen. Es ist der Ort der Kindheit, des Vertrauten, der Geborgenheit. Die herbstfrische Göttinger Luft, der vertraute Geruch meines Elternhauses, das saubere Leitungswasser, die Tagesschau, der Garten mit Obstbäumen, die Nachbarn, die zwitschernden Amseln – all das war tief in mir abgespeichert und mit diesem Ort verbunden. Heimat ist mehr als ein Zuhause. Für mich ist es ein Kraftort.

An den Zivilisationsluxus gewöhnte ich mich erstaunlich schnell wieder. Was blieb, ist eine tiefe Wertschätzung für zwei europäische Errungenschaften, die zuvor nur Worthülsen für mich waren: Friede und Freiheit. Ich konnte tun und lassen, was ich wollte, und musste nicht mehr um mein Leben fürchten. Das genoss ich in vollen Zügen.

Etwa zwei Wochen tankte ich in der Heimat auf, traf alte Göttinger Freunde, machte Spaziergänge, ging mit meiner Familie zum Griechen essen und besuchte die Expo in Hannover. Es war fast wie früher, nur dass vor unserem Haus etliche Reporter auf uns warteten. Wir stellten uns dem öffentlichen Interesse und gaben sogar noch eine letzte Pressekonferenz. Dann war es an der Zeit, nach Luxemburg zurückzukehren.

Jedem Ende wohnt ein Anfang inne

In Luxemburg war ich zunächst froh, dass dort das Medieninteresse weniger stark war und ich somit Ruhe hatte, mich neu zu sortieren. Davon ging ich zumindest aus. Zunächst hatte ich simple organisatorische Dinge zu erledigen: mein Auto wieder anmelden, meine Post sichten, mein inzwischen vergessenes Computerpasswort herausfinden. Auch emotional musste ich mich erst mal neu sortieren. Ich wollte nicht einfach an meine alten Affären anknüpfen.

Ich musste mich genauso an mein altes Umfeld wieder gewöhnen wie mein Umfeld sich an mich. Es waren zwar nur viereinhalb Monate vergangen, aber gefühlt war ich Lichtjahre weit weg gewesen. Ich traf meine Freunde und Kollegen, um von meinen Erlebnissen zu erzählen und um zu erfahren, was sich während meiner Abwesenheit ereignet hatte. Die vielen herzlichen Gespräche halfen mir, meine Erfahrungen zu verarbeiten und Schritt für Schritt in mein gewohntes Leben zurückzukehren.

Mein Arbeitgeber PwC überließ mir freundlicherweise die Entscheidung, ob und ab wann ich wieder für Projekte eingeplant werden wollte – und zwar bei Fortzahlung meines Gehalts, das ich auch als Geisel weiter erhalten hatte. Eine großartige Geste!

Mein Arbeitgeber hatte sogar einen auf Traumata spezialisierten Therapeuten organisiert. Er sollte untersuchen, ob ich eine posttraumatische Belastungsstörung davongetragen hatte, und mich gegebenenfalls behandeln. Nach wenigen Sitzungen kamen wir beide zu der erstaunlichen Erkenntnis, dass ich die Entführung ohne nachhaltigen seelischen Schaden überstanden hatte. Das Einzige, was mich in den ersten Wochen noch begleiten sollte, waren Albträume vom Gefechtsfeuer im Dschungel, aus denen ich einige Male heftig aufschreckte. Aber auch das ließ bald nach.

Die freie Zeit, in der ich nun wirklich frei war, konnte ich gut gebrauchen. Vor allem, um mich bei den vielen Menschen zu bedanken, die mich und uns während der Entführung unterstützt hatten: mit Gebeten, mit unzähligen Briefen, mit dem Gießen meiner Pflanzen, mit Petitionen für unsere Freilassung und vielem mehr. Ich hatte mir fest vorgenommen, mich bei jedem Einzelnen zu bedanken. Die schriftliche Beantwortung der Briefe aus aller Welt wurde eine echte Herausforderung, wenngleich eine sehr schöne, denn ich hatte das Gefühl, etwas zurückgeben zu können, nachdem ich so viel Unterstützung erhalten hatte.

Auch nutzte ich die Zeit, um das zu tun, was auf Jolo in

meiner Vorstellung der Inbegriff von Freiheit war: Ich ging einfach in ein Luxemburger Café, trank einen Cappuccino, blätterte in einer Zeitung und lauschte der Hintergrundmusik.

Dennoch lebte ich über Wochen wie in einer Blase. Vieles fühlte sich unwirklich an. Ich war nicht mehr gefangen im Dschungel, und es war mir bewusst, dass ich ein zweites Leben geschenkt bekommen hatte. Eine zweite Chance – wer bekommt sie schon?

Mit gemischten Gefühlen sah ich meinem beruflichen Wiedereinstieg entgegen. Auf der einen Seite fühlte ich mich meinem Arbeitgeber für die Unterstützung zu Dank verpflichtet. Auf der anderen Seite musste ich nun wieder in mein altes Karriereumfeld einsteigen, das mich schon vor der Entführung die ersten Haare gekostet hatte. Doch hatte ich immer noch keine Ahnung, wie ich mich beruflich neu ausrichten sollte. Die Rückkehr in das vertraute Umfeld erschien mir als guter Schritt, um nach meinem Abenteuer wieder im Alltag zu landen.

So nahm ich wieder meine Beratertätigkeit für Projekte auf. Es fiel mir nun jedoch noch schwerer als vor der Entführung, mich für die abstrakten Themen der Finanzwelt zu erwärmen. Mein altes Entscheidungsdilemma – Investment Fonds versus Private Banking – war plötzlich wieder präsent. Keines der Themen reizte mich auch nur im Geringsten. Ich stand wieder vor der Qual der Wahl oder vielmehr vor der Wahl der Qual. Die innere Klarheit während der Entführung – »Jetzt geht's um Überleben« – hatte sich verflüchtigt. Normalität wollte sich nicht einstellen. Zu sehr klebte das Etikett einer Ex-Geisel an mir, als dass ich in Kundengesprächen zum »Business as usual« hätte übergehen können. Oft brannte mein Gegenüber förmlich vor Fragen zu meiner Entführung.

Für meinen Wiedereinsatz als Berater war mein Dschungelimage nicht förderlich. Das illustriert eindrücklich eine Anekdote: In dunklem Nadelstreifenanzug und Krawatte fuhr ich zusammen mit Kollegen und Kunden im Aufzug, als eine mir unbekannte Person zustieg. Als sie mich erkannte, rief sie laut aus: »O Gott, der Urwaldmensch!« Da ahnte ich, dass weder ich noch mein Umfeld so leicht in den Alltagsmodus umschalten konnten. Nach meinen existenziellen Erfahrungen konnte ich mit abstrakten Zahlen- und Prozessanalysen noch weniger anfangen als vor meiner Entführung. Aber was ich stattdessen machen sollte, das war mir immer noch rätselhaft. Ich hatte das Gefühl einer gewissen Narrenfreiheit. Ich dachte, jeder würde es verstehen – und mir später auch nachsehen –, wenn ich aufgrund meiner Erfahrung einen Schlenker im Lebenslauf hätte. Zudem hatte ich erkannt, dass ich nicht unersetzlich war, wie ich vermessen angenommen hatte. Meine Kundenprojekte waren von anderen problemlos weitergeführt worden.

In Gefangenschaft hatte ich mir ausgemalt, dass ich in meinem »zweiten« Leben etwas tun würde, das mir Spaß macht oder mich mit Sinn erfüllt. Aber das Einzige, was mir einfiel, war, Musik zu machen. »Als Barpianist in einer Kneipe klimpern« hatte ich mir auf meiner »Bucket list« im Dschungeltagebuch notiert. *Die fabelhaften Baker Boys* ist einer meiner Lieblingsfilme. Jeff Bridges verkörpert darin meinen romantischen Traum vom Barpianisten. An einer Stelle im Film verleiht er seinen Gefühlen Ausdruck, indem er tief in die Musik versunken in einer verrauchten Kneipe vor sich hin klimpert. Diese Szene hatte mich schon immer in ihren Bann gezogen.

Wie es der Zufall wollte, verliebte ich mich Ende 2000 Hals über Kopf in eine Kölnerin. Meine Gefühle waren von einer Intensität, die ich noch nie zuvor empfunden hatte. Eines Nachts googelte ich »Musik Jazz Köln«. So fand ich heraus, dass man an der Kölner Musikhochschule Jazz studieren konnte.

Für mich waren das Zeichen genug. Gleich am nächsten Morgen ging ich zu meinem Chef und verkündete: »Ich habe mich verliebt. Ich ziehe nach Köln und mach da Musik.«

Zweifellos war ich immer noch von der wiedergewonnenen Freiheit berauscht. Ich nahm mir die Freiheit, das zu tun, was ich wollte: Musik machen. Was mich aber noch stärker antrieb, war die Liebe. Mit Schmetterlingen im Bauch kam ich wenig später in Köln an und verlebte mit meiner Freundin die bis dahin schönste Zeit meines Lebens. Sie nahm sich eine kleine Auszeit vom Studium, und so hatten wir reichlich Zeit für uns. Als Norddeutscher genoss ich außerdem einen Crashkurs in Sachen Kölner Karneval und begann, Köln und die lebensfrohen Menschen in mein Herz zu schließen.

Parallel dazu versuchte ich mein Glück als Musiker. Die Grundidee war: als Schlagzeuger Geld verdienen, wie schon früher als Amateurmusiker, und gleichzeitig ein Klavierstudium. Das entsprach meinem alten Traum, der nun wahr werden sollte.

Gespielt habe ich schließlich als Schlagzeuger in der Cover Band »Ströhlein und Konsorten«. Kopf der Band war der Fernsehmoderator Marco Ströhlein, bis heute mein bester Freund. Wir produzierten eine CD und bestritten einige Konzerte im Kölner Medienumfeld und einmal sogar auf einem riesigen Biker-Festival. Der Spaß war da, aber das hat nicht gereicht, um davon leben zu können.

Die Sache mit dem Klavierstudium erledigte sich schnell. Ich hatte mir die Kölner Musikhochschule angesehen, und mir wurde klar, dass ich nicht noch einmal ein Studium absolvieren wollte, zumal es auch so öde Themen wie Musikgeschichte und Musiktheorie beinhaltete. Ich wollte doch nur spielen. Darum habe ich lieber private Klavierstunden bei einem Jazzpianisten genommen, da ich bisher vorwiegend nach Gehör gespielt hatte. Notenlesen war nicht mein Ding. Ich war zu bequem, um mich ernsthaft reinzuhängen. Außerdem war ich im Vergleich zur hochmotivierten und qualifizierten Konkurrenz ein bisschen zu alt. Und als mittelmäßiger Musiker bekam ich keine Anerkennung. Als Hobbymusiker konnte ich mich zwar hören lassen, aber es war mir peinlich, auf die Frage: »Was machst du eigentlich beruflich?« mit »Ich bin Musiker« zu antworten, denn für einen Profi war ich viel zu schlecht. Wovon hatte ich geträumt? Wohl kaum von einem Musikerleben am Rande des Existenzminimums.

Meine Rücklagen schmolzen dahin, und es kam kaum frisches Geld rein. Ohne richtigen Job und ohne Geld verwandelte ich mich allmählich vom Dschungelhelden zum Arbeitslosen mit Sinnkrise. Das tat auch der Beziehung nicht gut. Denn meine Freundin startete gerade voll durch mit ihrer Karriere.

Das Gefühl der Leichtigkeit wich der bekannten Orientierungslosigkeit. Erneut fiel es mir schwer, Entscheidungen zu treffen und die Führung für mein Leben zu übernehmen. Ich vermisste die Klarheit, die ich auf den Philippinen angesichts des Todes empfunden hatte. Was ich aus der Entführung gelernt hatte, ließ sich doch nicht so reibungslos auf mein aktuelles Leben übertragen, wie ich zunächst geglaubt hatte.

Inspiration

Nach einer Krise tut es gut, erst einmal in der Komfortzone Energie und Zuversicht aufzutanken, also Dinge zu tun, die einem Spaß machen und Kraft geben. Aber – diesen Tipp hätte ich damals selbst gerne bekommen – man sollte nicht die Chance verpassen, sich eingehend mit seinen Erfahrungen auseinanderzusetzen und aus ihnen zu lernen.

Das Krisenkarussell
dreht sich weiter

Nach meiner Freilassung habe ich mich im Gefühl der Euphorie über meine wiedergewonnene Freiheit verloren. Auf der einen Seite war es heilsam, nach meiner Extremerfahrung mir zunächst einmal Zeit zum Auftanken zu gönnen, der Liebe nach Köln zu folgen und mich musikalisch auszuleben. Auf der anderen Seite verpasste ich die Chance, die Zeit dafür zu nutzen, gezielt aus meiner Entführung zu lernen und an ihr zu wachsen. Ich hatte vor lauter Euphorie den Kopf verloren. Rückblickend hätte ich besser darüber nachgedacht, was mir das Leben wohl mit diesem Wink des Schicksals sagen wollte. Immerhin steckten in meiner Zeit im Dschungel viele Hinweise darauf, was mir im Leben Klarheit und Stärke verleiht. Doch diesen Erfahrungsschatz sollte ich erst später bergen.

Nachdem die Euphorie abgeebbt war, landete ich wieder in der Realität. Meine Ersparnisse waren aufgebraucht, mein berufliches Selbstbewusstsein im Keller und meine Beziehung angeschlagen. Ich musste dringend etwas tun, um mein Leben wieder in den Griff zu bekommen. Wie aus heiterem Himmel bot sich eine verlockende Gelegenheit.

Ein verlockendes Angebot

Mein ehemaliger Chef aus Luxemburg baute gerade eine Akademie mit Fortbildungsangeboten für deutsche Banken in Luxemburg auf. Er rief mich in Köln an und fragte, ob ich mir vorstellen könnte, Trainings für interkulturelle Kommunikation zu geben. Die Idee gefiel mir spontan. In diesem Gebiet hatte ich einiges an Erfahrung vorzuweisen. Schon während der Studienzeit hatte ich bei der weltweit größten Studentenorganisation AIESEC Studenten für Auslandspraktika vermittelt und die Kandidaten interkulturell auf mehrmonatige Auslandsaufenthalte vorbereitet. Meine eigenen Auslandserfahrungen während meiner Ausbildung und im Job, meine Empathie und Mehrsprachigkeit und nicht zuletzt meine Dschungelerfahrungen – der Austausch unter uns Geiseln und die Kommunikation mit unseren asiatischen Entführern – schienen mich dafür zu qualifizieren.

Über ein Jahr lang konzentrierte ich mich neben der Musik auf meine Tätigkeit als freiberuflicher Trainer. Aus den Luxemburger Trainings wurde zwar nicht viel, aber ich akquirierte einige Aufträge in Deutschland über meine Kontakte aus alten Studienzeiten. Rückblickend betrachtet, habe ich in der kurzen Zeit sogar ziemlich viel erreicht. Zunächst gab ich mehrere Trainings für interkulturelles Management. Hinzu kamen dann Anfragen für Präsentations- und Rhetoriktrainings. Irgendwann habe ich sogar einen FH-Professor in Vorlesungen vertreten, in denen ich thematisch nicht wirklich sattelfest war, zum Beispiel Personalentwicklung und Marketing.

Trainings zu geben und Menschen fortzubilden hat mir große Freude bereitet. Allerdings blieb auch auf diesem Gebiet der schnelle finanzielle Erfolg aus. Außerdem waren die Themen noch nicht das, was ich mir auf lange Sicht vorstellen konnte. Zudem ließen sich meine Entführungserfahrungen nicht so leicht integrieren. Sie sprengten eher den Rahmen. Sobald die Teilnehmer Fragen stellten, wurde deutlich, dass das Interesse an meinem persönlichen Schicksal überwog. Oft lautete die erste Frage: »Sind Sie gefoltert worden?« Mir wurde klar: Ich wollte nicht einfach eine spannende Geschichte erzählen und Sensationsgelüste befriedigen. Wenn ich schon von meinen Dschungelerfahrungen berichtete, dann in dem Sinne, was ich aus meiner Entführung gelernt hatte.

Doch damals konnte ich noch nicht einordnen, in welcher Weise meine Entführungserfahrung mein Leben bereichert hat und wie ich sie auch für andere Menschen wertvoll machen konnte. Ich hätte mich eingehender mit dem tieferen Sinn meiner Extremerfahrung auseinandersetzen sollen. Dann hätte ich den Wink des Schicksals meiner Entführung vielleicht verstanden: Ich bin stark, wenn es um das geht, was mir am Herzen liegt.

Zwei Jahre habe ich versucht, mein Leben als Musiker und dann als Trainer neu auszurichten. Beides machte mir Spaß, aber es erfüllte mich nicht. Und leben konnte ich davon auch nicht. Ich war orientierungslos und finanziell unter Druck. Ich brauchte dringend einen Befreiungsschlag.

Der Wiederholungsfehler

Aus Verzweiflung machte ich einen großen Fehler: Ich knüpfte an mein altes Leben an. Es erschien so naheliegend, mir wieder einen Job zu suchen wie zuvor in Luxemburg. Mit meinen internationalen Abschlüssen und der Beratererfahrung bei PwC würde ich leicht wieder einen gut bezahlten und sicheren Job finden, dachte ich.

Anfang 2003 begann ich, mich ernsthaft zu bewerben. Damals war die Lage am Arbeitsmarkt katastrophal. Doch es ging zunächst gut los. Auf zwei Bewerbungen folgten zwei Einladungen. Das eine Unternehmen besetzte die Vakanz dann doch intern. Bei dem anderen, einer Unternehmensberatung, machte ich eine enttäuschende Erfahrung. Zwei Tage Assessment Center absolvierte ich mit sehr guten Ergebnissen, nur um dann im Abschlussgespräch zu hören: »Beeindruckender Lebenslauf! Und Ihr Stresswert ist bemerkenswert. Sie lassen sich ja wirklich durch nichts aus der Ruhe bringen. Dennoch: Nach dem erlittenen Trauma sollten Sie lieber erst mal Ihre Erfahrungen verarbeiten und nicht gleich in einen so stressigen Beraterjob einsteigen.«

Typisch Deutschland, dachte ich. In den USA werden Menschen für ihre überwundenen Krisen wertgeschätzt. Dort ist das Lernen aus Rückschlägen ein wichtiger Teil der Businesskultur. Selbst im Dschungel galten Narben als ein Zeichen für Kampferfahrung und nicht als Makel – Commander Robot zeigte sie stolz und erntete Bewunderung. Ich war tief enttäuscht von den Absagen.

Daraufhin habe ich die Schlagzahl erhöht und zig Bewerbungen verschickt. Doch es hagelte nur höflich formulierte Absagen. Ich verstand die Welt nicht mehr.

Beim Autokonzern Renault in der Nähe von Köln hatte ich mich gleich dreimal beworben, zuletzt sogar auf eine Praktikantenstelle, nur um dort überhaupt einmal vorstellig werden zu können. Als ich sogar dafür eine Absage bekam, fasste ich mir ein Herz und rief in der Personalabteilung an, um den Grund für die Absage zu erfragen. »Welche Anforderung an einen Praktikanten genau erfülle ich eigentlich nicht? Ich habe zwei Mastertitel und Beratererfahrung. Ich spreche fließend Französisch und Englisch.« Meine Gesprächspartnerin meinte, sie wolle nachfragen.

Auf einmal ging es ganz schnell. Zu meinem Erstaunen erhielt ich noch am selben Tag eine Einladung zu einem Vorstellungsgespräch für eine feste Stelle im Aftersales Marketing. Das Gespräch fand an einem Freitag statt. Mit meinem künftigen Chef wurde ich umgehend einig. Innerhalb von Stunden wurde ich durch alle Instanzen gewunken. Am folgenden Montag sollte ich anfangen. Ich wurde sozusagen auf der Überholspur eingestellt.

Bereits am ersten Tag meiner Einarbeitung stellte ich fest: Wieder einmal hatte ich mir einen Feuerlöscher-Job eingehandelt. Bei dem Mammutprojekt ging es um die Reorganisation im Ersatzteilvertrieb des deutschen Renault-Händlernetzes. Die Teilebelieferung von über hundert Renault-Werkstätten musste binnen Jahresfrist umgestellt werden. Mir blieben dafür nur fünf Monate.

Die Aufgabe war nach Einschätzung einiger Vorstandsmitglieder extrem komplex und so schnell eigentlich gar nicht realisierbar. Aber mein Chef war überzeugt: »Das geht! Das muss! Du kannst das!« Nach einer langen

Durststrecke ohne Anerkennung tat es gut, zu spüren, wie jemand an mich glaubte. Das war wie eine Energiespritze, die mich von null auf hundert beschleunigte. Und irgendwie hat es mich auch beruhigt, zu wissen, dass die Erfolgschancen des Projekts von vielen als gering eingestuft wurden. Damit konnte ich die Erwartungen eigentlich nur übererfüllen. Gefühlt war das eine gute Voraussetzung. Und dann ging es los.

In kürzester Zeit hatte ich ein Projektteam aus fünfzehn Leitern und Experten unterschiedlichster Bereiche wie Vertrieb, Logistik, IT, Marketing, Training und Recht aufgestellt. Dafür erhielt ich von meinem Chef extrem viel Rückendeckung, er hatte ein super Standing und eine enorme Durchsetzungskraft. Und er hat mich von Anfang an als seine Spezialwaffe gehypt.

Das Projekt war hochgradig komplex. In kürzester Zeit galt es, IT-Systeme anzupassen, Lagerhaltungskapazitäten zu schaffen, Verträge zu entwickeln und abzuschließen, Belieferungsrouten zu planen, Verhandlungen mit dem Händlerverband zu führen, Kommunikationsmittel zu erstellen, Hunderte Mitarbeiter im Haus und im Händlernetz zu schulen, und vieles mehr.

Meine Projektmeetings waren schnell berüchtigt für ihre akkurate Vor- und Nachbereitung. In einem endlos langen Projektplan waren sämtliche Maßnahmen und Verantwortlichkeiten aufgelistet und mit einem Ampelsystem für den aktuellen Status versehen – »erledigt« (grün), »offen« (gelb), »kritisch« (rot). Kein Teammitglied wollte auf »Rot« stehen, da es bei dem Projekt um Umsätze in Millionenhöhe ging und dem Vorstand regelmäßig über den Projektstatus berichtet wurde. Das Projekt schlug aufgrund der enormen wirtschaftlichen und rechtlichen Risiken große Wellen sowohl im Konzern als auch im Händlernetz.

Die Vorbereitungen liefen noch bis Silvester auf Hochtouren. Pünktlich zum Stichtag 1. Januar 2004 wurde die Restrukturierung des Händlernetzes live geschaltet. Wir hielten den Atem an. Am 2. Januar schließlich war es amtlich: Die Umstellung war geglückt und erfolgte unerwartet geräuschlos. Danach durfte ich erst mal eine Welle der Anerkennung genießen. Es gab Lob von allen Seiten. Ich war erleichtert und stolz und genoss nun den Ruf eines Powerprojektleiters, der die ganz harten Nüsse knackt.

Mein Chef sah mich schon auf dem Karriereweg in Richtung Geschäftsführung. Ich hingegen fühlte die ersten Anzeichen eines Burn-out. Wieder war ich zum Söldner geworden. Ich empfand keine Erfüllung, sah für mich keinen tieferen Sinn in meinem Job. Doch er nahm mich komplett in Anspruch, sodass ich kaum Zeit hatte, über mich nachzudenken.

Dabei hätte ich nie geglaubt, dass ich mich noch einmal von Deadlines stressen lassen könnte. Zu schnell hatte ich mich wieder an einen komfortablen Lebensstil gewöhnt. Wieder rannte ich im Hamsterrad dem Geld – und der Anerkennung – hinterher.

Die nächste Projekt-Nuss war noch härter. Denn nun folgte das Projekt namens »Großhandelsfunktion«, an dem sich schon drei Vorgänger die Zähne ausgebissen hatten. Allein der Projektname »Großhandelsfunktion« löste bei allen Beteiligten größtes Unbehagen aus. Aber mein Chef war überzeugt: »Das geht! Das muss! Du kannst das!« Und so machte ich mich wieder ans Werk, um etwas zu tun, das mir ungefähr genauso am Herzen lag, wie der

Das Krisenkarussell dreht sich weiter

sprichwörtliche Sack Reis in China. Ob Renault-Werkstätten ihre Ersatzteile nun von links oder von rechts geliefert bekommen, berührte mich persönlich nicht wirklich. Betriebswirtschaftlich ergab das schon Sinn, aber am Ende ging es deshalb keinem Menschen konkret besser oder schlechter, jedenfalls konnte ich das nicht spüren.

Am meisten erfüllte und motivierte mich, wenn Kollegen mich persönlich um Hilfe baten. Mal eben ein Feedback geben zu einer kritischen E-Mail, eine dringende Information recherchieren oder einfach jemandem ein Ohr oder eine Schulter für ein Sorgengespräch leihen. Dafür nahm ich mir gerne Zeit, denn das Leuchten in den Augen meiner Kollegen gab mir das gute Gefühl, etwas unmittelbar Sinnvolles zu tun. Das gab mir einerseits Kraft. Andererseits verlor ich mich teilweise in diesen freiwilligen Nebenschauplätzen und vernachlässigte darüber meine eigenen Aufgaben. Ich steckte in einem Dilemma. Soll ich das tun, was mir Spaß macht, aber Zeit raubt, oder soll ich mich auf meine eigentlichen Aufgaben konzentrieren, die mich zunehmend auslaugten?

Je größer der Druck in meinem eigenen Projekt war, desto mehr war ich gezwungen, die Hilfegesuche meiner Kollegen abzulehnen. Das fiel mir schwer, denn Hilfsbereitschaft ist mir ein wichtiger Wert. Genauso wichtig allerdings ist für mich Zuverlässigkeit. Daher konnte ich meine eigenen Aufgaben auch nicht einfach schleifen lassen. Egal, was ich tat, ich würde jemanden enttäuschen beziehungsweise einen meiner inneren Werte verletzen. Dieser Konflikt löste großen Stress bei mir aus. Erst später lernte ich eine Möglichkeit kennen, um ein solches Dilemma wertschätzend und effektiv zu lösen.

Ich hätte mir damals den Tipp gewünscht, den ich Ihnen hier weitergeben möchte. Es handelt sich um die wunderbare Zwickmühlenkommunikation von Dr. Gunther Schmidt, dem Begründer des hypnosystemischen Ansatzes. In meinem Fall hätte ich meinem Hilfe suchenden Gegenüber wie folgt kommunizieren können: »Ich habe da eine Zwickmühle. Eine Seite in mir möchte dir gerne helfen, und einer anderen Seite in mir ist es gerade wichtig, mich angesichts der knappen Zeit zunächst auf mein eigenes Projekt zu konzentrieren, um es zuverlässig umsetzen zu können.« Indem Sie Ihren inneren Konflikt sichtbar machen, beziehen Sie Ihr Gegenüber in Ihren Entscheidungsprozess mit ein und können dadurch die soziale Bindung stärken. Zugleich ermöglicht diese Form der Kommunikation, auf wertschätzende Art und Weise eine wichtige Entscheidung zugunsten Ihrer sachlichen Prioritäten zu treffen.

Der Zuspruch aus dem Kollegenkreis war wie ein Treibstoff für mich. Noch wichtiger allerdings waren die Ermutigung und Anerkennung meines Vorgesetzten. Dafür ging ich immer wieder bis an meine Grenzen und teilweise sogar darüber hinaus. Ich ackerte mit der Besessenheit eines Hundes beim Stöckchenholen, auch wenn ganze Baumstämme auf mich zugeflogen kamen, die ich dann aus irgendeinem Sumpf ziehen musste. Am Ende war es die Anerkennung, die mich trieb, und keine innere Vision oder tiefere Überzeugung. Aber genau diese Rechnung ging nicht mehr auf, als sich die Führungskonstellation wenig später änderte.

Ich bekam einen neuen Chef, der mir nicht den Rücken stärkte, zumal er sich selbst noch einarbeiten musste. Gleichzeitig übernahm eine sehr dominante Direktorin die Leitung des Aftersales-Vertriebs. Sie nahm mich sofort voll ins Visier und entzog der ungeliebten Großhandelsfunktion die Unterstützung durch ihre Vertriebsmannschaft. Sie und mein neuer Chef bekamen einen neuen gemeinsamen Vorgesetzten aus Frankreich, der zwar extrem clever war, sich aber auch erst einarbeiten musste. So ging es dann schnell bergab mit mir. Statt Rückenwind hatte ich Gegenwind. Ein Kampf gegen Windmühlen begann. Er sollte in einem Burn-out enden. Aber noch kämpfte ich. Mein Team wurde dezimiert, die Leistungserwartungen erhöht, das Kostenbudget zusammengestrichen. Vergeblich versuchte ich, mich auf realistische Zielvereinbarungen zu berufen, die vor dem Managementwechsel fixiert worden waren. Ich fand aber kein Gehör mehr. Meine Entscheidungsvorlagen mit detaillierten Szenarien wurden einfach links liegen gelassen. Mein neuer Chef sagte sinngemäß: »Wir müssen uns alle neu sortieren. Mach erst mal weiter wie bisher. Den Rest klären wir später.«

Schritt für Schritt in den Burn-out

Verzweifelt versuchte ich, die fehlenden Mitarbeiter zu kompensieren und die neu gesetzten Ziele zu erreichen. Ich machte Vorschläge zur Priorisierung, doch die Entscheidungen wurden aufgeschoben.

Statt Konsequenzen zu ziehen, steigerte ich das Tempo. Getrieben von der Angst, meinen Job zu verlieren, erhöhte ich von fünfzig auf bis zu achtzig Arbeitsstunden die Woche. Dabei redete ich mir ein: »Ich darf meinen Job nicht verlieren! Also darf ich meinen Chef nicht enttäuschen! Also muss ich machen, was er sagt.« Körperlich war ich ein freier Mann, doch geistig fühlte ich mich als Geisel meines Chefs, meines Jobs. Letztlich war ich die Geisel meiner selbst und außerstande, mich aus dieser Situation zu befreien.

Mein Leben fand nur noch im Büro und im Bett statt, und ich war kurz davor, beides räumlich zu vereinen, um auch noch den Arbeitsweg einzusparen. Keine Hobbys mehr, kaum Sozialkontakte, Pausen nur noch im biologischen Bedarfsfall. Dafür immer mehr Kaffee zum Wachbleiben und abends schnell ein Glas Wein als Einschlafhilfe. Nur an den Wochenenden konnte ich in Ruhe meinen wachsenden Stapel an Aufgaben abarbeiten und ein wenig aufholen. Überflüssig zu sagen, dass ich die Grenzen einer nachhaltigen Lebensführung schon lange überschritten hatte.

Ich lebte in einem Hamsterrad, ich glaubte, dass Leistung das ist, was im Leben zählt. Ich lebte nicht, sondern wurde gelebt. Ich lief immer schneller und kam doch nicht voran. Ein erreichbares Ziel oder eine Gelegenheit zum Innehalten war nicht in Sicht. Meine Lage fühlte sich aussichtslos an. Ich reagierte auf den Stress mit Schlafstörungen, Augenzucken und permanenten Herzrhythmusstörungen. Nachts wachte ich schweißgebadet auf und machte mir Notizen. Manchmal steckte ich mir vor Frust sogar eine Zigarette an und fuhr direkt wieder ins Büro. Ich lief im Dauerbetrieb, und es gelang mir kaum mehr, abzuschalten und meine Batterien aufzuladen. Trotzdem blieb ich noch über Wochen produktiv. Mein dezimiertes Team hielt ich erstaunlich lange am Laufen. Aber eines Tages war es dann so weit. Da standen drei, vier Kollegen in meiner Bürotür und schrien auf mich ein.

»Wo sind die Zahlen?«

»Ich habe dir gestern schon eine E-Mail geschickt!«

»Das Meeting läuft schon, kommst du endlich!«

In dem Moment wusste ich nicht mehr, was ich tun sollte. Blackout. Sollte ich jetzt in die E-Mail reinschauen? Oder in Excel nach einer Tabelle suchen? Oder ins Meeting gehen? In welches Meeting eigentlich? Ich hörte nur noch ein Rauschen und hallende, ineinander verschwimmende Stimmen. Ich erstarrte. Das ist der Moment, bei dem im Flipper das Zeichen »tilt« aufleuchtet. Nichts geht mehr. Instinktiv tat ich das einzig Richtige, weil einzig Mögliche in dieser Situation: Ich drückte auf den Powerknopf meines Computers und ging nach Hause.

Nicht gleich. Zuerst ging ich zu meinem Chef und sagte sinngemäß: »Sorry, sucht jemand anderen. Wenn ich wieder fit bin, arbeite ich ihn ein. Aber der Job ist unmöglich, so wie er ist. Ich mache ihn nicht mehr. Ich melde mich, sobald ich kann.« Es fühlte sich an, als hätte ein Notfallsystem die Kontrolle übernommen und auf Autopilot umgestellt. Ich konnte mir selbst dabei zusehen, wie ich vor meinem Chef stand, und hörte ungläubig meinen eigenen Worten zu. Wie konnte ich so etwas sagen? Wusste ich eigentlich, was ich da gerade tat? Es geschah einfach. Und das mir, dem Powerprojektleiter für die harten Nüsse.

Und dann ging ich wirklich nach Hause. Wie ich dort ankam, weiß ich nicht mehr. Das Erste, woran ich mich erinnere, ist, dass ich wie versteinert auf meinem Bett lag und dem Rauschen in meinen Ohren lauschte. Sonst war es still, denn mein Handy hatte ich fürs Erste ausgeschaltet. Wie lange ich dort lag und was ich dann tat, weiß ich nicht mehr. Irgendwann jedenfalls begann meine kritische Situation ins Bewusstsein zu sacken.

Obwohl ich völlig erschöpft war, konnte ich in den folgenden Tagen kaum schlafen. Das Gedankenkarussell in meinem Kopf hielt mich wach, und ich durchlebte ein Wechselbad der Gefühle. Wie konnte das nur passieren? Ich habe versagt. Wie geht es jetzt ohne mich mit meinem Team weiter? Hätte ich vielleicht doch noch irgendwie weitermachen können? Wie hätte ich all das verhindern können? War ich schuld, oder waren es die Umstände? Einerseits schämte ich mich dafür, mein Team hängen zu lassen und versagt zu haben, andererseits fühlte ich mich erleichtert, da meine Dauerbelastung endlich ein Ende hatte. Es war lange überfällig, etwas an meiner verfahrenen Lage zu ändern. Mir selber war es jedoch nicht gelungen, eine konstruktive Entscheidung zu treffen oder herbeizuführen.

In schwierigen Lagen, wie zum Beispiel einem belastenden Job, gibt es im Wesentlichen drei Handlungsoptionen: *Leave it, love it or change it!* Dabei helfen Ihnen folgende Fragen, um zu einer Entscheidung zu finden:

1. *Leave it:* Will ich die Situation verlassen? Wie könnte ich das konkret tun? Welche rechtlichen, sozialen, finanziellen Folgen hätte das? Gibt es eine Alternative? Wie schnell könnte ich mich umorientieren? Welches wäre der beste Zeitpunkt, um mich aus meiner Situation herauszuziehen?

2. *Love it:* Kann ich meine Situation lieben lernen, und wenn ja, wie? Welche positiven Seiten hat meine Situation bzw. mein Job? Was kann ich Wertvolles für später lernen? Wie kann ich besser mit der Situation umgehen, um sie leichter zu ertragen? Könnte ich die Herausforderungen spielerischer nehmen?

3. *Change it:* Kann ich die Situation bzw. meinen Job verändern? Was genau will ich verändern? Welche Möglichkeiten, etwas zu ändern, liegen in meiner Macht? Wer kann mir dabei helfen? Auf wen könnte ich zugehen, der über Rahmenbedingungen entscheiden kann? Wie könnte ich mich selber in der Situation verändern? Was müsste ich dafür lernen?

Einige dieser Fragen hatte ich mir schon länger gestellt. *Leave it?* Immerhin hatte ich einen gut bezahlten Job, auch wenn sich das Gehalt zunehmend wie Schmerzensgeld anfühlte. Es würde nicht leicht werden, kurzfristig einen vergleichbaren Job zu finden. Zudem wusste ich nicht, wonach ich hätte suchen sollen. Ich hatte ohnehin weder die Zeit noch die Energie, um darüber nachzudenken. *Love it?* Die Zusammenarbeit mit den Teamkollegen war definitiv etwas Positives in meinem Job. Doch die ständigen Zahlenanalysen blieben eine Qual trotz all meiner Bemühungen, mich in dieser Richtung fit zu machen. Mir fehlte der tiefere Sinn meiner Arbeit, der Bezug zum Menschen. Ich versuchte zwar, mich für die Automobilwelt zu begeistern, doch im Gegensatz zu vielen meiner Kollegen hatte ich kein »Benzin im Blut«. *Change it?* Meine Versuche, die Jobsituation zu verändern, waren fehlgeschlagen. Zusätzlicher Support für die leidigen Zahlenanalysen wurde abgelehnt, mein Team sogar noch reduziert. Die Aufgaben hätten priorisiert und neu verteilt werden müssen, doch meine Entscheidungsvorlagen wurden nicht berücksichtigt, und es gelang mir nicht, etwas daran zu ändern. Meine Entscheidung »leave it, love it or change it« war lange überfällig, bis Körper und Geist sie mir schließlich abnahmen: »Leave it!«

Nach meinem Zusammenbruch hatte ich plötzlich so viel Zeit zum Nachdenken wie schon lange nicht mehr. Je ruhiger das destruktive Gedankenkarussell der Selbstvorwürfe wurde, desto stärker drangen konstruktive Überlegungen in den Vordergrund. Ich dachte über meine Lage nach und wie ich in sie hineingeraten war. Dabei gingen mir die vielen Gespräche durch den Kopf, die ich während der letzten Wochen und Monate mit Freunden und Kollegen geführt hatte. Ich stellte fest, dass sie sich fast ausschließlich um mich und meine Notlage drehten, so wie ich selbst auch. Für entspannende Gespräche und unbeschwerte Sozialkontakte hatte ich schon lange keine Zeit mehr gefunden. Auch konnte ich kaum mehr auf die Bedürfnisse meines Gegenübers eingehen, was eigentlich meine Stärke ist, so sehr war ich mit mir selbst beschäftigt. Das war eine beschämende Erkenntnis für mich. Welche Gespräche hatten mir gutgetan und welche nicht? Es half mir, wenn mein Gegenüber zuhörte und ich einfach reden konnte. Allein das wirkte wie ein Ventil, bei dem ich Druck ablassen konnte. Doch selten blieb es beim Zuhören. Meist kamen Reaktionen, die in ihrer Wirkung mal mehr und mal weniger hilfreich waren. Im Wesentlichen handelte es sich um Mitleid und Bestätigung, Ratschläge und Kritik sowie ehrliches und konstruktives Feedback. Mitleid und Bestätigung war ehrlich gesagt das, was ich emotional am meisten von meinen Sozialkontakten erhofft hatte. Langfristig hatte es mich allerdings eher noch tiefer in meine Opferrolle getrieben und mir die Motivation und Kraft genommen, an mir oder meiner Situation etwas zu ändern.

Ich fühlte mich darin bestätigt, ein Opfer der Umstände zu sein. Ebenso wenig hilfreich waren Gespräche, in denen mir sofort Ratschläge erteilt wurden. Sätze wie »Du musst einfach die Zähne zusammenbeißen und durchhalten!« oder »Dann mach halt mal ein paar Tage Urlaub!« fühlten sich an wie Schläge in meine geschundene Seele. Ich fühlte mich in meiner Not nicht erkannt und vorwurfsvoller Kritik ausgesetzt. Am meisten halfen mir zwei gute Freunde, die mir auf wertschätzende Art und Weise ein sehr ehrliches konstruktives Feedback gaben. Sie waren im besten Sinne verständnisvoll. Sie konnten meine Lage gut einschätzen und zeigten Mitgefühl. Doch meiner Suche nach Bestätigung kamen sie nicht nach. Ich fühlte mich zum einen sogar ziemlich hart angefasst und hätte mir etwas mehr Mitleid gewünscht. Zum anderen spürte ich jedoch, dass sie es ernst mit mir meinten und das Beste für mich wollten, indem sie mir unangenehme Fragen stellten, wie beispielsweise »Warum machst du eigentlich immer weiter, wenn du eh schon spürst, dass der Job nicht der richtige für dich ist?« oder »Kann es sein, dass es dir schwerfällt, Nein zu sagen, weil du es jedem recht machen möchtest?« oder »Meinst du nicht, du könntest öfter mal fünf gerade sein lassen?«. Es waren die richtigen Fragen, um den Blick auf meine blinden Flecken zu lenken. Doch ich brauchte erst einen Burn-out, um mich dieser unangenehmen Wahrheit zu stellen.

Zum ersten Mal in meinem Leben suchte ich einen Psychotherapeuten auf. Damals fühlte sich das für mich an wie eine Bankrotterklärung. Ich schämte mich, weil ich mir eingestehen musste, dass ich gescheitert war. Doch mein Psychotherapeut meinte, das sei der erste wichtige

Schritt zur Heilung. Es werde einige Wochen brauchen, mich zu regenerieren. Und ich müsse an mir arbeiten, um nicht wieder in derselben Lage zu landen. Weitermachen wie bisher sei keine Option, und schon gar nicht unter denselben Arbeitsbedingungen wie zuvor.

Von Sitzung zu Sitzung verdichtete sich, was ich aufgrund der unangenehmen Fragen meiner Freunde schon geahnt hatte: Die Ursache für meinen Zusammenbruch lag nicht nur an den Umständen meiner Arbeit, sondern zum großen Teil in mir selbst. Einige meiner Persönlichkeitsanteile, auf die ich immer stolz war, wurden mir bei der Arbeit offenbar zum Verhängnis: Perfektionismus, Ehrgeiz, Engagement und Harmoniestreben. Es waren meine sogenannten inneren Antreiber, aufgrund derer ich bis zum Umfallen im Hamsterrad lief: »Du darfst keinen Fehler machen!«, »Streng dich an!«, »Du darfst andere nicht enttäuschen!«, »Wenn du das nicht schaffst, gibt es große Probleme!« Ich lernte: Wenn ich diesen in meiner Kindheit angelegten Stimmen weiterhin folgte, würde ich erneut im Hamsterrad enden. Es galt, mich besser abzugrenzen und auch mal Nein zu sagen. Hilferufe im Sinne von »Wir müssen Prioritäten setzen, sonst saufe ich ab« reichen nicht aus. Ich musste lernen, frühzeitig und konsequent Entscheidungen einzufordern im Sinne von »Bevor wir keine Prioritäten setzen, kann ich nicht weitermachen«. Keine leichte Aufgabe, aber immerhin eine Aussicht auf Besserung, fand ich.

Nach einigen Tagen erhielt ich einen Anruf vom Vorstand und Vorgesetzten meines Chefs: »Es tut mir leid. Wir haben nicht früh genug auf deine Entscheidungsvorlagen reagiert, das war unser Fehler. Wir bauen auf dich und hoffen, dass du wiederkommst. Und bis dahin schaffe ich die notwendigen Voraussetzungen, versprochen!«

Es tat gut, diese Worte zu hören. Tatsächlich bewogen sie mich dazu, einige Wochen und etliche Psychotherapiestunden später wieder an meinen Arbeitsplatz zurückzukehren. Aber ich wusste, dass es mehr war als ein Managementfehler. Es war auch mein eigener Fehler, mich nicht früher und klarer abgegrenzt zu haben. Ich beschloss, dem Ganzen eine zweite Chance zu geben.

Ein bisschen Ausstieg

Nach einigen Wochen begann ich wieder ins Büro zu gehen, erst vier, dann sechs und schließlich acht Stunden am Tag. Mehr nicht. Und das reichte auch, denn meine Entscheidungsvorlagen wurden tatsächlich zeitnah umgesetzt. Eines von drei realistischen Szenarios wurde ausgewählt. Und das setzte ich in den folgenden Monaten erfolgreich um. Die Großhandelsfunktion wurde eingeführt und mit ihr ein fünfköpfiges Team unter meiner fachlichen Führung etabliert.

Nach meiner Rückkehr machte ich keinen Hehl aus meinem Burn-out. Das hatte mir mein Psychotherapeut eindringlich empfohlen. Es war eine große Erleichterung, nicht mehr die Rolle des perfekten Powerprojektleiters erfüllen zu müssen. Ich gestand mir zu, auch mal fünf gerade sein zu lassen. Das fiel mir nicht zuletzt auch deswegen leichter als vorher, da mein Umfeld nach meinem Ausfall deutlich mehr Rücksicht auf mich nahm. Das konsequente Neinsagen war daher etwas, das ich erst einige Jahre später lernen musste. Die Reaktionen meiner Kollegen reichten von »Du bist viel sympathischer geworden« bis »Du hast deinen Biss verloren«. Ich fühlte mich nun deutlich wohler in meiner Haut. Innerlich hatte ich genügend Abstand gewonnen, um mich und meine Arbeit mehr zu hinterfragen.

Die Arbeit war vom Anspruch her nun wieder machbar, aber im Kern tat ich nach wie vor dasselbe wie vorher. Immer öfter fragte ich mich, was genau ich da eigentlich tat, warum ich täglich Zahlen und Prozesse optimierte. Die Führungsaufgaben und Team-Workshops machten mir Spaß, die meiste Zeit aber verbrachte ich vor dem Computer, tief versunken in einem Moloch aus Zahlen, Tabellen und Datenbanken. Völlig entnervt war ich, wenn die Zahlen mal wieder nicht korrekt waren, weil irgendwo ein Formelfehler im System war. Ich beneidete Kollegen, die sich in ihrer Arbeit für Datenanalysen begeistern konnten und sich förmlich die Hände rieben, wenn es galt, einen Formelfehler im System zu finden. Ich konnte mich einfach nicht für abstraktes Zahlenwerk erwärmen, obwohl ich es immer wieder versucht hatte, indem ich meine Kenntnisse in Tabellenkalkulation und Datenbanken weiter vertiefte. Es blieb eine stressige und unbefriedigende Angelegenheit für mich.

Als Ausgleich zu meiner Arbeit fing ich an, Solo-Konzerte in einer Kölner Traditionskneipe zu geben. Dort hatte ich zu meinem Geburtstag meine Freunde, Verwandten und Kollegen eingeladen, um meinen Traum vom Barpianisten wenigstens einmal in die Tat umzusetzen. Ich sang und spielte eine Mischung aus Evergreens und Eigenkompositionen. Für den richtigen Groove spielte ich gleichzeitig mit den Füßen einen Beat mit Trommel und Becken.

Mein Geburtstagskonzert war ein voller Erfolg, sodass mich der Barbesitzer fragte, ob ich nicht Lust hätte, regelmäßig zu spielen. Und ob ich dazu Lust hatte! Über zwei Jahre spielte ich dort mit großer Begeisterung und ergänzte mein Programm mit einem Set an der Gitarre. Am Ende spielte ich mit gut besuchten Konzerten sogar Eintrittsgelder ein. Die taten auch meinem Selbstwertkonto gut, das während der Krisenzeiten in die Miesen geraten war.

Meine Kölner Beziehung hatte die Phase meiner Arbeits- und Orientierungslosigkeit nicht überlebt. Zu tief war ich in den unattraktiven Strudel von Niederlagen und Selbstzweifeln geraten. Stattdessen hatte ich mittlerweile eine Fernbeziehung. Meine Freundin lebte in Göttingen, dort hatten wir uns auf der Hochzeit meines Bruders kennengelernt. Wir fragten uns, wo wir mal zusammenleben könnten. Aus beruflichen Gründen konnte sie nicht aus Göttingen weg. Ich wollte nicht aus Köln weg. Im Sommer 2007 sagte mir mein Freund Marco: »Ich ziehe nach Mallorca auf eine Finca. Warum kommst du nicht einfach mit, und wir machen da ein neues Musikprojekt als unplugged Duo – ich singe an der Gitarre, und du singst am Klavier und machst den Beat?«

Warum nicht mal ein Sabbatical? Abschalten, auftanken und in Ruhe entscheiden, ob ich nach Göttingen ziehen wollte oder nicht. Mein Bauchgefühl sagte dazu Ja. Bald darauf ging ich zu meinem Chef und erklärte: »Ich werde zum Ende des Jahres kündigen und dann eine Auszeit nehmen – Musik machen auf Mallorca. Bis dahin schließe ich alle wichtigen Themen planmäßig ab und übergebe strukturiert an meinen Nachfolger.« Es war wie in Luxemburg: Ich musste weg, ohne genau zu wissen, wohin ich wollte. Doch mein Entschluss stand fest. Ich wollte mich neu sortieren und nicht aus Bequemlichkeit in einem Job bleiben, der zwar gut lief, mich aber nicht erfüllte. Ich blieb bis Ende 2007 und übergab dann eine erfolgreiche Großhandelsfunktion und ein eingespieltes Team an meine Nachfolgerin.

2008 wurde mein Jahr der Muße. Die meiste Zeit verbrachte ich mit Marco am Rande eines abgelegenen Bergdorfs auf Mallorca. Dort teilten wir uns mit einer Freundin eine alte Finca mit duftenden Orangen- und Zitronenbäumen im Garten. In dieser Idylle hörte man lediglich das Blöken der Schafe, die in der Umgebung grasten. Laut wurde es nur, wenn wir in der angrenzenden Scheune zu den Instrumenten griffen, um das Konzertprogramm der wohl kleinsten unplugged Rock'n'Roll-Band der Welt zu proben. Nach kurzer Zeit spielten wir die ersten Konzerte in Strandbars und auf privaten Partys. Unter dem Namen »Los Dos« (die zwei) schafften wir es sogar mal auf die große Bühne in der Stierkampfarena von Palma de Mallorca. Zugleich besuchte ich regelmäßig Spanisch-Intensivkurse und vertiefte meine Sprachkenntnisse bei Ausflügen mit mallorquinischen Freunden. Vor allem aber nutzte ich die Zeit, um herauszufinden, ob ich nun nach Göttingen zurückkehren sollte oder nicht.

Inspiration
Ein Burn-out ist nur der letzte Punkt einer schleichenden Krise. Er kommt nicht über Nacht, sondern ist eine Reaktion auf andauernde Belastung und Überforderung am Arbeitsplatz.

Wichtige Eckpunkte der Definition des Burn-out-Syndroms laut Weltgesundheitsorganisation sind:

- das Gefühl des Ausgebranntseins
- eine innere Distanz zur Arbeitsstelle, oft verbunden mit einer negativen Haltung zum eigenen Job oder Zynismus, und
- geringe berufliche Leistungsfähigkeit.

Diese Definition tritt 2022 in Kraft mit der überarbeiteten ICD-11, dem weltweit anerkannten Klassifizierungssystem für medizinische Diagnosen. Bislang spielte das Burn-out-Syndrom in der medizinischen Klassifizierung eine untergeordnete Rolle, obwohl es als Volkskrankheit angesehen wird. Es gilt jedoch nicht als Krankheit, sondern als »Faktor, der den Gesundheitszustand beeinflusst«. Es ist zum Beispiel ein Risikofaktor für Depression.

Sie können einem Burn-out vorbeugen, indem Sie in belastenden Situationen frühzeitig eine Entscheidung für eine der drei möglichen bereits aufgeführten Handlungsoptionen treffen: *Leave it, love it or change it!*

Sofern sich Ihre belastende Situation nicht von selbst auflöst, werden Sie früher oder später zu einer Entscheidung gezwungen sein. Je länger Sie diese Entscheidung aufschieben, desto wahrscheinlicher wird es, dass Ihr Körper Ihnen diese Entscheidung mit einem Burn-out abnimmt: *Leave it!* Insofern sollten wir unserem Körper dankbar sein für seine kompetente Reaktion, die uns – zumindest vorläufig – aus einer misslichen Lage befreit. So betrachtet, ist ein Burn-out nicht das eigentliche Problem, sondern ein Beitrag zu seiner Lösung.

Soziale Unterstützung ist ein wichtiger Schutzfaktor bei der Prävention eines Burn-out. Es ist wichtig, sich in stark belastenden Arbeitsphasen Hilfe zu holen, statt alles mit sich selber ausmachen zu wollen und sich einzuigeln. Achten Sie jedoch darauf, bei wem Sie Hilfe suchen. Echte Freunde hören Ihnen wertschätzend zu und geben Ihnen zugleich ein ehrliches und konstruktives Feedback. Sie ermutigen Sie dazu, etwas an sich und Ihrer Situation zu verändern und aus der Opferrolle herauszukommen. Freunde in der Not sind nicht immer die bequemsten, sondern diejenigen, die es ernst mit Ihnen meinen. Sie führen aufrichtige Gespräche mit Ihnen und verzichten Ihnen zuliebe auf gefälliges Mitleid. Echte Freunde leisten Hilfe zur Selbsthilfe. Natürlich ist es ein wertvoller Freundschaftsdienst, wenn uns jemand in einer akuten Stressphase mal den Rücken freihält und zum Beispiel Besorgungen für uns erledigt, damit wir einen zeitlichen Engpass bei der Arbeit bewältigen können. Wenn dies jedoch dazu führt, dass wir nur noch tiefer in die Arbeit stürzen, statt die Ursachen der Überbelastung bei den Wurzeln zu packen, dann ist eine solche Hilfe auf Dauer kontraproduktiv. Daher haben wahre Freunde den Mut, uns genau darauf hinzuweisen und uns nicht blind jeden Wunsch zu erfüllen. Sie geben uns nicht einfach das, was wir von ihnen wollen, sondern das, was wir brauchen, zum Beispiel ein unangenehmes, aber ehrliches Feedback. Wahre Freunde sind manchmal so unbequem, dass wir sie auf den ersten Blick nicht als solche erkennen. Die Geschichte von der Kuh und der Maus beschreibt dies auf sehr amüsante Weise:

Eine Maus rennt vor einer Katze um ihr Leben. In einem Kuhstall angelangt, findet sie kein Schlupfloch. Deshalb versteckt sie sich im Schatten einer Kuh. Die Kuh denkt sich: »Ich helfe der Maus« und macht einen großen Haufen auf die Maus, um sie darin zu verstecken. Die Katze sieht den Schwanz der Maus aus dem Haufen rausschauen, zieht sie hinaus und frisst die Maus dennoch. Die Moral der Geschichte?

1. *Nicht jeder, der dich anscheißt, ist dein Feind.*
2. *Nicht jeder, der dich aus der Scheiße holt, ist dein Freund.*

Bauen Sie sich bewusst ein soziales Netzwerk auf, auf das Sie sich im Notfall verlassen können. Lieber einige echte Freunde als viele oberflächliche gefällige Bekanntschaften. Im Zweifelsfall gehen Sie besser zu einem Experten, wenn Sie ehrlichen Rat und wirksame Unterstützung suchen.

Elf Anregungen, die Ihnen helfen können, einem Burnout vorzubeugen:

1. Arbeiten Sie in einem Beruf, der Sie erfüllt und Ihnen Spaß macht.
2. Bei akuter Überforderung: Machen Sie Ihrem Vorgesetzten Priorisierungsvorschläge, und fordern Sie konsequent eine Entscheidung ein. Ein guter Chef wird es Ihnen danken, da er so Ihre *Arbeitskraft* erhalten kann.
3. Sagen Sie auch mal Nein zu anderen, wenn Sie sich überfordert fühlen, und öfter mal Ja zu sich selbst und Ihren eigenen Bedürfnissen.

4. Nehmen Sie sich weniger vor, dann schaffen Sie meistens sogar mehr.

5. Machen Sie regelmäßig Regenerationspausen. Eine kleine Mittagsrunde über das Firmengelände macht den Kopf frei und lädt die Batterien wieder auf.

6. Ernähren Sie sich gesund, und trinken Sie ausreichend Wasser.

7. Treiben Sie regelmäßig Sport, ohne sich zu Höchstleistungen zu zwingen.

8. Schlafen Sie ausreichend. Tipp bei Schlafproblemen in stressigen Zeiten: Geführte Schlafhypnosen helfen beim Ein- und Durchschlafen.

9. Pflegen Sie Offline-Zeiten, in denen Sie auf E-Mails verzichten und Ihr Handy ausschalten.

10. Praktizieren Sie Entspannungstechniken wie Autogenes Training, Yoga oder Meditation.

11. Verzichten Sie auf Zigaretten und Alkohol, und trinken Sie nicht zu viel Kaffee.

Stehaufmännchen

Das Stehaufmännchen gilt als das Symbol für Resilienz: hinfallen, aufstehen. Kinder spielen begeistert mit hölzernen Stehaufmännchen, weil man sie so oft umschubsen kann, wie man will – sie stehen immer wieder auf. Doch was als Spielzeug lustig wirkt, hat im wahren Leben mitunter ernsthafte Folgen. Denn wenn Menschen sich wie Stehaufmännchen verhalten – aufstehen, weitermachen, dann fallen sie auch immer wieder an derselben Stelle hin, wo sie gerade erst aufgestanden sind. Warum? Weil sie statisch sind. Sie verändern weder sich selbst noch ihre Position. Als wären sie aus Holz.

Wie kann es sein, dass Menschen stets dieselben Fehler begehen, ohne aus ihnen zu lernen? Meiner Ansicht nach liegt es unter anderem daran, dass Menschen sich nach Krisen gern in die Komfortzone flüchten, um sich von schmerzhaften Erfahrungen zu erholen.

Je länger sie jedoch in der Komfortzone bleiben, desto weniger spüren sie die Notwendigkeit, aus der Krise zu lernen und etwas Grundlegendes in ihrem Leben zu ändern. Und oft heißt es dann: »Ist doch alles wieder gut. War alles halb so schlimm. Ich versuche es einfach noch mal.« So jedenfalls war es bei mir.

In der sonnigen Ruhe der Finca gewann ich schnell Abstand zu meinem Kölner Stadtleben. Die Erinnerungen an die Schattenseiten meines unbefriedigenden Bürojobs mit den leidigen Datenanalysen, der Druck der Deadlines, all das verblasste nach und nach. Statt aufzuarbeiten, begann ich zu verklären. Immerhin hatte ich mich nach dem Burn-out ja wieder aufgerappelt und meinen Job in einer Erfolgsphase übergeben. Außerdem habe ich so gut verdient, dass ich mir nun ein Jahr Auszeit gönnen konnte. War doch nur ein Job. Vielleicht machte der nächste mehr Spaß.

Mehr Gedanken machte ich mir über die Zukunft meiner Beziehung und die Frage, ob ich nach Göttingen ziehen sollte. Meine Freundin besuchte mich auf Mallorca, und wir verlebten eine romantische Zeit miteinander. Als sie wieder in Göttingen war, verspürte ich Sehnsucht. Das beeinflusste meine Entscheidung. Ich beschloss, nach Göttingen zu ziehen. Nun musste ich mir dort einen Job suchen.

Zurück nach Göttingen

Ich begann, mich für Jobs in Göttingen und Umgebung zu bewerben. Nach kurzer Zeit lag mir ein bereits unterschriebener Vertrag vor, als Standortleiter für eine Unternehmensberatung in Hannover. Das passt prima, dachte ich. So kann ich das Flair der Landeshauptstadt genießen, die ich während meines Studiums zu schätzen gelernt hatte.

Kurz bevor ich den Vertrag unterschreiben wollte, erreichte mich unerwartet eine Einladung zum Vorstellungsgespräch bei einem Medizintechnikkonzern in der Nähe

Stehaufmännchen

von Göttingen. Die Position lautete: Senior Controller. Das war so ziemlich das Letzte, was ich werden wollte. Und dann auch noch in einer Kleinstadt bei Göttingen. Aber die Gelegenheit eines bezahlten Heimflugs wollte ich mir nicht entgehen lassen. Ich wollte ohnehin nach Göttingen fliegen, um dort mit meiner Freundin nach einer gemeinsamen Wohnung zu suchen.

Beim Vorstellungsgespräch erfuhr ich, dass der Job keine Controlling-Stelle im engeren Sinne war, sondern zum strategischen Group Controlling gehörte. Er sei zwar zahlenbasiert, aber auch international und beratungsorientiert. Das reizte mich. Dann kam die entscheidende Frage: »Was wäre denn Ihr Sechser im Lotto, um hier zu arbeiten?« Ich antwortete, dass ich gern meine Spanischkenntnisse für Projekte anwenden würde, am liebsten in Südamerika. Zu meiner Verblüffung hieß es sofort: »In Ordnung. So machen wir das.« Wenig später unterschrieb ich den Arbeitsvertrag mit der Ottobock Health-Care GmbH, dem Weltmarktführer der Technischen Orthopädie.

Im Januar 2008 ging es los und sofort von null auf hundert. Die Komplexität, die Vielzahl und die Vielfalt der Projekte waren atemberaubend. Mein Chef war ein Genie in Sachen Logik und Analyse, von dem ich sehr viel lernen konnte. Zudem wuchs über die Zeit eine vertrauensvolle Beziehung mit großer Wertschätzung auf beiden Seiten. Wieder einmal hatte ich Glück gehabt, wieder hatte ich einen Chef, der hundertprozentig an mich glaubte. Das tat gut. Er traute mir sogar mehr zu als ich mir selbst. So bekam ich die Verantwortung für äußert anspruchsvolle Projekte. Unter anderem koordinierte ich die Strategieentwicklung für die Auslandsmärkte Brasilien und Argentinien. Dafür flog ich mehrmals nach Südamerika und moderierte sogar auf Spanisch Workshops mit unseren südamerikanischen Niederlassungsleitern und Schlüsselkunden.

Der schnelle Erfolg war berauschend. Mit Begeisterung stürzte ich mich in eine Reihe von Projekten, bohrte immer dickere Bretter. Das Maß der Anerkennung wuchs proportional zur Anzahl der Überstunden. Darunter begann meine Beziehung zu leiden. Zunächst fiel das nicht weiter auf, da meine Freundin als Selbstständige selbst zum Workaholic mutierte. Irgendwann jedoch mussten wir feststellen, dass wir uns aus den Augen verloren hatten. Tieftraurig kamen wir zu dem Schluss, dass eine Trennung das Beste für uns beide sein würde.

Wieder einmal war eine Beziehung in die Brüche gegangen. Der Trennungsprozess ging mir nah. Mit jedem Möbelstück, das ich aus der gemeinsamen Wohnung trug, hatte ich das Gefühl, ein Stück meines Traums zu Grabe zu tragen. Der Traum von der großen Liebe und der eigenen Familie rückte erneut in unendliche Ferne, und das mit Mitte dreißig.

Aber ich bin ja ein Stehaufmännchen, dachte ich, richtete mein Krönchen und machte einfach weiter. Immerhin hatte ich jetzt noch mehr Zeit für die Arbeit, ohne ein schlechtes Gewissen haben zu müssen. Außerdem genoss ich die schönen Seiten des unverbindlichen Singlelebens. Es dauerte nicht lange, bis ich erneut eine attraktive Frau kennenlernte. Aus einer Affäre wurde mit der Zeit eine Beziehung. Ich genoss die Bestätigung als Mann und den Zauber, der jedem Anfang innewohnt.

In der Firma stand irgendwann die Frage im Raum,

ob ich mir vorstellen könnte, eine Abteilung in unserem wachsenden Group Controlling Team zu leiten. Führung ja, denn der Kontakt zu Menschen und die Moderation von Teamprozessen machten mir Spaß. Aber die übergeordnete Verantwortung für hochgradig zahlenbasierte Projekte schreckte mich ab. Daher ließ ich die Frage offen, zumal auch noch keine Leiterposition ausgeschrieben war. Die Antwort sollte sich wenig später ergeben. Doch zuvor musste ich noch einmal auf die harte Tour erfahren, dass abstraktes Zahlenwerk nicht mein Ding ist.

Eine letzte Zahlenschlacht

Mit einem Team von Controlling-Kollegen war ich verantwortlich für die Koordination der Mittelfristplanung des Konzerns. Für über fünfzig Länder mussten Umsätze und Kosten für Tausende von Produktgruppen für die nächsten fünf Jahre prognostiziert werden. Eine Flut von Datensätzen musste analysiert, validiert und konsolidiert werden. Über Monate ertrank ich in Tabellen, suchte Formelfehler, schob Nachtschichten ein – und brannte langsam aus. Wieder lag ich nachts wach vor Stress und fragte mich, wofür ich mich eigentlich so abkämpfte. Ich hatte einfach keinen Bezug zu dem Nutzen, den meine Arbeit stiftete. Ich wusste zwar, dass wir mit der Planung die finanzielle Zukunft des Unternehmens sichern. Auch war mir bewusst, dass unsere Kunden davon profitieren und am Ende amputierte Menschen eine hochwertige Prothesenversorgung erhalten würden. Rational war das in Ordnung. Aber emotional berührte mich diese Arbeit nicht. Dazu war ich zu weit weg von den Endkunden. Für mich blieb meine Arbeit eine abstrakte Analyse von Zahlen ohne konkreten Bezug zum Leben. Ich war verzweifelt und wusste, dass es so nicht weitergehen konnte. Aber wie dann? Am Tiefpunkt angelangt kam schließlich die Rettung.

Inspiration

Wer sich wie ein Stehaufmännchen verhält, braucht sich nicht zu wundern, wenn er an derselben Stelle hinfällt, an der er zuvor aufgestanden ist. »Hinfallen, aufstehen, Krönchen richten und weitermachen« führt meist ins Krisenkarussell. Um daraus auszusteigen, sollte man nach dem Aufstehen erst einmal nachdenken und dann gegebenenfalls eine neue Richtung einschlagen.

Der Wendepunkt

Die Eulenepisode

Es war ein kalter Januarabend 2011. Nach einem zwölf, dreizehn Stunden langen Arbeitstag unter Hochdruck fuhr ich abends noch eine Kollegin nach Hause. Die Strecke führte ein Stück über Land, es war dunkel. Wir nutzten die Zeit für eine Projektbesprechung, denn die Deadline für den Planungsbericht stand kurz bevor. Wie könnten wir die Zahlen am besten auswerten? Sollten wir in der Excel-Tabelle eventuell noch eine zusätzliche Spalte einfügen und dort ein Zwischenergebnis berechnen? Oder vielleicht könnten wir auch ... Da plötzlich: bums! Ein dumpfer Aufprall auf der Fahrerseite riss uns aus unseren Gedankenspielen. Ich bremste scharf, stieg aus und lief ein paar Meter die Landstraße zurück. Im Mondlicht sah ich am Straßenrand eine Eule hocken. Sie saß einfach nur da.

Wie der Zufall es wollte, hatte ich erst kurz zuvor mit dem vogelbegeisterten Vater meiner Freundin einen Eulenexperten aus der Region besucht. Er betrieb in der Nähe von Göttingen eine Eulenstation, in der er kranke und verunglückte Tiere aufpäppelte. Er führte uns an den Volieren vorbei und schilderte die Schicksale seiner Zöglinge mit Herzblut. Die meisten Eulen hatten sich beim Aufprall auf ein fahrendes Auto den Flügel gebrochen. Das Problem sei – so hatte er uns erläutert –, dass sie versuchten, mit dem kaputten Flügel weiterzufliegen, sobald sie aus dem Schock erwacht seien. Dann jedoch sei der Flügel nicht mehr zu retten, und sie müssten fortan ihr Leben in Volieren fristen, wenn sie denn überhaupt zu ihm gebracht würden. Am besten sei es, man packe die Eule von hinten mit einer Decke, solange sie sich noch unter Schock befinde, und bringe sie direkt zu ihm. Er appellierte eindringlich: »Tut mir den Gefallen, und legt Euch eine Decke ins Auto, für alle Fälle.«

Ich hatte seinen Rat beherzigt und eine Decke in den Kofferraum gelegt. Mit der Decke näherte ich mich nun vorsichtig der Eule und versuchte, sie von hinten zu packen. Dabei hatte ich unterschätzt, wie viel Kraft dieser Vogel hat. Um die Eule nicht zu sehr zu drücken, hatte ich die Decke zu locker um sie gelegt. Mit einigen Flügelschlägen befreite sie sich aus meinem Griff und flog davon. Sie flog so elegant, dass sie keinen gebrochenen Flügel haben konnte. Darin bestärkte mich auch meine Kollegin, als sie meine Bestürzung über den missglückten Rettungsversuch bemerkte. Ende gut, alles gut.

Diese nächtliche Begegnung hatte etwas Magisches und wurde zu einem Schlüsselerlebnis für mich. Mit dem Aufprall der Eule rückte die abstrakte Welt der Zahlen in den Hintergrund. Wie ein Weckruf des Lebens erinnerte mich die Eule daran, dass da draußen noch eine echte Welt existierte. Ich spürte eine Klarheit, wie ich sie zum letzten Mal in der Nacht auf dem Boot hatte, als ich entführt wurde. Damals wusste ich ganz genau, wofür ich kämpfen wollte: für mein Überleben und das meiner Eltern. Das gab mir Kraft und vermittelte mir das Gefühl, etwas Sinnvolles zu tun. Und genau dieses Gefühl hatte ich nun wieder. Ich wusste, wofür ich da in Schlips und Kragen durch die kalte Nacht stapfte, statt mich zu Hause auszuschlafen: Weil ich ganz konkret etwas tun konnte, um ein Leben zum Besseren zu wenden – hier war es das Leben der Eule.

An diesem Abend war ich so energiegeladen und erfüllt wie schon lange nicht mehr. Ich schwor mir: Von diesem Gefühl will ich mehr – vor allem bei der Arbeit. Zum ersten Mal in meinem Leben begab ich mich ernsthaft auf die Suche nach meiner inneren Berufung. Ich hörte auf, wie ein Stehaufmännchen zu funktionieren. Das war gut zehn Jahre nach meiner Entführung.

Der Arschtritt

Kurz nach der Eulenepisode folgte ein zweites Schlüsselerlebnis. Diesmal war es eine sehr irdische Erfahrung, die sich wie ein Arschtritt anfühlte. Überhaupt habe ich die Erfahrung gemacht, dass es zwei Arten von Wendepunkten beziehungsweise Auslösern gibt: zum einen die magischen Momente, in denen es »Klick« macht und die Chance geboten wird, das eigene Leben zum Besseren zu wenden, und zum anderen die Krisen, die einen zu Veränderungen zwingen, die man freiwillig nicht wagen würde.

Die Beziehung zu meiner Freundin war aufregend. Ich liebte ihren Humor und dass sie so herzlich über sich selbst lachen konnte. Außerdem war sie erfrischend spontan. Wir packten mal eben das Schlauchboot in den Kofferraum und ließen uns die Weser hinuntertreiben. Oder wanderten ohne Ziel durch die Landschaft und kehrten irgendwo ein.

Das war so herrlich ungeplant und das perfekte Gegenteil von meinem eng durchgetakteten Arbeitsalltag.

Wir waren ein festes Paar, aber in Bezug auf die Zukunft blieb ich unverbindlich. Denn eigentlich wollte ich ja bald eine Familie gründen. Aber da sie in Kürze ihr Sportstudiums abschließen würde, stand für sie erst einmal der Einstieg ins Berufsleben bevor. Je länger wir zusammen waren, desto stärker drängte sich die Frage nach unserer gemeinsamen Zukunft auf. Ich blieb unverbindlich und wollte es am liebsten einfach so weiterlaufen lassen. Ihr reichte das verständlicherweise nicht. Sie beschloss, nach Abschluss ihres Studiums nach Frankfurt zu ziehen und dort beruflich durchzustarten.

Am Tag X, der mein Leben verändern sollte, kam es zu einem Streit. Ich erinnere mich nicht mehr an den Auslöser, vermutlich meine Unverbindlichkeit. Aber ich weiß noch gut, wie es ablief, und vor allem, wie der Tag endete. Wir überhäuften uns gegenseitig mit Vorwürfen und Schuldzuweisungen. Ich fühlte mich im Recht und versuchte, ruhig und sachlich zu bleiben, doch das schien sie erst richtig wütend zu machen. Irgendwann eskalierte die Situation, und ihre Vorwürfe zielten bewusst unter die Gürtellinie, um mich zu verletzen. Da begann auch ich zu schreien, was das denn sollte. Was ich dann zu hören bekam, hallte noch lange in mir nach. Sinngemäß schrie sie mir ins Gesicht: »Hör endlich auf, die Schuld immer bei mir zu suchen. Guck lieber mal bei dir. Du hast nämlich ein verdammtes Problem. Du weißt überhaupt nicht, was du willst. Deshalb kannst du auch nicht streiten und gehst jedem Konflikt und jeder Entscheidung aus dem Weg ...«

Diese Sätze hörte ich nicht zum ersten Mal im Laufe

einer Beziehung. Aber in diesem Moment hielt ich es zum ersten Mal für möglich, dass in diesen Vorwürfen eine tiefere Wahrheit steckte. Es fiel mir wie Schuppen von den Augen: Ich habe ein Muster in meinem Leben, das sich immer wiederholt. Das kann kein Zufall mehr sein. Das hat etwas mit mir zu tun! Das Problem liegt in mir und nicht bei den Frauen.

Bevor ich mich versah, hatte meine Freundin die Wohnungstür wutentbrannt hinter sich zugeworfen. Da stand ich nun. Allein, zurückgelassen mit der schmerzhaftesten Erkenntnis meines Lebens: Ich war nicht der Held, für den ich mich hielt. Im Gegenteil, ich schien einen gewaltigen blinden Fleck zu haben, ein Beziehungsmuster, vielleicht sogar eine Lebenslüge. Mir wurde schwindlig vor Scham und Angst. Aber eines war mir jetzt klar: Wenn ich so weitermachte wie bisher, würde ich immer wieder an derselben Stelle landen und nie eine dauerhaft glückliche Beziehung führen können. Dann könnte ich meinen Traum von der eigenen Familie vergessen. Ich musste etwas ändern, und zwar mich. Immerhin: Wenn das Problem in mir begründet war, dann lag auch die Lösung in mir. Mit dieser Überzeugung machte ich mich auf die Suche nach Ursachen und Lösungen für mein Problem – und zwar in meinem Inneren, statt wie bisher im Außen.

Heute bin ich dankbar für diesen Arschtritt. Er markierte einen entscheidenden Wendepunkt in meinem Leben. Diese Krise war für mich im wahrsten Sinne des Wortes notwendig. Aus der Not heraus war ich gezwungen, mich zu verändern und damit mein Leben zum Besseren zu wenden. Einige Menschen brauchen eben mehrere Krisen und besonders große Schmerzen, bis sie bereit sind, sich zu verändern. Mir hat es geholfen, dass ich nach meiner Eulenepisode bereits offen für Veränderungen war. Insofern war ich schon nach vorne ausgerichtet. So hat der Arschtritt mich weiter nach vorne gebracht.

Rückblickend habe ich für mich erkannt, mit welchen Schritten man Krisen nicht nur überwinden, sondern an ihnen wachsen kann. Das ist nicht leicht. Auch nicht angenehm. Aber es ist möglich – Schritt für Schritt.

Inspiration

Die großen Wendepunkte im Leben ergeben sich oft aus Krisen, die Menschen zu Veränderungen zwingen. Aber manchmal gibt es im Leben auch einen Wink des Schicksals, der einem die Richtung weist. Hierin liegt die Chance, das eigene Leben freiwillig zum Besseren zu wenden. Dafür muss man die Chance jedoch auch wahrnehmen, und zwar im doppelten Sinne – erst erkennen und dann ergreifen. Wer diese Chancen zur freiwilligen Veränderung nutzt, kann vermeiden, dass sich dieselben Krisen wiederholen.

Wachsen an der Krise –
Schritt für Schritt

Jeder Mensch bewältigt Krisen auf seine eigene Weise. Dennoch lässt sich der Prozess in Phasen gliedern, die Menschen typischerweise durchlaufen. Dem schwedischen Psychoanalytiker und Professor für Psychiatrie Johan Cullberg zufolge handelt es sich um vier Phasen:

1. *Schockphase:* Zunächst gehen wir zu einem belastenden Ereignis auf Distanz, wollen es nicht wahrhaben. Diese Phase, in der wir unsere Schmerzen von uns abspalten, ist geprägt von einem Gefühl der inneren Leere.
2. *Reaktionsphase:* Wir beginnen, uns den schmerzlichen Tatsachen zu stellen, ohne sie jedoch anzunehmen. Dabei durchlaufen wir ein Wechselbad der Gefühle zwischen Angst, Schmerz, Wut, Zorn, aber auch Freude.
3. *Bearbeitungsphase:* Wir übernehmen wieder Verantwortung für unser Leben, indem wir beginnen, den schmerzlichen Verlust zu akzeptieren. Hoffnungsvoll suchen wir nach Wegen, mit der neuen Realität umzugehen.
4. *Neuorientierungsphase:* Wir lassen den Schmerz los und öffnen uns erneut unserer Umwelt. Der Verlust

wird durch neue Menschen oder Objekte ersetzt. Aus dem Erlebten können neue Einsichten, Werte und Verhaltensweisen entstehen.

Das Phasenmodell ist ein Schema, das im individuellen Fall nur selten streng chronologisch durchlaufen wird. Menschen können zwischen verschiedenen Phasen wechseln oder sie wiederholen. Entscheidend für die Krisenbewältigung ist, dass man die zweite schmerzhafte Phase weder überspringt noch in ihr stecken bleibt. Krisenbewältigung ist ein intensiver Prozess, an dessen Ende die Chance auf persönliches Wachstum winkt.

»Was mich nicht umbringt, macht mich stärker«, dichtete Friedrich Wilhelm Nietzsche 1889 in seiner *Götzen-Dämmerung*. Die moderne Forschung scheint dies zu bestätigen, wie der renommierte Neurowissenschaftler Raffael Kalisch in seinem Buch *Der resiliente Mensch* zusammenfasst. So ist zum Beispiel von posttraumatischem Wachstum die Rede, wenn Überlebende schwerer Unglücksfälle glaubhaft von einem positiven Einfluss auf ihr Leben berichten. Tatsächlich habe ich dies nach meiner Entführung auch so empfunden. Erst durch meine Erfahrung von Gefangenschaft und Guerillakrieg habe ich Freiheit und Frieden wirklich zu schätzen gelernt.

Ein entscheidender Effekt ist allerdings ausgeblieben, mit dem ich fest gerechnet hatte. Ich hatte angenommen, dass mich nach meiner extremen Dschungelerfahrung im Alltag nichts mehr wirklich stressen könne. Mein Burn-out hat mich eines Besseren belehrt. Ich habe mich gefragt, wie das passieren konnte, und bin zu einer interessanten Erkenntnis gekommen.

Ich hatte jahrelang die falschen Bilder im Kopf, was den richtigen Umgang mit Krisen betraf. Und Bilder entfalten Wirkung, davon bin ich überzeugt. Das Stehaufmännchen war eines dieser Bilder, mein Modell für erfolgreiche Krisenbewältigung. Im Ergebnis landete ich damit aber im Krisenkarussell. Das ist zwangsläufig so, wenn man nach dem Hinfallen wieder aufsteht, ohne aus der Erfahrung zu lernen und daran zu wachsen. Vielleicht wäre die Bezeichnung »Blühaufmännchen« angebrachter, denn man hätte statt einer statischen Figur einen organischen Wachstumsprozess vor Augen.

Krisen habe ich jahrelang aus einer Perspektive betrachtet, die wenig hilfreich war. Für mich waren sie lediglich Hürden, die mir im Weg standen und mich ausbremsten. Kein Wunder, dass mein Leben zu einem rastlosen und erschöpfenden Hürdenlauf wurde. Das Hindernis überwinden und dann schnell weiter, lautete mein Motto.

Heute betrachte ich Krisen nicht mehr als Hürden, sondern als Stufen. Damit wird das Leben zu einem Treppensteigen. Mit jeder überwundenen Krise komme ich eine Stufe höher, sofern ich die Entwicklungschance nutze. Das Treppensteigen bleibt zwar eine mühsame Angelegenheit, aber die Stufen erfüllen wenigstens einen Sinn: Sie bringen mich nach oben, auf eine höhere Entwicklungsstufe.

Krisen betrachte ich zwar bis heute nicht als Freunde, aber immerhin als Verbündete, wenn es gilt, aus der Komfortzone herauszukommen und persönlich zu wachsen. Diese Lebenseinstellung hilft mir heute, deutlich gelassener durch das Leben zu gehen. In seinem Gedicht »Stufen« beschreibt Hermann Hesse diese positive Haltung sehr treffend:

Wir sollen heiter Raum um Raum durchschreiten,
An keinem wie an einer Heimat hängen,
Der Weltgeist will nicht fesseln uns und engen,
Er will uns Stuf' um Stufe heben, weiten.
Kaum sind wir heimisch einem Lebenskreise
Und traulich eingewohnt, so droht Erschlaffen,
Nur wer bereit zu Aufbruch ist und Reise,
Mag lähmender Gewöhnung sich entraffen.

Das Gedicht handelt von Loslassen und Aufbruch. Wohl dem, der erkennt, dass jedem Anfang ein Zauber innewohnt, selbst in der Todesstunde. Die tröstlichen Zeilen zeichnen ein Bild vom Leben als einer Reise, die uns wachsen lässt, Raum um Raum, Stufe um Stufe. Dabei muss ich an die Computerspiele denken, die ich als Kind gern gespielt habe. In der Rolle des Helden habe ich in mystischen Labyrinthen mit Monstern gekämpft, um auf den nächsten Level zu kommen. Die Monster wurden immer größer, Level für Level, bis schließlich der Endgegner vor mir stand. Hatte ich auch ihn besiegt, hatte ich das Spiel gewonnen. »Das ganze Leben ist ein Spiel«, so hat es Hape Kerkeling formuliert. In diesem Sinne wäre der Tod quasi der Endgegner. Dies entspricht durchaus der Lebensphilosophie von Buddhisten, die sich ihr Leben lang im Loslassen üben und sich damit auf den Tod vorbereiten.

Doch nun von der Theorie, der Lyrik, dem Spiel und der Religion zurück in die Praxis. Welche Schritte helfen konkret, um gestärkt aus einer Krise hervorzugehen? Mit diesen drei Schritten können Sie aus dem Krisenkarussell aussteigen und Ihr Leben zum Besseren wenden:

1. *Krise (an)erkennen:* Um Verluste trauern, statt sie zu verleugnen oder schönzureden. Handlungsbedarf anerkennen: So wie bisher geht es nicht weiter.
2. *Chancen suchen:* Aus den Erfahrungen lernen, Veränderungsbedarf und Möglichkeiten für persönliches Wachstum erkennen.
3. *Veränderungen wagen:* Nicht in alte Muster verfallen, sondern die Kraft der Krise nutzen und mutig neue Wege gehen.

Diese drei Schritte entsprechen im großen Ganzen den oben skizzierten Phasen 2 bis 4 von Cullbergs Phasenmodell. Der Fokus liegt jedoch weniger auf dem Aspekt der Krisenbewältigung als dem des persönlichen Wachstums. An meinem persönlichen Beispiel beleuchte ich im Folgenden die Fallstricke und Rettungsseile auf dem Weg aus der Krise in eine neue und bessere Zukunft.

Erster Schritt:
Krise (an)erkennen

Zuerst musste ich erkennen, dass ich in einer Krise stecke, und akzeptieren, dass es so wie bisher nicht weitergeht. Früher hätte ich nach der Trennung von meiner Freundin einfach mein Krönchen gerichtet. Zu meiner Ehrenrettung hätte ich mir eingeredet, dass das mit mir alles nichts zu tun habe, dass es halt die falsche Frau war. Es wäre mir nicht schwergefallen, die Ursache für die Trennung in den Marotten meiner Freundin zu suchen. Damit hätte ich mich von meiner Mitverantwortung freigesprochen. Der Unterstützung von Freunden und Familie war ich mir ohnehin sicher, sie haben stets zu mir gehalten. Und dann hätte ich einfach so weitergemacht wie bisher, mir Bestätigung bei Frauen gesucht, was für ein toller Hecht ich doch bin. Am Ende hätte ich mir die Trennung schöngeredet, nach dem Motto: »Das wäre ohnehin nicht gut gegangen. Jetzt bin ich wieder frei, und es warten noch bessere Frauen auf mich.«

Doch diesmal war ich – zum Glück – kein Stehaufmännchen. Ich stand nicht auf und machte weiter wie gewohnt. Ich hielt inne, blieb erst mal liegen und machte mir demutsvoll ein Bild von meiner Lage. Ich trauerte um eine Beziehung, die vielleicht mehr Tiefe und Potenzial hatte als vermutet. Ich gestand mir ein, dass ich mehr Anteil am Scheitern der Beziehung hatte, als ich wahrhaben wollte. Ich spürte, dass ich in meinem Leben Leichen im Keller haben musste, die ursächlich für mein jahrelanges Beziehungsmuster waren. Die Tür zu jenem Keller hatte meine Freundin aufgestoßen, indem sie mir energisch den Spiegel vorgehalten hatte: »Guck lieber mal bei dir, du hast nämlich ein verdammtes Problem ...«

Mir blieb kein Ausweg. Ich war gezwungen, mich in meinen Keller zu begeben und dort gehörig auszumisten. So hart diese Erkenntnis war, so tröstlich war sie zugleich. Nachdem ich gefallen war, lag ich zwar am Boden. Aber ich fühlte mich nicht mehr niedergeschlagen. Vielmehr hatte ich das Gefühl, unten angekommen zu sein. Jetzt konnte es nur noch aufwärts gehen. Es ist viel leichter, sich abzustoßen, wenn man am Grund angekommen ist, als wenn man versucht, gegen die Strömung zu rudern. Erfüllt von Mut und Zuversicht, begab ich mich auf die Suche nach

Wachsen an der Krise – Schritt für Schritt

der Chance, die ich aus meinen schmerzhaften Erfahrungen ableitete.

Auch beruflich hatte ich endlich das Gefühl, einen Wendepunkt erreicht zu haben. So wie bisher konnte es nicht weitergehen. Ich hörte auf, mir meine Lage schönzureden mit Durchhalteparolen wie »Das ist halt ein stressiges Projekt. Egal, weiter geht's!«. Wer in Krisen dem Motto »Augen zu und durch« folgt, muss sich nicht wundern, wenn er die Chancen übersieht. Ich jedenfalls habe die Augen aufgemacht und eine unbequeme, aber rettende Wahrheit entdeckt: Ich habe den falschen Job. Und dafür war nur ich selbst verantwortlich. Schließlich hatte ich ihn mir ausgesucht oder zumindest die Gelegenheit beim Schopf ergriffen, als sie sich mir bot. Warum sollte ich deshalb über meinen Job jammern oder gar über meinen Chef? Schließlich bin ich keine Geisel meines Chefs, sondern ein freier Mensch, der über seine berufliche Zukunft mitentscheidet. Und genau da lag mein Problem. Ich wusste einfach nicht, was ich beruflich tun wollte. Dem wollte ich nun auf den Grund gehen.

Meinem Chef berichtete ich von meiner magischen Eulenbegegnung und welchen Schluss ich daraus für mich gezogen hatte: Ich wollte fortan mehr Eulenthemen in meinem Berufsleben. Mit ihm konnte ich offen sprechen, da wir ein gutes Verhältnis hatten. Da er mich persönlich schätzte, lächelte er mich etwas irritiert an und fragte: »Was meinst du mit Eulenthemen?«

Eine präzise Antwort musste ich ihm schuldig bleiben. So weit war ich noch nicht. »Vielleicht irgendetwas mit Coaching, Menschen helfen und fördern«, antwortete ich. Hauptsache, nichts Abstraktes mit Zahlen. Es war ein befreiendes Gespräch, mit dem ich einen Schritt in Richtung Veränderung eingeschlagen hatte. Nun konnte ich wieder frei denken. In einem zweiten Gespräch machte ich ihm dann einen konkreten Vorschlag: »Ich führe die laufenden Projekte noch zu Ende und konzentriere mich danach auf Projekte mit weniger Analysen und mehr Faktor Mensch. Und ich reduziere auf Teilzeit, um mich auf eigene Kosten zum Psychologischen Berater fortzubilden und mich mit dem Thema Burn-out auseinanderzusetzen.«

Er war mit meinem Vorschlag einverstanden, und ich war dankbar für seine Offenheit.

Zweiter Schritt: Chancen suchen

Früher habe ich nach privaten und beruflichen Krisen einfach weitergemacht und damit die Chance verpasst, an ihnen zu wachsen. Ich habe es einfach noch mal versucht: neues Spiel, neues Glück. Dieses Mal war es anders. Statt im Außen mein Glück zu suchen, begab ich mich auf die Suche in mir selbst.

- Was kann ich aus meinen Krisen lernen?
- Was haben sie mit mir zu tun?
- Wie muss ich mich verändern, um mein Leben zum Besseren zu wenden?

Wie ein Trüffelschwein machte ich mich auf die Suche nach der Wahrheit. Was habe ich schon zu verlieren, dachte ich. Selbst wenn ich feststellen sollte, dass ich selber das Problem bin. Umso besser: Denn dann kann ich das Problem lösen! Dann bin ich kein Opfer der Umstände mehr, bleibe kein Spielball des Schicksals, ende nicht als vermeintlich tragischer Pechvogel. Dann weiß ich, woran ich bin, und kann mein Schicksal selbst in die Hand nehmen. Ich ahnte, dass es ein langer, harter Weg werden würde. Und ich sollte recht behalten. Aber den ersten Schritt war ich bereits gegangen. Und das war der schwerste.

Die erste Station auf meiner Reise mit Destination »Persönlichkeitsentwicklung« war meine Ausbildung zum Psychologischen Berater und Burn-out-Berater. Gleichzeitig unternahm ich zahlreiche »Ausflüge« in verschiedene Richtungen. Im Verlauf von drei Jahren verbrachte ich mehr als hundert Tage mit Persönlichkeitscoachings, Visionsreisen durch die schwedische Wildnis, Selbsterfahrungsseminaren, traditioneller Initiationsarbeit, Schweigewochen im Kloster und Ähnlichem. Dabei stieß ich immer wieder an meine Grenzen. Gefühlt bin ich tausend Tode gestorben und musste mich von einigen Lebenslügen verabschieden. Ich hatte von mir immer das Bild eines rücksichtsvollen Menschen, dem es wichtig ist, die Wünsche der anderen zu erfüllen. Jemand, der es nicht nötig hat, zu streiten, der über den Dingen steht. Doch das war allenfalls nur ein Teil der Wahrheit. Die unangenehme Einsicht war: Ich hatte keine Vision von meinem Leben, für die ich ernsthaft gekämpft hätte. Zudem war ich harmoniesüchtig und ging Konflikten aus dem Weg. Ich suchte Anerkennung fast um jeden Preis.

In Liebesbeziehungen war ich nicht der Mann, der weiß, was er will, sondern eher der gefällige Typ, bemüht, den Frauen ihre Wünsche von den Lippen abzulesen. Ich bot Verständnis und Leichtigkeit an und hoffte, im Gegenzug Liebe und Anerkennung zu empfangen. Für eine Weile ging das gut, aber irgendwann war die Honeymoon-Phase vorbei, und die ersten Konflikte traten auf. Ihnen wich ich beschwichtigend aus, zumal ich in meiner behüteten Kindheit nicht gelernt hatte, mich zu streiten – wofür auch? Inzwischen weiß ich, dass das keine gute Voraussetzung für eine lange und lebendige Beziehung ist.

Im Job habe ich einfach das gemacht, was mein Chef wollte. Auch hier blieb es bei einem reinen Tauschgeschäft: Leistung gegen Anerkennung. Um meinen Chef nicht zu enttäuschen, habe ich auch noch die überzogensten Erwartungen übertroffen. Selbst wenn mein Körper schon im roten Bereich war, habe ich Vollgas gegeben. Nein sagen konnte ich nicht, denn das hätte Ablehnung und Konflikte zur Folge haben können.

Ich musste feststellen, dass ich nie wirklich die Führung für mein Leben übernommen hatte. Entscheidungen habe ich lieber ausgeführt, statt selbst welche zu treffen. In Luxemburg hatte ich vor meiner Entführung die Entscheidung über meine Zukunft sogar an das Universum delegiert und um einen Wink des Schicksals gebeten. Insofern war ich während der Entführung voll in meinem Element – ich musste keine Entscheidungen mehr treffen, sondern »nur« überleben.

Der Prozess der Selbsterkenntnis war schmerzhaft, aber auch heilsam. Ich fand nicht nur heraus, wer ich bin, sondern vor allem, was ich will. In mir reifte eine klare Vision von meinem Leben: Ich wollte eine lebendige Beziehung mit einer starken, unabhängigen und attraktiven Frau, mit der ich eine Familie gründen und alt werden konnte. In meiner Vorstellung träumte sie wie ich von Kindern und fand in ihrer Mutterrolle genauso viel Erfüllung wie ich in meiner Rolle als Vater. Wir würden gemeinsam internationale Erfahrungen lieben und leben. Beruflich würden wir beide einer inneren Mission folgen. Meine persönliche Mission hatte ich bereits gefunden: Ich wollte Menschen darin unterstützen, glücklich, erfolgreich und gesund zu sein.

Dank dieser inneren Klarheit gelang es mir endlich, die Führung über mein Leben zu übernehmen. Darüber hinaus war ich nun bereit und willens, auch nach außen hin Verantwortung zu tragen, zum Beispiel als Familienvater. Aber ich war zum ersten Mal in meinem Leben auch motiviert, von mir aus beruflich den nächsten Entwicklungsschritt zu gehen. Als Führungskraft wollte ich mit Menschen und für Menschen arbeiten. Früher hatte ich mich allenfalls von meinem Chef dazu überreden lassen, Personalverantwortung zu übernehmen. Damit ging genau das einher, wovor ich als harmoniesuchender Mensch immer Angst hatte: Führung übernehmen, Visionen entwickeln, Verantwortung tragen, Entscheidungen treffen, Ziele durchsetzen, Konflikte austragen, Ablehnung hinnehmen.

Ich hatte größten Respekt davor, als Führungskraft den Kopf herauszustrecken und mich dadurch angreifbar zu machen. Bislang hatte ich mich immer darauf berufen können, dass mein Chef mich beauftragt hatte, dieses oder jenes durchzusetzen. Doch nun wollte ich Führung übernehmen, mit Menschen und für Menschen arbeiten, um die Welt ein bisschen besser zu machen.

Um mich auf eine Führungsaufgabe vorzubereiten, ermöglichte mir mein Chef ein intensives Führungskräfte-Coaching. Mit einem wunderbaren Coach aus Berlin, Jürgen Dluzniewski, arbeitete ich mich durch sein sogenanntes Essenz-Modell. Die intensive Arbeit hatte sich gelohnt. Am Ende konnte ich in einem Satz formulieren, mit welcher Lebensaufgabe ich antrete und was mich dabei ausmacht: »Ich bin der, der Menschen wertschätzt und ihnen ehrliches Feedback gibt, damit sie sich vertrauensvoll öffnen und entwickeln können.« Damit hatte ich die nötige innere Klarheit, um Verantwortung als Führungskraft übernehmen zu können – und zu wollen.

Dritter Schritt: Veränderung wagen

Wie heißt es so schön: Der Mensch ist ein Gewohnheitstier. Wir tun uns mit Veränderungen schwer. Selbst wenn es ungemütlich wird, halten wir noch an alten Gewohnheiten fest, nach dem Motto »Lieber das bekannte Unbehagen, als das Unbekannte wagen«. Ich kenne das selbst gut, da ich seit meiner Kindheit ein ausgemachter Komfortzonenliebhaber bin. Zwar habe ich einen bewegten Lebenslauf und bin, was Veränderungen angeht, sehr anpassungsfähig, aber die entscheidenden Entwicklungsschritte wollten mir aus eigener Kraft weder privat noch beruflich gelingen. Dafür fehlte mir schlichtweg der Mut.

Dass ich heute ein glückliches und erfolgreiches Leben habe, ist nicht darauf zurückzuführen, dass ich schon immer wusste, was ich wollte, und dann mutig meinen Weg gegangen bin. Vielmehr verdanke ich es vor allem den Krisen meines Lebens, dass ich heute der bin, der ich bin. Ich habe sie als wertvolle Entwicklungshelfer kennen und schätzen gelernt.

Krisen sind und bleiben schmerzhaft. Da gibt es nichts schönzureden. Aber eine Krise ist oft eine Chance, die genutzt werden muss, eine Öffnung in die Zukunft. Das gelingt jedoch nicht, wenn man einfach nur aufsteht und weitergeht. Nach dem Aufstehen muss man innehalten, aus den Erfahrungen lernen, sich verändern und möglicherweise eine neue Richtung einschlagen.

Für mich waren Krisen immer auch wertvolle Hinweisgeber dafür, was ich in meinem Leben verändern muss, um es zum Besseren zu wenden. Die Entführung war ein Wink des Schicksals, der mir vor Augen führte, wie stark ich sein kann, wenn ich für etwas kämpfe, das mir wichtig ist. Mein Burn-out war der klare Hinweis darauf, dass ich auf der falschen Stelle war und lernen musste, mich besser abzugrenzen. Meine privaten Trennungen steckten voller Feedback auf die blinden Flecken in meiner Persönlichkeitsstruktur.

Doch ich habe zu lange weggeschaut und damit Chancen verpasst. Erst mit Ende dreißig, als der Schmerz und die Verzweiflung groß genug waren, habe ich begonnen, Krisen als das zu betrachten und zu nutzen, was sie für mich sind: Entwicklungshelfer.

Wenn man aufhört, Krisen auf die Aspekte Schmerz und Zerstörung zu reduzieren, und stattdessen den Fokus auf die verborgenen Chancen lenkt, dann kann man sie zu einem Verbündeten fürs Leben machen. Krisen gehören zum Leben. Die Frage ist nicht, ob sie kommen, sondern wann. Wenn wir sie schon durchleiden müssen, dann sollten wir wenigstens die Chance nutzen, an ihnen zu wachsen. Und das gelingt am besten mit der richtigen Ausrichtung: nach vorne. Es hilft, wenn wir unseren leidvollen Erfahrungen einen Sinn für Zukünftiges geben können.

In meinem Leben durfte ich vielen Menschen begegnen, die in beeindruckender Weise das Beste aus ihrem Schicksal gemacht haben. Zum Beispiel einer Frau, die eine schwere Krebserkrankung überstanden hat und heute von sich sagt, dass sie erst dadurch ein gesundes Leben als Geschenk zu schätzen gelernt hat. Einen Mann, der aus schwierigen Verhältnissen stammte, ins kriminelle Milieu und ins Gefängnis geraten war und der heute Seminare für Gewaltprävention anbietet. Oder jenen Mann, der mit neun Jahren aufgrund einer Krebserkrankung seinen Unterschenkel verloren hat und heute sagt: »Wenn ich mein Bein wiederbekommen würde und dafür mein jetziges Leben hergeben müsste – ich würde ablehnen.« Er heißt Heinrich Popow, ist einer der erfolgreichsten Sprinter der Welt und engagiert sich in der Nachwuchs- und Motivationsarbeit für amputierte Menschen.

Paradoxerweise ergeben sich aus negativen Ereignissen häufig sogar positive Entwicklungen. Es tut gut, den Blick für die Chancen zu schärfen, die in den unvermeidlichen Tiefschlägen des Lebens schlummern. In diesem Sinne möchte ich Ihnen im Folgenden acht Anregungen geben und Ihr Bewusstsein dafür schärfen, wie auch Sie an Ihren Krisen reifen können und es vermutlich auch schon erfolgreich getan haben, ohne es vielleicht zu merken:

1. *Das Leben wertschätzen:* Die Endlichkeit des Lebens begreifen – jeder Tag könnte der letzte sein. Bewusster im Hier und Jetzt leben. Schöne Momente genießen, die früher selbstverständlich zu sein schienen, zum Beispiel einen Sonnenuntergang.
2. *Mehr Gelassenheit entwickeln:* Sich weniger über Kleinigkeiten aufregen. Zuversicht gewinnen, auch

in Zukunft schwierige Lagen zu überstehen. Vertrauen in die innere Stärke entwickeln.

3. *Neue Möglichkeiten entdecken:* So manche Einschränkung im Leben birgt unverhoffte Chancen, etwas zu tun, das man ohne diese Einschränkung nicht tun könnte oder würde, wie zum Beispiel Rollstuhlsport. Neue Lebensformen, Arbeitstätigkeiten oder Hobbys können entstehen.

4. *Gesünder leben:* Ein negatives Ereignis als Weckruf für die eigene Gesundheit nutzen, zum Beispiel sich nach einer Diagnose das Rauchen abgewöhnen. Oder aus einem Fehler lernen und nach einem Unfall auf das Handy am Steuer verzichten.

5. *Sich engagieren:* Anderen Menschen mit ähnlichem Schicksal helfen, die eigenen Erfahrungen weitergeben, etwa in einer Selbsthilfegruppe. Diejenigen, die selber einen nahen Angehörigen verloren haben, können sich besonders kompetent mit ihrer eigenen Erfahrung in der Trauerarbeit engagieren.

6. *Persönlichkeitsentwicklung:* Tiefschläge im Leben geben oft den Anstoß, sich mehr mit sich selbst auseinanderzusetzen. Menschen machen sich auf den Weg zu sich selbst, um herausfinden und zu tun, was ihnen wirklich wichtig ist im Leben.

7. *Zum Glauben bzw. zur Spiritualität finden:* Viele Menschen fangen in ihren Lebenskrisen an zu beten und finden auf diese Weise zum Glauben, der ihnen im weiteren Leben Kraft gibt. Auch ein größeres Interesse an existenziellen Fragen wie dem Sinn des Lebens kann unabhängig von einer Religion entstehen und Kraft geben.

8. *Freunde fürs Leben finden:* Wahre Freunde finden wir oft in der Not. Sie stehen in schweren Zeiten zu uns, geben uns Halt und gleichzeitig ehrliches Feedback. Es tut gut, diese Freundschaften zu vertiefen und weniger wichtige Beziehungen aufzulösen.

Betrachten Sie diese Möglichkeiten als Anregungen für Ihren eigenen Reflexionsprozess. Es tut gut, wenn es gelingt, negativen Ereignissen etwas Positives abzugewinnen. Zugleich ist es völlig in Ordnung, wenn dies nicht gelingt und Sie möglicherweise unter einer traumatischen Erfahrung leiden. Es wäre kontraproduktiv, wenn positive Anregungen zusätzlichen Druck aufbauen oder gar Schuldgefühle auslösen würden im Sinne von »Ich bin selbst schuld, wenn ich nichts Positives in meinen Erfahrungen finden kann«. Daher möchte ich Sie ausdrücklich vor der leider weitverbreiteten Tyrannei des positiven Denkens und dem Diktat der Selbstoptimierung bewahren, indem ich nochmals betone: Die Anregungen in diesem Buch sind als »Inspirationen« zu verstehen. Sie selber merken am besten, was davon mehr oder weniger hilfreich für Ihr Leben ist. Meine innere Haltung lautet: Ich bin okay, so wie ich bin. Sie sind okay, so wie Sie sind.

Heute sage ich, dass ich nicht *trotz*, sondern *dank* meiner Krisen ein erfülltes Leben führe. Sie waren in meinem Leben eben notwendig. Sie haben mich kraftvoll aus meiner Komfortzone geschubst und mich zu persönlichem Wachstum gezwungen. Deshalb betrachte ich so manchen Schicksalsschlag in meinem Leben eher als einen Schicksalsschubs.

Das Schicksal hat es gut mit mir gemeint. Erst rüttelte

es mich mit einer Eule und einem Arschritt auf. Und als ich schließlich bereit war, Führung zu übernehmen, bot es mir die Gelegenheit, es tatsächlich zu tun. Nach meinem Coaching war ich bereit, die Chance wahrzunehmen, also sie zu erkennen und zu ergreifen.

Durch Zufall erfuhr ich, dass bei Ottobock eine anspruchsvolle Führungsposition ausgeschrieben werden sollte. »Das will ich machen!«, entfuhr es mir spontan. Mein Gegenüber schaute mich verdutzt an und fragte: »Bist du sicher? Du bist Controller und willst Bereichsleiter werden?« Ich war ganz sicher. Kurz zuvor hatte ich als verantwortlicher Projektleiter eine der sieben Abteilungen für diesen Bereich aufgebaut, eine internationale Schule für Orthopädietechniker. Dabei hatte ich eine ganz neue Berufswelt kennengelernt und in mein Herz geschlossen.

Orthopädietechniker und Therapeuten brennen für eine Mission, die mich berührte: Menschen wieder mobil zu machen, die zum Beispiel durch einen Unfall oder eine Amputation ein Körperteil, am häufigsten ein Bein, verloren haben. Sie fertigen auch sogenannte »Orthesen« oder Rollstühle an für Menschen, die noch alle Gliedmaßen besitzen, aber nicht ansteuern können. Den Patienten rollten Tränen des Glücks über das Gesicht, wenn sie dank modernster Prothesen wieder laufen konnten. Und die versorgenden Therapeuten und Orthopädietechniker freuten sich aus ganzem Herzen mit. Diese erfüllenden Momente hatte ich bei meiner Arbeit immer vermisst. Und nun bot sich mir die Möglichkeit, das zu tun, was ich mir so sehr gewünscht hatte: mit Menschen für Menschen zu arbeiten.

Im Oktober 2013 trat ich vor mein neues Team von sechzig Mitarbeitern und stellte mich vor mit meinem

Satz, der mich in meiner Essenz als Führungskraft beschreibt, nämlich als »der, der Menschen wertschätzt und ihnen ehrliches Feedback gibt, damit sie sich vertrauensvoll öffnen und entwickeln können«. Meine innere Klarheit gab mir den Mut, eine Aufgabe zu übernehmen, die ich mir früher nie zugetraut hätte. Ich hatte einen roten Faden, den ich sichtbar machen und als Basis meines Handelns nutzen konnte. Und das hat nicht nur mich orientiert, sondern auch mein Team. Wertschätzung und klares Feedback waren für mich zentrale Elemente, um meine Ziele als Führungskraft zu erreichen und gleichzeitig Menschen in ihrer persönlichen Entwicklung zu fördern. Auch unangenehme Führungsaufgaben wie Mitarbeiterversetzungen oder Kündigungen konnte ich kraftvoll kommunizieren und umsetzen – innerlich kongruent mit meinen Werten, äußerlich transparent gegenüber meinem Team.

Es wurden fünf erfolgreiche und sinnerfüllte Berufsjahre, die mir viel Freude gemacht haben. Und das bedeutet nicht, dass es nicht auch stressig war. Im Gegenteil. Die Herausforderung, ein solch großes Team und auch gestandene Führungskräfte zu führen, war enorm. Aber es war erfüllend, weil ich auf einem Gebiet persönlich wachsen konnte, das mir sehr viel bedeutete. Es ging eben primär um Menschen und nicht um Zahlen. Ich konnte täglich beobachten, wie amputierte Menschen aus aller Welt im Rollstuhl zu uns kamen und wenig später aufrecht gehend in ihr Leben zurückkehrten. Und ich konnte unmittelbar dazu beitragen, dass meine Mitarbeiter mit Erfolg und Begeisterung ihrer Passion folgen konnten. Selbst dann, wenn ich mal wieder für ein Budget kämpfen und mit Zahlenwerk jonglieren musste, wusste ich immer ganz genau, wofür ich es tat – für meine Mitarbeiter und unsere Kunden.

Auch privat stieg ich aus meinen Krisen auf – wie Phoenix aus der Asche. Statt mich nach meiner Trennung in die nächstbeste Beziehung zu stürzen, machte ich mich auf die Suche nach der Frau, mit der ich eine Familie gründen wollte. Bei einem Seminar für Persönlichkeitsentwicklung lernte ich sie schließlich kennen, und das sehr intensiv. Sie war alles andere als bequem. Keine Frau, die einen Helfertypen suchte oder meinem Ego schmeichelte. Eher ein ungestümes Wildpferd voll impulsiver Lebensfreude. Es begann nicht als gemütliche Romanze, sondern als wilder Ritt durch die Höhen und Tiefen ehrlicher Begegnungen. Wir meinten es ernst, denn: Prüfe, wer sich ewig bindet. Diesmal folgte ich keiner flüchtigen Verliebtheit. Ich war mir sicher: Du stehst an der Startlinie für ein erfülltes Leben – zu zweit, zu dritt, zu viert …

Achtung! Nun folgt ein Happy End – zumindest vorläufig. Heute lebe ich in jeder Hinsicht meinen Traum vom glücklich verheirateten Familienvater. Ich liebe meine Frau aus tiefstem Herzen. Sie hat nach ihrer Karriere in einer internationalen Unternehmensberatung ihr Glück in der Rolle als Mutter und Familienmanagerin gefunden. Sie genießt die Freiheit, sich nebenbei als Yogalehrerin und Körperpsychotherapeutin verwirklichen zu können. Wir sind vom Grundtyp sehr verschieden, sie zum Beispiel ein schnelles Improvisationstalent, ich eher der zuverlässige Planungstyp. Damit ergänzen wir uns sehr gut. Zugleich sind Konflikte im Alltag natürlich programmiert. Das war mir bewusst, als ich mutig diesen Schritt ging – heraus aus meiner gewohnten Komfortzone gefälliger Beziehungen.

Wir haben eine lebendige Wachstumsbeziehung, in der wir uns ehrliches Feedback geben und voneinander lernen. Sie lernt von mir das Innehalten zum Nachdenken, ich von ihr das Streiten für Standpunkte. Ich habe Auseinandersetzungen als reinigendes Gewitter fast schon lieben gelernt. Bei aller Unterschiedlichkeit im Alltag teilen meine Frau und ich etwas grundlegend Wichtiges: einen gemeinsamen Lebensentwurf. Familie steht ganz oben auf unserer Prioritätenliste. Wir lieben es, Zeit mit unseren Kindern zu verbringen und sie ins Leben zu begleiten. In Göttingen fühlen wir uns wohl und genießen die Nähe zu meinen Eltern und meinem Bruder. Zugleich verbindet uns die Leidenschaft, die Welt und uns selbst auf Reisen immer wieder neu zu entdecken. Immerhin blicken wir auf über dreißig Umzüge zurück, die meisten davon über Landes- und Sprachgrenzen hinweg. Am allerwichtigsten aber ist, dass wir dieselbe Sprache sprechen, wenn es darum geht, schwierige Entscheidungen zu fällen.

Inspiration

Krisen sind und bleiben schmerzhaft. Deshalb sollte man wenigstens die Chance nutzen, an ihnen zu wachsen. Folgende drei Schritte helfen dabei:

1. *Krise (an)erkennen:* Innehalten und trauern um das Verlorene. Schmerz zulassen, statt die Situation schönzureden. Erkennen, dass es so wie bisher nicht weitergeht. Die Krise als Herausforderung und Einladung zur Veränderung annehmen.

Wachsen an der Krise – Schritt für Schritt

2. *Chancen suchen:* Was kann ich aus der Krise lernen? Bin ich selbst vielleicht ein Teil des Problems? Das wäre gut, denn dann kann ich auch in mir die Lösung finden. Was kann ich verändern, um mein Leben zum Besseren zu wenden?
3. *Veränderungen wagen:* Nicht einfach so weitermachen wie bisher und in alte Muster verfallen. Die Krise als kraftvollen Schicksalsschubs nutzen, um mutig neue Wege zu gehen, die ich mir bisher nicht zugetraut oder aus Bequemlichkeit aufgeschoben habe.

»Das einzig Beständige im Leben ist der Wandel«, formulierte schon der griechische Philosoph Heraklit. Das Leben ist auf Wachstum ausgelegt. Nicht selten sind Krisen das Resultat aufgeschobener Veränderungen, die für unser Wachstum notwendig sind. Statt uns gegen das Wachstum zu sträuben, sollten wir es daher lieber proaktiv in unsere Lebensführung integrieren. Daher:

- Erkennen Sie an, dass Wandel zum Leben dazugehört.
- Gestalten Sie proaktiv und stetig Veränderungen in Ihrem Leben.
- Nutzen Sie Krisen als Chance zum Wachstum durch Veränderung.

Damit Sie diese allgemeinen Grundsätze auf Ihr Leben übertragen können, führe ich sie im Folgenden konkreter aus.

Veränderung als eine Konstante im Leben zu akzeptieren und zu integrieren bedeutet nicht, dass wir nicht auch die schönen Seiten und Zeiten des Lebens genießen sollten. Manchmal tut es einfach gut, die Feste zu feiern, wie sie fallen, und Ruhephasen zu genießen. Gerade nach schwierigen Erlebnissen ist Innehalten und Auftanken angesagt. Doch dann geht es weiter, denn Wandel gehört zum Leben dazu. Bleiben Sie in Bewegung, damit Ihr Leben lebendig bleibt, ob in der Beziehung, bei der Arbeit oder der Gesundheit. Bleiben Sie nicht stehen, richten Sie sich nicht zu gemütlich in Ihrem Job ein, sondern suchen Sie neue Herausforderungen, an denen Sie wachsen können. Auch Beziehungen wollen gepflegt werden. Beziehungen bleiben lebendig, wenn man – Achtung, Wortspiel! – aneinander wächst und dadurch stark wird und nicht, wenn man aneinanderwächst und dadurch starr wird. Es gilt, in Bewegung zu bleiben. Das gilt nicht zuletzt natürlich auch für unsere Gesundheit. Denn hier geht es nicht nur darum, punktuell Krankheiten zu bekämpfen, sondern uns nachhaltig fit zu halten. Immer wieder gilt es, den inneren Schweinehund zu überwinden, der am liebsten dauerhaft die Beine hochlegen würde.

Kennen Sie das auch, dass sich das Leben manchmal anfühlt wie eine einzige Großbaustelle? Kaum ist man an der einen Baustelle durch, ist schon die nächste fällig. Die Zeiten, in denen es im Leben problemlos läuft, scheinen die Ausnahme zu sein. Am liebsten würden wir uns die ungeliebten Baustellen einfach wegzaubern, damit wir endlich ganz entspannt durchs Leben gleiten können. Doch das funktioniert im Leben so wenig wie im Straßenverkehr.

Wir sind genervt von Schlaglöchern, Umwegen oder zu engen Straßen. Dann heißt es schon mal: »Da muss doch mal was gemacht werden!« So entsteht eine Baustelle. Langfristig ist das eine gute Investition, da auf diese Weise die Ursachen behoben werden. Doch kurzfristig bleiben Baustellen meist unbeliebt, weil sie uns ausbremsen. Oft stehen wir in der Baustelle im Stau, ärgern uns oder hupen sogar. Wir fühlen uns als Opfer der Umstände, dabei sind wir ein Teil des Problems – nicht »ich stehe im Stau«, sondern »ich bin der Stau« ist zutreffend. Es ist eine Frage der Perspektive, ob wir Baustellen als Problem oder als Lösung eines Problems betrachten. Letztlich sind sie ein notwendiges Übel für einen nachhaltigen Verkehrsfluss. Ohne Baustellen würden wir auf maroden Straßen unser Leben riskieren oder weite Umwege fahren, bis der große Verkehrskollaps schließlich alles zum Erliegen bringt.

Ähnlich wie im Straßenverkehr verhält es sich im wahren Leben. Bevor wir eine Baustelle aufmachen, versuchen wir gern, uns irgendwie durchzuschlängeln. Oft heißt es »Wird schon irgendwie gehen«, »löst sich von selber auf«, »habe schon genug um die Ohren«, »muss ja nicht gleich so ein Fass aufmachen«. Natürlich können wir versuchen, unangenehmen Themen für eine Weile aus dem Wege zu gehen, aber irgendwann holen sie uns doch ein. Daher ist es ratsam, unliebsame Veränderungen frühzeitig anzugehen, anstatt langfristig die große Krise zu riskieren.

Viele Lebenskrisen sind das Resultat aufgeschobener Baustellen. Hier vier typische Beispiele:

- *Beziehung:* Erst spricht man nicht mehr in der Beziehung, und irgendwann hat man sich auseinandergelebt und trennt sich. Mögliche Baustellen:

klärendes Gespräch, Persönlichkeitsentwicklung, Paartherapie.

- *Beruf:* Zunächst hat man nur Stress bei der Arbeit, eckt immer wieder mit denselben Themen an, am Ende: Burn-out. Mögliche Baustellen: Coaching, Gespräch mit dem Chef, Persönlichkeitstest, Stellenwechsel.
- *Gesundheit:* Immer wieder Zwicken im Rücken, dann irgendwann Schmerzen, Schonhaltung, Schmerzmittel und am Ende: Bandscheibenvorfall. Mögliche Baustellen: Physiotherapie, gesundes Heben mit geradem Rücken, Schwimmen statt Marathon.
- *Finanzen:* Das Geld reicht nicht aus, um den Lebensstandard zu decken, die Verschuldung steigt, die Zinslast auch, am Ende: Insolvenz. Mögliche Baustellen: Kassensturz, Haushaltsplan aufstellen, Kosten sparen durch Verzicht, im Zweifelsfall Schuldnerberatung konsultieren.

Jeder Mensch hat Lebensbereiche, in denen es phasenweise nicht wirklich rundläuft. Das ist ganz normal. Kritisch wird es erst, wenn sich Probleme verstetigen und zu einer umfassenden Krise auswachsen. Hier gilt es, frühzeitig gegenzusteuern. Die Kunst besteht darin, notwendige Veränderungen in der Lebensführung frühzeitig zu erkennen und mutige Maßnahmen zu ergreifen, bevor die Situation eskaliert.

Wie sieht es in Ihrem Leben aus? Kennen Sie Ihre Baustellen? Wie gehen Sie damit um? Stellen Sie sich folgende Fragen, um Handlungsbedarf und -möglichkeiten zu erkennen:

- In welchem Lebensbereich habe ich meine Baustellen? Dauerstress bei der Arbeit? Ständig Knatsch in der Beziehung? Dauerhafte körperliche oder seelische Schmerzen? Wiederkehrende und zunehmende Geldprobleme?
- Wo sehen andere meine Baustellen? Habe ich vielleicht blinde Flecke? Welche echten Freunde könnten mir ein ehrliches Feedback geben?
- Was hält mich bisher davon ab, meine Baustellen anzugehen? Wovor habe ich Angst? Was habe ich schon mal versucht? Warum hat es nicht geklappt? Wie könnte ich es anders angehen?
- Welche Unterstützung würde mir helfen? Wo könnte ich Hilfe finden? Welche Vorbilder gibt es für mich? Gibt es inspirierende Bücher für meine Fragen? Welche Profis kennen sich mit meinem Thema aus?

Wenn Sie sich diesen Fragen stellen und notwendige Veränderungen aktiv in Angriff nehmen, sind Sie auf dem besten Wege, schleichende Krisen in Ihrem Leben frühzeitig abzuwenden. Es ist ermutigend, zu wissen, dass wir Lebenskrisen nicht gänzlich ausgeliefert sind und wir unser Schicksal ein gutes Stück weit gestalten können. Manchmal jedoch schlägt das Schicksal unvermittelt zu. Ein schwerer Unfall, eine lebensgefährliche Diagnose oder der Verlust eines nahestehenden Menschen können zum Beispiel unser Leben plötzlich auf den Kopf stellen. Manchmal häufen oder verketten sich solche negativen Ereignisse auch noch. Spätestens dann fühlen sich Menschen erst einmal ohnmächtig. Das Kind ist in den Brunnen gefallen.

Was kann ich tun, wenn sich eine Lebenskrise nicht mehr abwenden lässt? Am sinnvollsten ist es, bestmöglich mit Ihrer Situation umzugehen. Dabei ist »das Beste daraus machen« nicht zu verwechseln mit »alles ist gut«. Denn auf Dauer hilft Schönreden genauso wenig wie Jammern. Es ist wichtig, den Ernst und den Schmerz der Situation ausdrücklich zu würdigen, ohne in die Opferrolle zu verfallen. Als Gestalter können wir Einfluss auf die Gegenwart und die Zukunft nehmen. In diesem Zusammenhang finde ich die Schachweisheit tröstlich: »Egal, wie schlecht es steht, es gibt immer einen besten nächsten Zug.« Im Leben können wir ja auch nicht gewinnen. Irgendwann sind wir schachmatt und werden sterben. Aber deswegen hören wir nicht gleich auf zu leben. Im Gegenteil! Wir können gezielt das Beste aus der verbleibenden Zeit machen und uns auf die uns wirklich wichtigen Dinge und Menschen im Leben konzentrieren.

Der Lebenserfahrungsschatz

Es freut mich, wenn Sie beim Lesen meiner Erfahrungen Anregungen für einen positiven Umgang mit Rückschlägen in Ihrem Leben erhalten. Denn Krisen werden zu oft auf ihren zerstörerischen Aspekt reduziert, den es zweifelsohne nicht schönzureden gilt. Wichtig ist es, den Blick auf das schöpferische Potenzial zu lenken, das viele Lebenskrisen in sich bergen.

Krisen und Misserfolge sind in unserer Kultur hochgradig schambesetzt. Deshalb werden sie lieber verschwiegen. Die Ecken und Kanten im Lebenslauf werden sorgsam rundgefeilt und retuschiert. Aus eigener Erfahrung kann ich auch nicht gerade behaupten, dass Ehrlichkeit immer belohnt würde. Schließlich wurde ich für einen Beraterjob abgelehnt, weil ich meine Entführungserfahrung offengelegt hatte. Ich dachte, das würde als Lebenserfahrung geschätzt oder zumindest toleriert, doch es wurde als Problem betrachtet.

Wenn Lebenserfahrung im gesellschaftlichen oder beruflichen Kontext nicht wertgeschätzt wird, ist das meiner Ansicht nach nicht nur eine verletzende Missachtung, sondern auch eine sündhafte Potenzialverschwendung. Lebenserfahrung bleibt ungenutzt. Noch verheerender ist es, wenn Menschen die Krisen ihrer Vergangenheit sogar vor sich selbst leugnen, vergessen oder verdrängen. Deckel drauf, Schwamm drüber. Das mag bei traumatischen Erlebnissen ein sinnvoller psychologischer Schutzmechanismus sein. Doch in den meisten Fällen enthalten wir uns wertvolle Lebenserfahrungen vor, wenn wir einfach einen Schlussstrich unter unsere Vergangenheit ziehen. Genau das tun viele Menschen, so wie auch ich es jahrelang gemacht habe. Zu groß ist oft die Angst, hinzuschauen und das Erlebte ehrlich aufzuarbeiten. Am Ende treten dabei noch unangenehme Wahrheiten zutage – wie in meinem Fall, als ich langsam die Einsicht gewann, dass ich selbst in meinen scheiternden Beziehungen und Jobs ein wesentlicher Teil des Problems war.

Ein ehrlicher Blick in die Vergangenheit kann Angst machen. Aber wäre es nicht schön, wenn wir aus unseren Erfahrungen lernen könnten, um der Zukunft gestärkt entgegenzublicken? Schließlich könnte das Schicksal jeden Moment zuschlagen oder eine neue Runde im Krisenkarussell starten. Die meisten Menschen sorgen sich um ihre Zukunft gerade dann, wenn es ihnen gut geht. Als glücklicher Familienvater und erfolgreiche Führungskraft hatte ich zum Beispiel die Sorge, dass ich aus dieser Hochphase irgendwann mal abstürzen könnte. Die Sorge war berechtigt, wie ich feststellen sollte.

Wir können Krisen zwar nicht immer verhindern, aber wir können uns gezielt wappnen. Das nötige Rüstzeug finden wir mitunter in unserem eigenen Erfahrungsschatz. Der allerdings liegt oft tief verschüttet in unserer Vergangenheit. Wir haben vergessen, welche Klippen wir bereits gemeistert oder zumindest überlebt haben und vor allem, wie uns dies gelungen ist. Diesen Erfahrungsschatz können wir bergen, indem wir uns unsere Lebenserfahrungen gezielt vor Augen führen. Mein persönlicher Lebenserfahrungsschatz hat mir ermöglicht, meine jüngste Krise nicht nur zu meistern, sondern im allerbesten Sinne in eine Chance zu verwandeln.

Den Lebenserfahrungsschatz finden

Mehr als vier Jahre hatte ich meine Direktorenstelle erfolgreich bekleidet – und sie mich erfüllt. Doch das Unternehmen befand sich in einem der größten Umbrüche während seiner fast 100-jährigen Geschichte. Investoren wurden an Bord geholt, ein neuer CEO übernahm das operative Geschäft vom Eigentümer. Er trieb ein ehrgeiziges Projekt zur Umstrukturierung des Konzerns voran. Anfang 2018 erfuhr ich, dass meine Direktorenstelle im Rahmen dieser Maßnahmen voraussichtlich gestrichen würde. Mein Verantwortungsbereich sollte in zwei Bereiche aufgeteilt werden. Strategisch war dieser Schritt nachvollziehbar. Persönlich stürzte er mich und meine Familie in eine tiefe Krise.

Meine berufliche Zukunft war völlig ungewiss. Als Alleinverdiener trug ich die finanzielle Verantwortung für meine Familie. Ein Jahr zuvor wurde unser erstes Kind geboren, das zweite war unterwegs. Auch hatten wir uns gerade ein Haus gekauft und damit finanziell gebunden. Die ungewisse Zukunft, der Druck bei der Arbeit und die familiäre Verantwortung machten sich bemerkbar. Immer öfter lag ich nachts wach und grübelte. Dann tat ich intuitiv das, was mir schon während meiner Entführung geholfen hatte: Ich begann, meine Gedanken aufzuschreiben.

Ungefiltert brachte ich alle Ängste und Sorgen zu Papier. Es floss nur so aus mir heraus. »Wenn ich meinen Job verliere … müssen wir unser Haus verkaufen, dann muss ich notfalls irgendeinen schlecht bezahlten oder stressigen Job machen oder mich deutschlandweit bewerben, dann müssen wir schon wieder umziehen, dann habe ich keine Zeit mehr für meine Familie, dann belastet das meine Beziehung – dann – dann – dann …« Nach einer Weile machte es »klick«. Ich erkannte, dass ich mich schon etliche Male in einer aussichtslosen Situation gewähnt und ähnlich destruktive Gedanken gehabt hatte. Und bisher war ich noch immer auf die Füße gefallen. Diese simple Erkenntnis gab mir einen ersten Schub an Zuversicht.

Das ist der erste Schritt, bevor man seinen Lebenserfahrungsschatz bergen kann: Man muss ihn erst mal finden. Die Suche startet mit der Frage: »Welche Krisen habe ich in meinem Leben bereits überwunden?« Da diese Reise in die Vergangenheit bisweilen herausfordernd sein kann, ist es ratsam, sich zunächst einmal zu stärken. Deshalb die gute Nachricht vorab: Sie sind schon heute ein resilienter Mensch. Sie haben schon einige tiefe Täler im Leben durchschritten, vielleicht sogar überlebt. Das ist gut zu wissen. Dennoch kann es hilfreich sein, sich in Begleitung eines ortskundigen Weggefährten auf die Suche nach dem Lebenserfahrungsschatz zu machen. Damit meine ich, dass die Aufdeckung und Aufarbeitung traumatischer Erlebnisse nicht im Alleingang, sondern besser in therapeutischer Begleitung stattfinden sollte.

Woran erkenne ich eigentlich eine Krise? Bei drastischen Ereignissen wie Todesfällen, schweren Erkrankungen, Katastrophen oder Unfällen ist der Auslöser klar definiert.

Bei schleichenden Krisen ist das schwieriger. Ereignisse wie Burn-out, Trennung oder Insolvenz sind meist nur das Resultat einer längerfristigen Entwicklung. Ob ein Mensch von einem einschneidenden Ereignis seelisch aus der Bahn geworfen wird oder nicht, ist von Fall zu Fall verschieden. Ich kenne Menschen, die nach einer Kündigung jubeln, »Super, die Abfindung nehme ich gerne mit«, aber bei jedem gesundheitlichen Zipperlein am Boden zerstört sind. Andere nehmen eine Trennung als Chance wahr, um sich auszuleben, gehen jedoch bei der kleinsten Veränderung am Arbeitsplatz sofort am Stock. Es gibt also nicht den resilienten Menschen in allen Lebenslagen. Menschen sind mal mehr und mal weniger resilient, je nach Herausforderung.

Es ist erstaunlich, wie vielen Lebenskrisen man auf die Spur kommt, wenn man gezielt danach sucht. Das habe ich im Rahmen verschiedenster Formate zur Persönlichkeitsentwicklung erfahren, zum Beispiel in Selbsterfahrungsseminaren oder Coachings. Ich hatte teilweise schon fast das Gefühl, dass mein Leben aus einer Aneinanderreihung von Krisen besteht. Doch stellte ich fest, dass ich damit keineswegs allein war. Und das Beste war, dass ich merkte, wie ich mit jeder überwundenen Prüfung ein wenig gelassener wurde. Ich hatte das Gefühl, vom Leben gestählt worden zu sein. Dieses Phänomen wird in der Wissenschaft als »Steeling«-Effekt bezeichnet. Der US-Forscher Mark Seery fand in einer internetbasierten Haushaltsumfrage heraus, dass Menschen, die in ihrer Vergangenheit drei bis vier schwerwiegende negative Ereignisse erlebt hatten, psychisch gesünder waren als solche mit einem oder keinem negativen Ereignis. Das macht doch Mut!

Allem Anschein nach werden wir mit zunehmender Lebens- und Krisenerfahrung tendenziell gelassener. Also einfach abwarten, alt werden und Krisen sammeln? Ich glaube, dass man diesen Prozess der eigenen Reifung beschleunigen kann, indem man das volle Potenzial der bereits gemachten Erfahrungen ausschöpft. Hierfür gilt es, den Zugang zu unserem Lebenserfahrungsschatz freizulegen, der durch Vergessen verschüttet wurde.

Den Lebenserfahrungsschatz bergen

Als ich in jenen Nächten wach lag, wurde mir bewusst, dass ich vor meinem drohenden Jobverlust schon viele andere Herausforderungen gemeistert hatte. Ich führte mir vor Augen, wie mir das gelungen war und vor allem, was ich daraus gelernt hatte. Ich musste zum Glück nicht bei null anfangen. Aus meinen diversen Seminaren kannte ich schon viele Antworten auf die entscheidenden Fragen: »Wie hast du die Krise überstanden? Was hat dir geholfen? Auf welche Stärken kannst du auch in Zukunft bauen?«

Ich wusste, dass ich über Ressourcen und Kompetenzen verfüge, die mir früher bereits in schwierigen Lagen geholfen haben. Diese machte ich mir ein weiteres Mal bewusst und gewann Punkt für Punkt an Mut und Selbstvertrauen hinzu:

– *Soziale Unterstützung:* Meine Familie und Freunde stehen in der Not immer zu mir.
– *Umtriebigkeit:* Bisher habe ich noch immer einen neuen, gut bezahlten Job gefunden.

- *Resilienz:* Aus meiner letzten großen Krise bin ich auch gestärkt hervorgegangen (Eule/Arschtritt = Führung).
- *Flexibilität:* In Sachen Ortswechsel bin ich ein Profi, meine Frau erst recht.
- *Lernbereitschaft:* Mich in neue Jobs einzuarbeiten, fällt mir leicht, ich bin ein Projekttyp.
- *Netzwerk:* Über meine beruflichen Kontakte habe ich viele Jobmöglichkeiten.
- *Humor:* Wenn gar nichts mehr geht, hilft mir mein Galgenhumor.

Die Sache mit dem Humor war ehrlich gesagt zunächst nicht so präsent. Da war mir noch nicht zum Lachen zumute. Aber einige Tage später konnte ich mit meiner Frau herzhaft über unsere missliche Situation lachen. Wir machten im Wohnzimmer auf etlichen Flipchart-Blättern ein Brainstorming: Was tun, wenn Marc seinen Job verliert? Darunter waren auch ziemlich verrückte Ideen, von »Weltreise als Findungsprozess« über »Marc mit Gitarre und Hut in der Fußgängerzone« bis »Selbstversorger im Campingwagen«. Aber auch ernsthaftere Ideen wie »Coaching« oder »Training« brachten wir zu Papier.

Mit einem Gefühl von Unabhängigkeit kehrte ich an meinen Arbeitsplatz zurück. Anders als damals in der Burn-out-Phase bei Renault war mir bewusst: Ich bin frei! Ich kann zur Not gehen! Ich bin keine Geisel meines Jobs! Mit deutlich größerem innerem Abstand schaute ich mir an, wie sich die Lage in der Firma entwickelte und was das mit mir machte. Meine berufliche Zukunft blieb über Monate ungewiss, es wurde eine Zitterpartie. Wieder einmal lautete das Gebot der Stunde: Nur nicht den Kopf verlieren! Ich blieb optimistisch, indem ich an ein gutes Ende glaubte: Ich behalte meinen Job oder bekomme einen tollen anderen in der Firma. Zugleich fing ich an, einen Plan B zu entwickeln. Dabei kam meine Ressource »Netzwerk« zum Tragen.

Ich verfolgte schon länger den Gedanken, mich irgendwann in Richtung Coaching zu entwickeln. Genauer konnte ich es allerdings noch nicht greifen. Ein befreundeter Resilienzexperte, Sebastian Mauritz, half mir mit den richtigen Fragen auf die Sprünge, darunter: »Wobei leuchten deine Augen?« Mit Begeisterung schilderte ich ihm, wie intensiv und verblüffend positiv ich meine aktuelle Krise wahrnahm, dass eine Chance darin zu schlummern schien, dass ich gerade meine »Nur nicht den Kopf verlieren«-Strategie aus dem Dschungel wieder lebte, dass ich sie am liebsten mit anderen Menschen teilen würde. Schnell kamen wir zu dem Schluss, dass mein Herzensthema einen Namen trägt: Resilienz. Er lud mich zu einem seiner Resilienztrainings ein mit den Worten: »Vielleicht willst du ja selber mal Resilienztrainer werden.«

In meiner Firma öffnete sich nach einiger Zeit eine neue Tür. Man stellte mir eine neue Position in Aussicht, und zwar die Leitung für einen Teil meines ehemaligen Verantwortungsbereichs. Ich wägte ab: Einerseits hatte ich eine Perspektive auf einen sicheren und gut bezahlten Job. Das war bequem und auch für unsere familiäre Situation wohl das Beste. Wir könnten unser Haus in Göttingen behalten und so weitermachen wie bisher. Andererseits fühlte sich die neue Position in vielerlei Hinsicht wie ein Rückschritt an. Auf der Karriereleiter wäre ich eine Stufe nach unten gestiegen, aber das war mir nicht einmal so wichtig. Inhaltlich hätte ich meine beiden Geschäftsbereiche, die Schulungs- und Versorgungszentren, auseinanderdividieren müssen, die ich in den Jahren zuvor mit viel Herzblut zusammengebracht hatte. Am meisten bedrückte mich allerdings ein ganz anderer Aspekt. Die Zeichen im Konzern standen auf Börsengang. Deshalb beschäftigte ich mich zunehmend mit den Kennzahlen meiner Arbeit und kaum mehr mit den Inhalten. Immer seltener fand ich Zeit für eingehende Gespräche mit meinen Mitarbeitern und den Kunden. Das würde sich in Zukunft noch verschärfen.

Bei der Vorstellung, wieder in einem operativen Zahlenwerk gefangen zu sein, meldeten sich meine alten Stresszeichen zurück. Ich schlief schlecht, mein Herz pochte auf Hochtouren, ich schwitzte und begann, wieder nervös mit den Augen zu klimpern. Zum Glück hatte ich meinen Lebenserfahrungsschatz im Rahmen meiner Fortbildungen bereits zu großen Teilen geborgen, indem ich mich mit der hilfreichen Frage auseinandergesetzt hatte: »Wo fühlst du in deinem Körper, dass du gestresst bist?«

Ich kannte die Vorboten des Burn-out, die sogenannten somatischen Marker. Früher hatte ich mich darauf beschränkt, meinen Stress zu reduzieren, zum Beispiel mit Sport oder Meditation. Aber jetzt wusste ich, das wäre zu kurz gesprungen. Denn damit würde ich lediglich das Symptom bekämpfen, statt der Ursache auf den Grund zu gehen. Das hatte ich schon bei Renault gemacht, hatte versucht durchzuhalten, statt eine Entscheidung zu treffen: *Leave it, love it or change it.* Mein Körper nahm mir schließlich die Entscheidung ab: *Leave it.* Dafür bin ich meinem Körper dankbar, denn sonst würde ich vermutlich heute noch achtzig Stunden pro Woche durchhalten, statt etwas zu tun, das mir am Herzen liegt.

Es ist ein weitverbreiteter Irrglaube, resiliente Menschen würden jeder Belastung standhalten. Es geht bei Resilienz nicht nur darum, Stress »abzubauen«. Denn Stress ist ein wichtiger Hinweisgeber für anstehende Veränderungen. Daher bauen wirklich resiliente Menschen den Stress nicht einfach ab, sondern sie fragen sich, was er ihnen sagen will. Sie suchen nach der Ursache und versuchen, diese zu beheben. Stress ist wie ein Rauchmelder. Wenn der piept, dann nervt das, und nach einer Weile fängt das Piepen vielleicht sogar an zu schmerzen. Aber niemand würde auf die Idee kommen, den Rauchmelder abzuschrauben und die Batterien herauszunehmen. Stattdessen fragt man sich doch, wo der Rauch herkommt. Vielleicht brennt es ja irgendwo. Dann löscht man den Brand. Aber man entfernt doch nicht den Rauchmelder!

Kennen Sie Ihre Rauchmelder? Bei jedem Menschen piept der Stress auf seine Weise: Schlafprobleme, Alkoholkonsum, Kopfschmerzen, Bauchschmerzen, Hautprobleme, Bluthochdruck, Zähneknirschen, Schwindel und so weiter. Woran merken Sie, dass etwas nicht stimmt, dass es brennt? Ich habe gelernt, meine Stressreaktionen als Freunde in der Not zu sehen. Ich bin zwar kein Stressjunkie geworden oder jemand, der bei jedem Anzeichen von Stress wegläuft. Aber ich schaue sehr genau hin, ob es sich lohnt, Stress auszuhalten oder eben nicht. Meiner Ansicht nach gibt es zwei Arten von Krisen: solche zum Durchhalten beziehungsweise zum Aufstehen und Weitermachen und solche zum Innehalten, Nachdenken und Verändern. Meine Entführung war ein klarer Fall für Durchhalten. Im Dschungel waren die klassischen Entscheidungsalternativen nicht gegeben. Ich konnte den Dschungel weder lieben lernen noch verlassen, noch konnte ich die Situation im Kern verändern. Aber in den meisten Situationen des Lebens sind wir physisch frei und können uns entscheiden. Wir fühlen uns nur wie Geiseln unseres Jobs, unserer Finanzen, unserer Beziehung. Klar bestehen hier oft ernsthafte Abhängigkeiten. Doch wenn die eigene Gesundheit auf dem Spiel steht, ist ein mutiger Schritt häufig das kleinere Übel. Lieber ein Ende mit Schrecken als ein Schrecken ohne Ende. Wenn also die Rauchmelder angehen, ist es an der Zeit, eine Entscheidung zu treffen, bevor der Körper sie fällt.

Stress ist für mich der kleine Bruder der Krise. Beide können im Leben wichtige Hinweisgeber für anstehende Veränderungen sein. Es muss nicht immer die große Krise sein, die uns zu Veränderungen zwingt. Manchmal reicht es, den Stress als Vorboten der Krise ernst zu nehmen. Doch zu oft übersehen wir diese Vorboten. Kein Wunder, heißt es doch in schwierigen Zeiten »Augen zu und durch«. Augen auf wäre oft die schlauere Alternative. Ein Blick auf das Stimmungsbarometer in der Beziehung zum Beispiel kann durchaus helfen, ein aufziehendes Gewitter frühzeitig zu erkennen. Die große Trennung kündigt sich meist an: Streitereien, Entfremdung, Fremdgehen und so weiter. Aber viele Menschen brauchen erst die große Krise, bis sie endlich aufwachen, auch wenn es um die Gesundheit geht. Leichte Beschwerden werden ignoriert, stärkere Rückenschmerzen werden betäubt, Hauptsache, weiterkeulen, bis zum Bandscheibenvorfall.

Im Beruf hatte ich dieses Mal auf meine Rauchmelder gehört. Ich traf eine mutige Entscheidung: *Leave it!*

STARK DURCH KRISEN WERDEN

Den Lebenserfahrungsschatz mehren

Mein Ausstieg aus der Firma war mehr als eine »Weg von«-Entscheidung, zumal ich dort zehn sehr erfolgreiche Jahre zugebracht hatte, davon fünf mit einer erfüllenden Führungsaufgabe. Es war zugleich eine »Hin zu«-Entscheidung. Der Eintritt in eine ganz neue Berufswelt. Die Idee, mich mit dem Fokus auf Resilienz selbstständig zu machen, war mittlerweile gereift und entwickelte eine große Anziehungskraft. Den mutigen Schritt aus der sicheren Festanstellung in die Selbstständigkeit hätte ich unter normalen Umständen vermutlich nie gewagt. Aber ich nutzte die Krise als Schicksalsschubs in Richtung Selbstverwirklichung.

Der Mensch wächst mit seinen Aufgaben. Fünf Jahre wuchs ich beruflich wie privat in meine Führungsverantwortung hinein. Am Ende fühlte es sich schon fast wie eine Komfortzone an. Die habe ich 2019 definitiv verlassen, in vielerlei Hinsicht. Zum einen wuchs mein familiärer Verantwortungsbereich: Ich wurde mit einem zweiten Kind beschenkt. Zum anderen gründete ich meine freiberufliche Existenz. Das Jahr fühlte sich an wie Nestbau im freien Flug. Eine herausfordernde Kombination, bei der ich für meine ausgeprägte Resilienz dankbar bin.

Selbstständigkeit bedeutet das Fehlen jeglicher finanzieller Sicherheit, die ich als Angestellter gewohnt war. Zum ersten Mal in meinem Leben bewege ich mich ohne feste Strukturen, ohne Chef, ohne finanzielle Sicherheit, ohne Netz und doppelten Boden. Es war ein Sprung ins kalte Wasser. Früher hätte ich die damit verbundenen Risiken gemieden. Heute betrachte ich diese Chance als ein Geschenk des Himmels. Ich kann tun und lassen, was ich will. Und da ich weiß, was ich will, tue ich es voller Freude und Energie. Ich darf ein Buch schreiben, in dem ich all das teile, was mir seit Jahren auf dem Herzen liegt. Ich darf Vorträge halten und meine Botschaft in die Welt tragen. Ich darf Menschen darin trainieren, ihre Krisen und Belastungen kraftvoll zu meistern. Ich fühle mich jedes Mal erfüllt, wenn Menschen mir ein Feedback darüber geben, auf welche Weise ich sie für ihr Leben inspirieren konnte.

Wie auf magische Weise fließen meine Talente und Neigungen in meinem Beruf zusammen. Es fühlt sich tatsächlich nach Berufung an und nicht mehr nach Job. Rückblickend ergeben all meine Krisen einen tieferen Sinn, sie sind ein Erfahrungsschatz. Das Leben hat mich zum Erfahrungsexperten für Resilienz gemacht. In meinen Ausbildungen zum Resilienztrainer und -coach habe ich mit Freude festgestellt, wie wertvoll meine eigenen Erfahrungen in diesem Zusammenhang sind. Es passt einfach alles. Selbst meine 17-jährige Konzernerfahrung ergibt plötzlich einen ganz neuen Sinn.

Mir hat meine Dschungelerfahrung immer wieder im Businessalltag mit Teamverantwortung geholfen. Heute kann ich dies an andere Organisationen weitergeben, indem ich meine Führungs- und Entführungserfahrung in meinen Vorträgen und Trainings verknüpfe.

Heute mehre ich meinen Lebenserfahrungsschatz ganz gezielt, indem ich mein Erfahrungswissen teile und zugleich erweitere. Erfahrungswissen wird mehr, wenn man es teilt, so wie bei Liebe und Glück. Erfahrungen muss zwar jeder selbst machen, aber man kann aus den Erfahrungen anderer Menschen lernen, besonders aus den schmerzhaften. In den letzten Jahren habe ich meinen Lebenserfahrungsschatz gesucht und größtenteils gefunden und geborgen. Ich habe mir vor Augen geführt, welche Abenteuer ich bereits durchlebt und gemeistert und welche Stärken ich dabei genutzt und entwickelt habe. Damit bin ich mir meiner selbst bewusst geworden, habe Selbstbewusstsein entwickelt. Ich habe heute weniger Angst vor den Unwägbarkeiten und Herausforderungen der Zukunft, weil ich weiß, dass ich sie meistern kann, wie schon mehrfach in der Vergangenheit geschehen. Das ist viel wert. Doch es ist kein Grund, stehen zu bleiben. Im Gegenteil.

So wie man Resilienz trainieren kann, so kann man sie auch wieder verlernen. Man erschlafft, wenn man zu lange in der Komfortzone bleibt. Wie ein Sportler, der seine Kraft verliert, wenn er sich auf seinen errungenen Erfolgen ausruht. Deshalb ist es wichtig, immer wieder aufs Neue aus der Komfortzone herauszukommen, damit der »Resilienzmuskel« weiterhin wachsen kann oder zumindest im Training bleibt. Das kostet einiges an Überwindung. Darum trainiere ich regelmäßig, meine Komfortzone zu verlassen. Morgens zum Beispiel dusche ich erst warm, weil ich es mag, und dann kalt, weil es mich stärkt. Bevor ich den Hahn von warm auf kalt drehe, sage ich zu mir: »Raus aus der Komfortzone und rein ins Leben!« Mit diesem kleinen Ritual starte ich kraftvoll in den Tag und bin bereit für die nächste Herausforderung. Die härtere Version dieses Rituals habe ich während meiner Intensivphase der Persönlichkeitsentwicklung praktiziert. Es war die Teilnahme an Extremläufen mit bezeichnenden Namen wie »Braveheart Battle« oder »Getting Tough«. Solche verlängerten

Halbmarathons mit Hindernissen sind so ziemlich das Letzte, worauf ich damals Lust hatte. Aber ich habe mich überwunden und mich schließlich daran gewöhnt. Mit der Zeit fiel es mir immer leichter, auch im Alltag meine Komfortzone zu verlassen. Auch hatte ich gelernt, mutige Entscheidungen zu treffen und durchzuziehen.

Letztlich geht es im Leben immer um Veränderung. Deshalb gibt es auch das immer wieder gern bemühte Bild vom Leben als Fluss, der nie derselbe ist. Wer aufhört, sich zu verändern, wird früher oder später von einer Krise dazu gezwungen. Das habe ich mittlerweile verstanden. Darum ist mein heutiger Lebensentwurf bewusst auf stetiges Wachstum außerhalb der Komfortzone angelegt. Ich habe kontinuierliche Veränderungen und Herausforderungen in mein Leben eingebaut. So lebe ich keine gemütliche Beziehung, sondern eine lebendige, die mich wachsen lässt. Ich habe mich selbstständig gemacht, um mutig meinen Weg zu gehen. Beides hätte ich vermutlich nicht gewagt, wenn ich nicht zuvor meinen Lebenserfahrungsschatz geborgen hätte. Nun will ich ihn gut hüten und weiter mehren.

Inspiration

Krisen gehören zum Leben dazu. Ganz verhindern können wir sie nicht, aber wir können uns für sie wappnen. Wir können unseren Lebenserfahrungsschatz gezielt bergen und für künftige Herausforderungen nutzen. Dabei helfen unter anderem folgende Fragen: »Welche Krisen habe ich bereits überstanden? Was hat mir dabei geholfen?« Den Lebenserfahrungsschatz können wir aktiv mehren, indem wir immer wieder die Komfortzone verlassen und Veränderungen aktiv in unser Leben einbauen. Und wir können unsere Erfahrung teilen. Dann wird sie mehr, so wie Liebe und Glück.

STARK DURCH
KRISEN IM TEAM

Aus einer außergewöhnlichen Entführungserfahrung lässt sich erstaunlich viel für die alltäglichen Herausforderungen von Teams und Organisationen ableiten, wie ich während meiner Konzernkarriere immer wieder festgestellt habe. Die Herausforderungen im philippinischen Dschungel und im Wirtschaftsdschungel sind nämlich im Kern dieselben: Unsicherheit und Stress.

Die Dschungelstrategien geben im Businesskontext Orientierung bei folgenden Fragestellungen: Wie wird aus einer Gruppe ein Team? Was macht Teams in schnelllebigen und unsicheren Zeiten stark und flexibel? Welche innere Haltung hilft in Zeiten disruptiver Veränderungen wie der Digitalisierung?

Wie aus einer Gruppe
ein Team wird

Oft werde ich gefragt, ob wir als Geiselgruppe zusammengehalten haben oder ob es Konflikte gab. Die Antwort lautet: Sowohl als auch. Denn Konflikte und Zusammenhalt schließen einander nicht aus, sie bedingen sich sogar bis zu einem gewissen Grad. Wir sind also nicht trotz, sondern gerade dank klärender Auseinandersetzungen zu einem erfolgreichen Team geworden.

Erfolg bemisst sich nicht am Grad der Harmonie innerhalb der Gruppe, sondern daran, ob das Ziel erreicht wird. Und unser Ziel haben wir zu hundert Prozent erreicht: Alle 21 Geiseln haben überlebt. Das wäre ohne Teamwork höchstwahrscheinlich nicht der Fall gewesen, Konflikte inbegriffen. Denn: Kein Teamwork ohne Teambuilding und kein Teambuilding ohne Konflikte.

Ich muss fast über mich selber schmunzeln, wenn ich hier eine Lanze für Konflikte breche. Gerade ich! Harmonieliebend, wie ich bin, sind mir Konflikte ein Graus! Streiten? Um Gottes willen! Zeit- und Energieverschwendung! Und wer weiß, vielleicht geht am Ende noch die Beziehung oder das ganze Team vor die Hunde. Was, wenn wir uns nie wieder vertragen? So in etwa sah früher die Angstspirale in meinem Kopf aus, wenn Streit drohte und ein Konflikt emotional wurde. Deshalb habe ich stets alles darangesetzt, mit Diplomatie Konflikte am besten schon im Keim zu ersticken. Erst als ich verstanden habe, dass Konflikte nichts Schlimmes sind, sondern oft nur ein reinigendes Gewitter, habe ich aufgehört, mich in meinen Befürchtungen zu verlieren. Diese Erkenntnis ist sowohl meinem Privatleben als auch meiner beruflichen Laufbahn zugutegekommen.

In Organisationen besteht immer wieder die Notwendigkeit, interdisziplinäre Projektteams zu bilden, um gemeinsam komplexe Herausforderungen zu meistern, zum Beispiel ein neues Produkt einzuführen oder die internen Abläufe auf eine neue Software umzustellen. Auch da hilft es zu wissen, dass sich Konflikte im Projektverlauf nicht gänzlich vermeiden lassen und bei hohem Zeitdruck eher programmiert sind. Wem dazu noch bewusst ist, dass in interdisziplinären Teams Konflikte zur Lösungsfindung beitragen, der ist bestens gerüstet, um im Eifer des Gefechts nicht den Kopf zu verlieren.

Das habe auch ich erst wirklich verstanden, als ich mich als Führungskraft mit dem Thema Teambuilding beschäftigt habe. Rückblickend ist aber auch meine Entführung ein wertvoller Erfahrungsschatz in Sachen Gruppendynamik und Konfliktmanagement. Diesen Schatz werde ich im Folgenden darlegen, um hilfreiche Impulse zu diesem wichtigen Thema zu geben.

Inspiration

Die Kunst, nicht den Kopf zu verlieren, beinhaltet für Teams, bewusst mit Konflikten umzugehen und sie als notwendigen Prozess der Gruppenentwicklung zu begreifen. Sich also nicht in aggressiven Gefühlen zu verlieren, sondern immer wieder den Blick auf die Lösung zu richten: Was können und sollen wir aus diesem Konflikt lernen? Dazu sollten Konflikte bewusst ausgetragen werden. Erst dann kann etwas Konstruktives entstehen und das Team stark durch Krisen werden.

Überleben unter Extrembedingungen

Sieht man von der Entführung ab, entsprachen die Begleitumstände durchaus Wunschvorstellungen, wie ich sie als gestresster Unternehmensberater manches Mal hatte: keine Termine, kein Handy, kein Internet, den ganzen Tag an der Sonne, noch dazu auf einer traumhaft schönen Pazifikinsel mit einer Natur, wo Affen in den Palmen schaukeln – und das Ganze zusammen mit tauchbegeisterten Menschen unterschiedlichster Herkunft. Das klingt doch reizvoll? Die Wirklichkeit sah jedoch anders aus.

Über Monate waren wir Bedingungen beziehungsweise Stressfaktoren ausgesetzt, die, jeder für sich genommen, massiven Stress auslösen können:

- *Ungewissheit:* Wir wussten zu keinem Zeitpunkt, was als Nächstes passierte und ob wir überleben würden.
- *Lebensgefahr:* Uns drohten Enthauptung, Schusswechsel, Krankheiten, Verletzungen, giftige Insekten.
- *Kulturschock:* Als interkultureller Trainer habe ich Menschen auf längere Auslandsaufenthalte vor-

bereitet. Vor allem auf die Tatsache, dass sie nach einer gewissen Zeit mit einem Kulturschock rechnen müssen. Denn auf eine energiegeladene Startphase, in der alles Fremde spannend ist, folgt meist eine Phase der Erschöpfung, die sich in aggressivem Verhalten bis hin zu einer depressiven Verstimmung äußern kann. Auf Jolo waren wir nicht nur im tiefsten Asien gelandet, sondern auch mitten in einer Kriegerkultur. Und das als Geiselgruppe aus sieben Ländern mit acht Sprachen. Allein das hat zu einer Vielzahl von Missverständnissen geführt, weil jeder aufgrund seiner eigenen Werte die Worte, Gesten, Mimik der anderen anders interpretierte. Das zerrt auf Dauer an den Nerven.

– *Keine Privatsphäre:* Monatelang haben wir auf engstem Raum zusammengelebt, ohne Möglichkeit des privaten Rückzugs. Wir Geiseln konnten uns kaum aus dem Weg gehen. Dazu waren wir unter ständiger Beobachtung unserer Bewacher. Aber auch Zivilisten aus den umliegenden Dörfern haben sich täglich um uns geschart, um diese seltsamen weißen Menschen aus nächster Nähe zu betrachten. Wie sehr haben wir uns nach ein bisschen Privatsphäre gesehnt. Aber die war noch nicht einmal beim »Toilettengang« gegeben. Ich hätte mir nie vorgestellt, wie sehr einem das zusetzen kann.

– *Survival im Dschungel*: Noch während unserer Geiselhaft startete nicht weit von uns entfernt die TV-Produktion *Das Inselduell*. Bei dieser Reality-Show sollten Zuschauer live mitverfolgen können, wie 13 Kandidaten sieben Wochen lang auf einer malaysischen Insel ums »Überleben« kämpften. Wohlgemerkt: Die Kandidaten befanden sich (mit Moskitonetzen ausgestattet) auf einer mückenfreien Insel, ein Erste-Hilfe-Koffer stand stets parat, und ein Ambulanzhubschrauber war in Rufweite ihres Notfallhandys. Die Überlebensaufgaben bestanden unter anderem darin, ein eigens dafür ausgesetztes Huhn einzufangen oder Muscheln zu sammeln. Wir hatten es hingegen mit echten Überlebensrisiken zu tun. Zu den Gefahren zählten Malaria- und Dengue-Mücken, schwarze Mambas, handtellergroße Spinnen und giftige Skorpione. Eine asiatische Geisel wurde von einem Skorpion gebissen und litt tagelang unter Fieberschüben. Unsere medizinische Versorgung beschränkte sich im Wesentlichen auf Schmerztabletten.

– *Mangelernährung:* Immer wieder kam es vor, dass wir tagelang kaum einen Liter Trinkwasser pro Person hatten. Und das im schweißtreibenden Tropenklima. Zu essen gab es in den ersten Wochen ausschließlich Reis – und davon manchmal auch nur wenig oder angebrannt. Dazu hin und wieder eine Dose Sardinen für uns alle, das bedeutete, weniger als eine Sardine pro Person. Ich kann somit bestätigen: Wenn Menschen Hunger leiden, dann sind Verteilungskonflikte programmiert.

– *Hygiene:* Im Regenwald gibt es keine Toiletten. Der Regenwald selbst ist die Toilette. Wir Geiseln haben ebenso wie die Rebellen immer nach neuen Plätzen für unsere Notdurft gesucht. Nach einigen Tagen war der Boden rund um das Geiselcamp gepflastert mit »Tretminen«, häufig gespickt mit Würmern in allen Größen und Farben. In Flipflops und bei Dunkelheit haben wir auf jeden unserer Schritte achten müssen. Aber nach einem Tropenschauer hat sich ohnehin alles über den Boden verteilt. Abgewischt haben wir uns in den ersten Wochen mit getrockneten Bananenblättern. Wasser zum Händewaschen war äußerst selten. Wenn man dann noch berücksichtigt, dass die meisten von uns Durchfall hatten, wird wohl schnell klar, dass wir auch bei diesem Thema alle an unsere Grenzen gestoßen sind.

In Anbetracht dieser Umstände ist es bemerkenswert, dass es zu keinem Zeitpunkt zu Handgreiflichkeiten innerhalb der Geiselgruppe gekommen ist. Es wäre ein Wunder gewesen, hätten wir keine Konflikte gehabt – und ein Risiko zugleich, denn ohne Konflikte kein Teambuilding.

Von der Gruppe zum Team

Eine Gruppe von Menschen ist noch lange kein Team, das zielgerichtet kooperiert. Ein Team läuft erst dann so richtig zur Hochform auf und »performt«, wenn es bestimmte Phasen und Prozesse durchlaufen hat. Dazu gehören auch und vor allem Konflikte.

Bruce Tuckman, ein US-amerikanischer Psychologe, entwickelte 1965 das sogenannte Phasenmodell für die Teamentwicklung, das bis heute als Standardmodell in der Arbeits- und Organisationspsychologie gilt. Es besagt, dass jede Gruppe vier bzw. fünf Phasen der (Team-)Entwicklung durchläuft, die sowohl für die Leistungsfähigkeit (»Performance«) als auch das Klima innerhalb der Gruppe entscheidend sind. Interessanterweise werden Tuckman zufolge die vier Phasen von jeder Gruppe durchlaufen, die lang genug zusammenbleibt und/oder einen gemeinsamen Auftrag erhält. Sie gelten also nicht für eine Gruppe Bahnreisender, die kaum miteinander in Kontakt kommt und außer dem Zielbahnhof keine gemeinsamen Ziele hat. Sie gelten aber in jedem Fall für ein Projektteam, das über einen definierten Zeitraum hinweg eine gemeinsame Aufgabe lösen muss. Und erst recht gelten sie für eine Gruppe Menschen, die gemeinsam für 140 Tage in den philippinischen Dschungel entführt wird.

Natürlich vereinfacht das Modell die komplexen zwischenmenschlichen Prozesse, die sich in der Realität sowohl im Organisationsalltag als auch im Dschungel abspielen. Dennoch ermöglicht es ein sehr solides Grundverständnis für die Dynamik in Gruppen und vor allem der Gruppenbildung. Auch die Notwendigkeit von Konflikten für die Leistungsfähigkeit von Teams lässt sich direkt daraus ableiten. Und vor allem gibt es Führungskräften, Projektleitern, aber auch Projektmitgliedern – kurz: allen, die eine Gruppe leiten oder ihr angehören – die Möglichkeit zur zielgerichteten Steuerung der dafür erforderlichen Prozesse.

Folgende Phasen werden durchlaufen:

1. *Forming* (Kontakt): Orientierungsphase, in der sich die Gruppenmitglieder kennenlernen. Gewöhnlich ist diese Phase durch Neugier, Höflichkeit und Aufgeschlossenheit gegenüber den anderen Teammit-

gliedern geprägt, aber auch durch persönliche Unsicherheit, Zurückhaltung oder gar Verwirrung. Die Beziehungen der Mitglieder untereinander und vor allem die eigene Stellung innerhalb der Gruppe sind noch nicht klar.

2. *Storming* (Konflikt): die Nahkampfphase. Es entstehen Konflikte zu der Rollenverteilung, der Priorisierung von Zielen und der gemeinsamen Arbeitsweise. In dieser Phase ist kaum an produktive Arbeit zu denken. Es kommt zu Machtkämpfen, die Stimmung ist angespannt bis offen feindselig. Es finden erste Übereinkünfte statt.

3. *Norming* (Kontrakt): Organisationsphase, in der klare Strukturen und Verabredungen getroffen werden. Regeln und Rituale werden etabliert – entweder formal oder stillschweigend. Die Rollen sind klar verteilt, die Stimmung wird harmonischer und kooperativ. Der Fokus rückt wieder näher zu der Aufgabe.

4. *Performing* (Kooperation): Die Integrationsphase, in der das Team selbstorganisiert funktioniert. In dieser Phase wird das Team konstant leistungsfähig und orientiert sich an gemeinsamen Vereinbarungen und Zielen. Das Klima ist positiv, vertrauensvoll und wertschätzend, die Arbeitsweise flexibel, kooperativ und lösungsorientiert. Diese Phase ist das Ziel der Teambildung.

5. *Adjourning* (Auflösung): Die Abschiedsphase wird nicht von allen Teams durchlaufen und ist eine mögliche Ergänzung zu den vier Kernphasen. Die fünfte Phase ist relevant für Teams, die sich nach

Abschluss des gemeinsamen Projekts wieder auflösen, zum Beispiel durch Rückkehr ins Tagesgeschäft. Sie ist häufig geprägt von Sorge bis hin zu Trauer im Hinblick auf die Zeit »danach«. Diese Phase bietet sich für eine ausführliche Dokumentation und »Lessons learned« an.

Kein Team durchläuft alle fünf Phasen streng linear. Und auch zeitlich sind sie kaum im Voraus definierbar. Vielmehr gehen die Phasen häufig fließend ineinander über und dauern je nach Gruppe unterschiedlich lange. Manche Gruppen scheinen sogar ganze Phasen zu überspringen oder aber nie zu erreichen.

Hier spielt vorrangig die Homogenität (»Gleichheit«) der Gruppe eine Rolle: Je ähnlicher sich die Mitglieder der Gruppe sind, desto schneller werden die Phasen durchlaufen, und desto harmonischer ist das Gruppengefühl. Eigentlich einleuchtend: Je ähnlicher sich die einzelnen Mitglieder sind, desto weniger Reibungspunkte gibt es. Doch eine hohe Homogenität bzw. geringe Heterogenität (»Unterschiedlichkeit«) innerhalb der Gruppe hat eine starke – nämlich meist negative – Auswirkung auf die Leistungsfähigkeit der Gruppe. Dieser Umstand wird zumeist mit der Kompetenzvielfalt einer heterogenen Gruppe erklärt. Auch ein Sprung zurück in eine frühere Phase ist nicht ungewöhnlich. Genau genommen beginnt der gesamte Prozess wieder von vorne, sobald sich etwas in der Grundkonstellation der Gruppe verändert, beispielsweise wenn ein Teammitglied hinzukommt oder ausscheidet. Die Phasen werden dann zwar meist schneller durchlaufen als beim ersten Mal, der Grundprozess bleibt jedoch derselbe.

Dieser »Neubeginn« des Kreislaufs gilt übrigens auch für konstante Teams nach Abschluss einer gemeinsamen Aufgabe und der Zuwendung zu einer neuen. Das heißt, dasselbe Team kann mit jeder neuen Aufgabe immer wieder dieselben vier Phasen durchlaufen, in denen der Konflikt der Leistung/Performance vorausgeht.

Aus meiner langjährigen Erfahrung als Projektleiter und Führungskraft weiß ich, dass Konflikte im Team in der Businesswelt keinen guten Ruf haben. Oft werden sie als »schlechte Stimmung« statt als hilfreiche Klärung fehlinterpretiert. Viele Führungskräfte scheuen sich daher davor, Konflikte zuzulassen oder offen anzugehen. Sie neigen eher dazu, Auseinandersetzungen abzuwürgen oder kleinzureden. Klar, Konflikte sind anstrengend. Das Phasenmodell zeigt aber sehr deutlich, wie wichtig das gemeinsame Ringen um Grenzen, Status und Vereinbarungen für eine Gruppe ist, um eine performante Arbeitsweise als *Team* zu erreichen.

Die Gruppendynamik, über die es uns während der Entführung gelungen ist, von einer bunt gemischten Gruppe von internationalen Geiseln zu einem erfolgreichen Team zu werden, lässt sich daher sehr gut über das Phasenmodell veranschaulichen. Unser Beispiel zeigt dabei eindrücklich, wie wertvoll insbesondere die schwierigen und konfliktreichen Phasen für die Teamentwicklung sind.

Vom Schicksal zusammengewürfelt
(*Forming* – Kontakt)

Am 23. April 2000 wurden 21 Menschen zufällig zu Schicksalsgefährten. Wir kannten uns bis dahin allenfalls flüchtig von Begegnungen im Tauchresort, einem gemeinsamen Tauchgang oder als Tischnachbarn im Hotel-Restaurant. Doch von einem Moment auf den nächsten saßen wir tatsächlich in einem Boot beziehungsweise genau genommen in zwei Booten.

Als wir nach zwanzig Stunden auf der philippinischen Insel Jolo landeten und dort in einer Bambushütte pausierten, haben wir uns einander erst mal vorgestellt, teilweise in gebrochenem Englisch oder mit Händen und Füßen.

Wir bekamen zum ersten Mal eine Ahnung davon, was für ein bunt zusammengewürfelter Haufen wir waren: 21 Menschen aus sieben Ländern, im Alter von 20 bis 57 Jahren mit unterschiedlichsten Berufen:

Drei Deutsche: ich, damals 26, Unternehmensberater in Luxemburg, mein Vater Werner, 57, Gymnasiallehrer, und meine Mutter Renate, 56, Flötenlehrerin.

Zwei Finnen: Risto, 48, Ingenieur und Geschäftsführer, und Seppo, 50, Krankenpfleger und Künstler.

Zwei Südafrikaner: Monique, 36, Schauspielerin, und Callie, 37, Key-Account-Manager.

Drei Franzosen: Stéphane, 34, Ingenieur, seine Lebensgefährtin Sonja, 34, Ingenieurin, und Marie, 33, gebürtige Libanesin, Marketing Managerin.

Neun Malaysier: Ken, 27, Tauchlehrer, Vincent, 40, Tauchlehrer, Lee, 20, Koch, Ah Loong, 24, Koch, Abdul, 39,

Polizist, Hashim, 29, Wildlife-Ranger, Francis, 35, Wildlife-Ranger, Nair, 24, Wildlife-Ranger, Jim, 31, Wildlife-Ranger.

Ein Filipino: Abi, 41, Wildlife-Ranger, und eine Filipina, Aida, 34, Küchenmanagerin.

Die Gruppe begann sich also hier zu formieren. Marie und ich als ihr vorgeblicher Verlobter waren zudem das fünfte Pärchen, neben Callie und Monique, Stéphane und Sonja, meinen Eltern und den beiden befreundeten Finnen. Nur Aida, die philippinische Küchenmanagerin aus unserem Resort, war in keiner Paarkonstellation. Sie hatte sich unserer Gruppe westlicher Geiseln angeschlossen, um nicht die einzige Frau unter Männern zu sein, was die Entführer zum Glück akzeptierten. Die Gruppenkonstellation der anderen zehn asiatischen Geiseln konnte ich bis zum Schluss nicht klar erkennen, da wir die meiste Zeit räumlich voneinander getrennt waren.

In der Kennenlernphase waren wir alle neugierig und offen. Jeder versuchte zunächst einmal, die Lage und die anderen einzuschätzen. Die Stimmung unter uns Geiseln war überwiegend freundlich, jeder verhielt sich kooperativ, abgesehen von wenigen unschönen Szenen während der Bootsfahrt, als es um die Verteilung des knappen Trinkwassers ging. Dennoch waren wir durch den gemeinsamen Feind geeint.

Nach weiteren zehn Stunden Fußmarsch durch den Dschungel kamen wir an unserem ersten von insgesamt sieben Camps im Laufe unserer Geiselhaft an. Wir waren geschockt vom Zustand des Bambushauses ohne Strom und fließendes Wasser, das die Entführer stolz »Headquarter« nannten. Die Enttäuschung beim Anblick der dürftigen Einrichtung stand uns allen ins Gesicht geschrieben. Wir waren niedergeschlagen. Später sollten wir diesen Ort dennoch »Crown Plaza« nennen, da er im Vergleich zu den anderen Camps fast luxuriös war – es gab immerhin ein Dach, sogar aus Wellblech.

Unsere Gruppe wurde von den Entführern in zwei Gruppen geteilt und räumlich voneinander getrennt: Wir zehn Touristen und Aida durften in einem mehr oder weniger geschlossenen Raum übernachten, zusammen mit der eigentlichen Bewohnerin und ihrem Baby. Die zehn asiatischen Hotelmitarbeiter mussten auf der »Veranda« die Nacht verbringen. Nicht dass ein falsches Bild entsteht: Wir lagen Löffelchen auf circa 20 Quadratmetern, bedeckt von Schweiß, Dreck und Moskitos. Dennoch, im Vergleich zu den Asiaten hatten wir zumindest ein Dach über dem Kopf und das Gefühl einer relativen Geborgenheit.

Wir westlichen Geiseln wurden immer wieder von den Entführern bevorzugt behandelt. Für sie waren wir die wertvolleren Geiseln, da sie für uns ein höheres Lösegeld erwarteten. Unsere asiatischen Schicksalsgefährten waren von Anfang an Geiseln zweiter Klasse. Beschämenderweise haben wir uns allerdings auch nicht wirklich für sie starkgemacht. Wenn es um die Verteilung knapper Ressourcen ging, haben wir zuerst unsere Gruppe im Blick gehabt und die asiatischen Schicksalsgefährten vergessen oder verdrängt.

Bereits hier wurde deutlich: Räumliche Trennung führt schnell zum Prinzip »Aus den Augen, aus dem Sinn«, während räumliche Nähe das Teamgefühl stärkt.

Die räumliche Unterbringung hatte großen Einfluss auf den Zusammenhalt unserer Gruppe. Als wir nach gut einem Monat in unserem sechsten Camp ankamen, wurden dort zwei kleine Bambusplattformen als Schlafplätze errichtet, über die wir Plastikplanen spannten, um uns vor Regen zu schützen. Damit war unsere Gruppe westlicher Geiseln zum ersten Mal räumlich unterteilt. Auch wenn der Abstand zwischen den beiden Plattformen nur wenige Meter betrug, war der gefühlte Abstand deutlich größer. Die Finnen, Franzosen, meine Eltern und ich waren auf der einen Plattform, die Südafrikaner, Marie und Aida auf der anderen. Vor allem im Dunkeln der Nacht fanden die Gruppenprozesse in zwei Parallelwelten statt. Ob jemand aus der anderen Gruppe nachts Schmerzen oder Albträume hatte, erfuhr man erst am nächsten Morgen.

Etwas mehr Platz und Privatsphäre waren zweifellos ein Gewinn für jeden Einzelnen von uns. Andererseits erforderte die Situation mehr aktiven Austausch innerhalb der Gruppe. Das unmittelbare Wissen um das Befinden der anderen und der informelle Informationsfluss gingen verloren und mussten durch formalere Abstimmungsprozesse ersetzt werden.

Mit einer Gruppengröße von elf Personen hatten wir eine gute Voraussetzung, um als Team zu kooperieren – nicht zu groß und nicht zu klein. Der Verhaltensbiologe Konrad Lorenz hielt eine Gruppe von elf Menschen sogar für die perfekte Größe, ähnlich einer »Urhorde«, in der jeder jeden noch hören, sehen und riechen konnte, was wiederum den Zusammenhalt gegenüber feindlichen Horden sicherte. In unserem Fall hat die räumliche Enge den Zusammenhalt jedoch nicht nur gefördert, sondern immer wieder auf die Probe gestellt, wenn wir uns täglich schnarchen hörten, unseren Schweiß rochen und uns pinkeln sahen. Dann haben wir wirklich gelebt wie eine »Urhorde«. Das war nicht leicht, aber eben auch nicht freiwillig.

Da wir die längste Zeit getrennt von der asiatischen Geiselgruppe untergebracht waren, beziehen sich die folgenden Ausführungen zur Gruppendynamik im Wesentlichen auf die Gruppe der zehn westlichen Geiseln plus Aida.

Erkenntnis

Räumliche Nähe von Menschen hat sowohl Vor- als auch Nachteile. Aber eines ist sicher: Sie spielt eine große Rolle im Teambuilding-Prozess. Deshalb experimentieren Organisationen immer wieder mit Raumkonzepten – vom Einzelbüro über Großraumbüros bis zu Co-Working-Spaces – auf der Suche nach dem optimalen Mix aus konzentrierter Zurückgezogenheit und kreativem Austausch. Als Führungskraft habe auch ich viel Energie auf das Projekt »Raumkonzept« verwandt, um meine sieben Abteilungen an drei Standorten in sich und untereinander in Einklang zu bringen.

Reichlich Konflikte
(*Storming* – Konflikt)

Im Dschungel haben wir uns um Dinge gestritten, die wir im heimischen Alltag noch nicht einmal wahrnehmen, weil sie selbstverständlich sind: Wasser, Essen, Platz, Feuer, Papier, Stifte, Plastiktüten und noch einiges mehr.

Überlebenswichtige Ressourcen waren plötzlich knapp.

Gerade wir westlichen Geiseln wurden jäh aus unserer materiellen Komfortzone gerissen. Aber viel schlimmer: Wir verloren die Kontrolle über unser Leben und unsere Freiheit. Damit befanden wir uns im Überlebensmodus, in dem nicht nur jeder für sich an seine Grenzen stieß, sondern auch an die Grenzen der anderen Geiseln. An diesen Grenzen kam es immer wieder zu Konflikten.

Lieber Gott,
gib uns Wasser!

Wasser war zeitweise erstaunlich knapp, dafür, dass wir uns mitten im Regenwald befanden. Und ausgerechnet hier benötigt man besonders viel Wasser zum Überleben. In dem feuchtwarmen Klima haben wir sogar im Sitzen geschwitzt. Um nicht zu dehydrieren, mussten wir also viel trinken. Körperhygiene war jedoch ebenfalls essenziell. Schon nach wenigen Tagen hatten einige von uns die ersten Entzündungen an empfindlichen Körperstellen. Im ersten Camp waren wir über eine Woche vom Wasser abgeschnitten, da das philippinische Militär uns umstellt hatte und dadurch der Zugang zu nahe liegenden Wasserstellen versperrt war. Deshalb beschränkte sich der Wasservorrat auf sporadische Lieferungen in alten Benzinkanistern. Das Wasser schmeckte dann auch nach Benzin, und als wir es einmal in ein anderes Gefäß umfüllten, entdeckten wir Kaulquappen darin.

Dennoch waren wir gierig nach Wasser, einfach weil wir Durst hatten. Und wenn einer von uns besonders gierig war und mehr trank oder sich gar die verdreckten Füße und Hände waschen wollte, gab es natürlich Streit um die gerechte Aufteilung des knappen Guts. Die Stimmung unter uns Geiseln wurde dann aggressiver.

Entsprechend gelöst war die Stimmung, als plötzlich der erste tropische Schauer über uns niederbrach – in diesem Moment ein wahres Geschenk des Himmels. Es goss wie aus Eimern, für uns eine willkommene Dusche, um endlich einmal den ganzen Körper reinigen zu können. Wie Kinder sind wir auf der Veranda unseres Bambushäuschens herumgesprungen, jauchzend vor Freude. Für die Rebellen und Zivilisten in unserer Nähe boten wir zunächst einen belustigenden Anblick – »Diese Weißen spinnen!« stand förmlich auf ihren Gesichtern geschrieben. Doch dann wies man uns in die Schranken, da wir uns halb nackt in Unterhosen präsentierten und ein Tabu der ansonsten relativ toleranten islamischen Inselkultur brachen. Unsere Stimmung sank abrupt, als wir uns der bedrohlichen Realität wieder bewusst wurden, aber immerhin fühlten wir uns zum ersten Mal annähernd sauber.

Nur Reis –
und davon kaum genug

Nach wenigen Tagen auf der Insel gesellte sich Soraya, die Cousine eines der Rebellenanführer, zu uns und übernahm die Rolle der Köchin. Ausgestattet mit einem Topf und einem großen Löffel, bereitete sie uns täglich zwei bis drei Mahlzeiten zu, soll heißen: Sie kochte Reis. Serviert wurde er auf einem Bananenblatt, gegessen wurde auf dem Boden hockend mit den Händen.

Diese Diät war schon eine große Umstellung für uns verwöhnte Touristen. Doch zeitweise kam es noch schlimmer, nämlich dann, wenn der Reis angebrannt war, da das Wasser auch zum Kochen kaum reichte. Und manchmal war noch nicht mal Reis vorhanden, weil die Lieferung vom Militär abgefangen worden war.

Hunger wurde gerade am Anfang unserer Gruppenerfahrung zu einem mühsamen Begleiter und hat uns auf die Zerreißprobe gestellt. Als uns dann die erste Hilfslieferung im Camp erreichte, erhielt sogar jeder einen orangenen Plastikteller in Form eines Frisbee und eine Gabel.

Rückblickend finde ich es fast erstaunlich, dass unsere Notsituation nicht zu Handgreiflichkeiten unter uns Geiseln geführt hat. Der Konflikt bei der Nahrungsverteilung wurde zwar von Wortgefechten begleitet, aber erst später aufgelöst. Zuvor sorgte eine weitere Hilfslieferung für ein wenig Entspannung.

Nach circa zwei Wochen fanden ein paar Kampfrationen vom französischen Militär ihren Weg zu uns. Wir westlichen Geiseln haben uns regelrecht auf die Kekse und Suppen gestürzt. Unsere asiatischen Schicksalsgefährten gingen leer aus. Sie waren gefühlt nicht Teil unseres Teams, weit weg und ohnehin genügsamer, leidensfähiger und ohnehin an Reis gewöhnt, dachten wir in unserer selbstbezogenen Art. Für mich ist dies eines der unrühmlicheren Kapitel unseres unfreiwilligen Gruppenexperiments.

Kein Dach über dem Kopf

Gleich zweimal hat das philippinische Militär Stärke demonstrieren wollen und die Entführer mit uns als menschlichen Schutzschilden unter Beschuss genommen. So mussten wir unser erstes Camp fluchtartig verlassen und wechselten dann unsere Verstecke im Dschungel noch einige Male. Im Gegensatz zur »Crown Plaza« hatten die anderen Camps kein festes oder gar kein Dach. Wir haben auf dem Boden oder auf einer offenen Stelzenplattform aus Bambus geschlafen, der Witterung und den Mücken schutzlos ausgesetzt.

Mit einer deutschen Hilfslieferung erhielten wir dann zwei Überlebenssäcke aus Plastik, die nachts vor dem Auskühlen schützen sollten. Wir waren uns schnell einig, dass wir diese Säcke nicht zum Schlafen für zwei Personen brauchten, da es nachts ohnehin warm war. Darum schnitten wir die Säcke auf und benutzten sie als Dachplane zum Schutz vor Regen. Regen kann zwar ein Segen sein, wenn man danach einen trockenen Platz hat. Muss man jedoch durchnässt die Nacht verbringen, läuft man nicht nur Gefahr auszukühlen, es können sich auch Schimmelkulturen auf der Haut bilden.

Im zweiten Quartier reichte unsere Dachplane kaum aus, um allen halbwegs Schutz vor den regelmäßigen Regenfällen zu bieten. Wir tauften diesen Platz deshalb ironisch »Open Air Camp«. Nur sitzend konnten wir uns alle ins Trockene retten, zumindest von oben, unten lief das Wasser über den Boden und durch unsere Schlafplätze.

So gab es dann einen Kampf um die knappe Ressource

an trockenen Schlafplätzen. Wir diskutierten eine möglichst gerechte Aufteilung und fanden auch irgendwie in den Schlaf. Aber wirklich happy war niemand mit der Situation, denn es gab viele Möglichkeiten und noch mehr Sichtweisen, was eine gerechte Aufteilung betraf. Wer sollte die besten Plätze haben: Ladys first? Oder eher die Schwachen und Kranken? Die, die das Dach errichtet haben? Oder diejenigen, deren Botschaft die Decken gesandt hatten? Oder doch jene, die zuvor irgendwie mal zu kurz gekommen waren?

Bei diesen Konflikten haben wir uns intensiv kennengelernt mit unseren Schwächen und Bedürfnissen, aber auch mit unseren Qualitäten und Charakterstärken. Dies trug dazu bei, dass wir zu einem starken Team wurden.

Streit um kleine »Luxusgüter«

In den ersten Wochen drehten sich die Konflikte innerhalb der Gruppe vor allem um physische Grundbedürfnisse. Mit jedem Paket, das uns dann von Botschaften oder Verwandten gesandt wurde, verbesserte sich unsere Lage. Interessanterweise verbesserte sich die Stimmung in der Gruppe dadurch aber nicht, sondern zeitweise verschlechterte sie sich sogar. Es begann ein Kampf um die kleinen Luxusgüter, die zum psychischen Wohlbefinden beitrugen. Die emotionale Stabilität war in unserer Situation genauso wichtig wie die körperliche. Beides war essenziell für unser Überleben.

Einige unserer späteren Camps lagen unweit von kleinen Flüssen. Hier stellte sich nicht die Frage, ob man sich

Wie aus einer Gruppe ein Team wird

waschen konnte, sondern wie lange. An einer Stelle gab es sogar ein Bambusrohr, aus dem frisches Quellwasser sprudelte. Aber die Zeit für die idyllische Dschungeldusche war begrenzt. Denn bei jedem Marsch außerhalb des Camps befanden wir uns in Gefahr, vom Militär oder einer rivalisierenden Rebellengruppe angegriffen zu werden. Deshalb wurden wir stets von bewaffneten »Bodyguards« begleitet und zur Eile gedrängt. Lange konnte man es am Wasser aufgrund der aggressiven Moskitoschwärme ohnehin nicht aushalten. Und so brach Streit um den Luxus des Duschens aus. Jeder hätte am liebsten zehn Minuten unter dem Rohr gestanden, um endlich einmal unbehelligt von Moskitos das frische Quellwasser und den friedlichen Moment zu genießen.

Diese kleine Flucht aus dem beschwerlichen Dschungelalltag hatte eine wichtige psychologische Wirkung. Umso schwieriger war es aber für die Wartenden. »Mach hin! Ich will auch noch! Ich werde hier total zerstochen!«, lauteten die Vorwürfe an die, die gerade unter der Dusche standen.

Eine wirklich außerirdische Erfahrung war der Streit um das Satellitentelefon. Ja, das gab es tatsächlich. Zumindest an einem Tag im Mai. Journalisten boten uns an, ihr Satellitentelefon für einen Anruf in die Heimat zu nutzen. Der Andrang war verständlicherweise groß. Meine Mutter hat jeden Satz von meinem Bruder Dirk aufgesogen und konnte für den Moment alles um sich herum ausblenden. Ich habe eine Freundin angerufen und konnte endlich einmal selbst unsere Situation schildern, unabhängig von der Interpretation und Übermittlung durch Journalisten. Was wir mit diesen Telefonaten bei unseren Gesprächspartnern emotional anrichteten, davon konnten wir uns kein Bild machen. Für uns zählte nur das Gefühl der Verbundenheit mit der Heimat, das war Gold wert. Einige haben bei diesen Telefonaten völlig das Gefühl für die Zeit verloren. Seppo konnte gar nicht mehr ablassen vom Satellitentelefon, vertieft in ein Gespräch mit zu Hause, bis irgendwann der Akku leer war. Diejenigen, die noch nicht hatten telefonieren können, waren, wie zu erwarten, stinksauer.

Auch banale Gegenstände wie Plastiktüten, Stifte und Blöcke konnten zu Streitigkeiten führen. Die zahlreichen Journalisten, die uns während der Gefangenschaft aufsuchten und interviewten, brachten diese nützlichen Gegenstände mit. Sie ermöglichten uns, Tagebuch und Briefe zu schreiben oder unsere Erlebnisse in Zeichnungen zu dokumentieren und zu verarbeiten. Wer also einen Block und einen Stift besaß, war klar im Vorteil. Wer dann noch eine Plastiktüte hatte, um seine Aufzeichnungen vor dem Regen zu schützen, war der König. Entsprechend neidisch waren jene, die nur einen schlecht schreibenden Stift oder ein Stück Karton besaßen. Und wer einmal erleben musste, wie seine Aufzeichnungen nach einem Regenschauer durchnässt und unwiederbringlich zerstört waren, der hatte wenig Verständnis für denjenigen, der seine vielen Tüten etwa für das Einwickeln von Gummistiefeln verwendete.

Je besser wir also mit Alltagsgegenständen versorgt waren, desto öfter wurde darum gestritten. Es ging immer weniger darum: »Was brauche ich zum Überleben?« und zunehmend um: »Haben die anderen mehr als ich?«. Ganz so wie im vertrauten Alltag, wenn man sich zurückgesetzt fühlt, weil der Nachbar ein größeres Auto fährt oder der Kollege ein Einzelbüro hat.

Wie aus einer Gruppe ein Team wird

Die Konflikte in unserer Gruppe resultierten aus der Angst um das eigene Überleben, aber auch aus Neid und empfundener Ungerechtigkeit. Neiddebatten und Streitereien um Kleinigkeiten mögen vergleichsweise nervig sein und überflüssig erscheinen. Aber sie sind menschlich. Und solange sich Streitereien nicht dauerhaft verfestigen, sondern aufgelöst werden können, tragen sie langfristig sogar zum Teambuilding bei. Die normierende Kraft der Konflikte beschreibt Bruce Tuckman in der dritten Phase, »Norming«, des Teambuilding-Prozesses. Zum Glück haben wir im Dschungel auch diese konstruktive Phase durchlebt, immer und immer wieder.

Inspiration

Verteilungskämpfe gehören zu Teamkonflikten dazu. Es lohnt sich jedoch, genauer hinzuschauen, ob es dabei um die sinnvolle Verteilung von Ressourcen zur Zielerreichung geht oder ob sich gerade ein »Mein, dein«-Gezänk verselbständigt. Bei der Ressourcenverteilung helfen organisatorische Maßnahmen, bei Unrechtsempfinden ist vor allem Mediation gefragt.

Wir wurden ein Team –
trotz und dank der Konflikte
(*Norming* – Kontrakt)

Wir haben Konflikte innerhalb der Gruppe nicht nur beigelegt, sondern sie genutzt, um gemeinsam Normen, Vereinbarungen und Rituale zu etablieren, wie folgende Beispiele veranschaulichen.

Nach einer gewissen Zeit waren die meisten von uns sauer auf Seppo. Es kursierten sogar Spitznamen wie »The Taker«, weil er sich häufig mehr nahm: mehr Wasser, eine längere Duschzeit, das längste Telefonat mit dem Satellitentelefon oder den besten Schlafplatz. Dieses Verhalten wurde als egoistisch empfunden und mit Missachtung oder wütenden Beschuldigungen gestraft. In der vierten Woche berief sein finnischer Kompagnon Risto am Abend eine Besprechung ein. Alle elf Geiseln saßen im flackernden Schein einer Kerze zusammen, und Risto eröffnete das Gespräch in fließendem Englisch mit der Souveränität eines Konzerngeschäftsführers, der er auch war. Er sagte: »Die Spannungen in der Gruppe haben in letzter Zeit zugenommen, und Seppo leidet sehr unter der Ablehnung, die er zu spüren bekommt. Ich bitte um Verständnis und um eure Rücksichtnahme. Nicht jeder kann gleich gut mit der Situation umgehen, in der wir uns alle befinden. Seppo hat panische Angst vor dem Sterben und braucht in seiner Not eben etwas mehr tröstlichen Komfort und vor allem eure Unterstützung. Es tut ihm leid, dass er manchmal so gierig erscheint, aber er kann einfach nicht anders. Und es fällt ihm schwer, sich in die Gruppe zu integrieren, da er schlecht Englisch spricht. Ich bitte euch, das zu verstehen und ihn als Gruppe zu unterstützen.« Daraufhin standen einige von uns spontan auf und nahmen Seppo in den Arm, was ihn zu Tränen rührte. Anschließend hat die ganze Gruppe für ihn »Happy Birthday« gesungen – das einzige Lied, dessen Text wir alle kannten. Die Franzosen haben noch dazu eine »Peace-Pizza« für alle spendiert, die sie von französischen Journalisten bekommen hatten. Nicht nur war die Gruppenstimmung plötzlich auf einem Zwischenhoch, auch war eine Norm für das Team etabliert: »Einige sind schwächer als andere und benötigen mehr Hilfe und Ressourcen.« Vorher galt die ungeschriebene Regel: »Wir sind alle in derselben Situation, und daher bekommt jeder das Gleiche.«

Bei Geld hört die Freundschaft auf

Es klingt verrückt, aber irgendwann kamen wir mitten im Dschungel in den Besitz von Bargeld. Journalisten drückten uns beim Abschied Peso-Scheine in die Hand. Nicht als Dankeschön für ein Interview, sondern als ernst gemeinte Unterstützung. Damit konnten wir tatsächlich Gegenstände und Lebensmittel einkaufen und unseren Lebensstandard deutlich verbessern. Erstaunlicherweise wurde dies von den Entführern geduldet. Wir durften das Geld behalten und für unsere Zwecke verwenden.

Französische Reporter waren die ersten Geldspender und folglich die französischen Geiseln die ersten Geldempfänger. Die meisten von uns haben nur durch Zufall davon erfahren, als die Franzosen mit wenigen Auserwählten plötzlich mit einer Cola an einem »Kiosk« im Dschungel standen. Die lokale Bevölkerung wollte vom journalistischen Geiseltourismus profitieren, schaffte Softdrinks und Bonbons aus den umliegenden Dörfern herbei und bot sie an improvisierten Bambusverkaufsständen feil. Warme Kaltgetränke waren nicht gerade prickelnd, aber dennoch ein Geschmackserlebnis, das einen für wenige Gefühlsmomente in die Zivilisation zurückkatapultieren konnte, und damit von einem nicht zu unterschätzenden psychologischen Wert.

Es war nicht der erste Fall von ungerechter Güterverteilung. Fast jeder von uns hat zu irgendeinem Zeitpunkt etwas von den Hilfslieferungen, die er von seiner Botschaft oder Journalisten erhalten hatte, an die Seite gebracht. Aber mit Geld erreichte die Ungerechtigkeit eine neue Dimension. Denn hier ging es nicht mehr nur darum, wie die vorhandenen Güter verteilt werden, sondern wofür wir Geld ausgaben, welche Prioritäten wir setzten.

Erneut gab es heftige Diskussionen entlang der nationalen Grenzen der Geldbesitzer und der Nicht-Geldbesitzer. Das war unschön, aber auch klärend. Denn wir einigten uns darauf, zumindest einen Großteil des Geldes zu vergemeinschaften und für Grundnahrungsmittel und Grundausstattung zu verwenden. Also Gemüse, Fisch und Seife für alle statt Cola und Bonbons für wenige. Das hat nicht nur die Stimmung insgesamt verbessert, sondern auch die Versorgungslage. Alle paar Tage haben wir auf einem Zettel das Gewünschte zusammengetragen und diese Bestellung mit dem nötigen Geld an Zivilisten übergeben, die mit den Rebellen sympathisierten, uns im

Camp besuchten und die Dinge auf dem Markt für uns besorgten.

Unsere Vereinbarung über das gemeinsame Geld hat zwar nicht immer problemlos funktioniert – vor allem, wenn es knapp wurde –, aber wir hatten uns zumindest auf eine Regel geeinigt, auf die wir uns dann in den Diskussionen beziehen konnten. Allein die Existenz einer Regelung ist schon ein wichtiger und hilfreicher Schritt auf dem Weg von einer Gruppe hin zu einem Team.

Rollen, Rituale und eine gemeinsame Tagesstruktur

Kleinere Auseinandersetzungen gab es auch immer wieder um die Frage einer gerechten Verteilung der täglichen Aufgaben. Doch mit der Zeit entwickelten sich Rollen, Rituale und Strukturen, die den Dschungelalltag für alle erleichterten. Kleingruppen von drei bis vier Personen, also meistens zwei Nationalitäten, haben sich zusammengetan, um den täglichen Gang zum Wasser effizienter zu gestalten. Abwechselnd sind jeweils zwei von uns losgegangen, um Kleidung, Teller und Besteck für die Kleingruppe zu waschen und frisches Trinkwasser zu holen. Das war eine echte Erleichterung, da der meist steile Weg zum Wasser rutschig, beschwerlich und bisweilen gefährlich war.

Einige von uns haben auch Aufgaben für die gesamte Gruppe übernommen, beispielsweise die Essensbestellung, das Kochen, die Essensausgabe und die Lagerung und Verteilung der Medikamente. Diese Rollenaufteilung war nicht nur effizienter als die Aufgabenbewältigung im

Parallelbetrieb. Sie war auch ein Ausdruck dafür, dass wir gegenseitiges Vertrauen aufgebaut hatten. Das hat den Gemeinschaftssinn gestärkt.

Außerdem hatten wir nun einen mehr oder weniger geregelten Tagesablauf. Und es gab Rituale, auf die man sich verlassen und freuen konnte. Ich erinnere mich noch gut an Ristos morgendlichen Ruf, sobald das Teewasser kochte: Mit »Cups pleeeeease!« weckte er auch die letzten Schläfer und forderte uns auf, ihm unsere leeren Becher zu reichen, damit er sie mit heißem Wasser füllen konnte zur Zubereitung von Tee oder Instantkaffee. Auch das abendliche Ritual einer Gebetsrunde hat immer wieder größere Teile der Gruppe vereint, angeregt und geleitet von unserem gläubigen und charismatischen Gefährten Callie aus Südafrika.

Eine abgestimmte Kommunikationsstrategie

Gleich bei unserem ersten Kontakt mit der Außenwelt kam es zum Eklat innerhalb der Gruppe. Eine philippinische Journalistin erreichte unser Camp am siebten Tag unserer Geiselhaft und fragte uns: »How do you feel?« In unserer Situation wirkte diese Frage fast provozierend, und am liebsten hätte ich sarkastisch geantwortet: »Oh, great, thank you, we are having a great time!« Aber hier galt es, die Chance zu nutzen, um die Außenwelt auf unsere Notsituation hinzuweisen und die Verhandlungen um unsere Freilassung zu befeuern.

Der Reihe nach sprachen wir deshalb dramatische Appelle in die Kamera, wie ich zum Beispiel: »My Name is Marc Wallert from Göttingen. Please stop all military action and get us out of here as soon as possible!« Irgendwann kam Monique aus Südafrika an die Reihe und schmetterte ein albernes »It's not as bad as it seems« in die Kamera. Es war nicht nur eine emotionale Überreaktion, sondern auch der Versuch, ihre Eltern auf diesem Weg ein wenig zu beruhigen.

Gut gemeint, aber schlecht gemacht, befanden alle anderen Geiseln. Denn was würde die Außenwelt denken? Dass alles nicht so schlimm war? Dass sie alle Zeit der Welt hätten, uns hier rauszuholen? Wir waren uns schnell einig, dass wir derlei Statements künftig unterlassen mussten. Stattdessen mussten wir immer wieder auf den Ernst unserer Lage hinweisen, um den Druck auf die Verhandlungen aufrechtzuerhalten, indem wir zum Beispiel auf den kritischen Gesundheitszustand meiner Mutter verwiesen. Damit hatten wir eine Kommunikationsnorm etabliert und gleichzeitig meiner Mutter die Rolle als schwache Geisel zugewiesen.

Als wir nach drei Monaten immer noch in Gefangenschaft waren und unsere Appelle gefühlt wirkungslos blieben, änderten wir unsere Strategie. Nach unzähligen folgenlosen Interviews beschlossen wir mehrheitlich, keine Interviews mehr zu geben und die anreisenden Journalisten zu ignorieren. Eine Art Geiselstreik. Nicht dass sich jeder von uns zu jedem Zeitpunkt daran gehalten hätte. Aber Streikbrecher konnten sich des Grolls der übrigen Geiseln sicher sein, was auch mein Vater einmal zu spüren bekam.

Als auch diese Strategie nicht fruchtete, brachten Callie und Monique Hungerstreiks ins Gespräch. Es gab eine wilde Diskussion. Einige wollten damit den Druck auf die Verhandlungen erhöhen. Andere dagegen fanden es angebrachter, sich fit zu halten für einen möglicherweise noch langen Aufenthalt im Dschungel. Hier gab es keine Einigung, aber immerhin eine Gruppendiskussion und ein gutes Maß an gegenseitiger Toleranz.

Das Thema Hungerstreik betraf jedoch die Gruppe als Ganzes, da wir immer wieder mit der Option »Flucht« liebäugelten, für die wir alle sehr fit hätten sein müssen. Denn wir hätten alle zusammen fliehen müssen. Sonst wäre das Leben der Verbliebenen bedroht gewesen durch einen möglichen Racheakt der Entführer.

Kooperation oder Konfrontation?

Eine grundsätzliche und kritische Entscheidung war, wie wir mit unseren Entführern umgehen sollten. Sollten wir kooperieren oder in Konfrontation gehen? Wir haben uns gleich zu Beginn darauf verständigt, ein gutes Verhältnis zu unseren Entführern aufzubauen, um die Hemmschwelle für drohende Enthauptungen oder Misshandlungen zu erhöhen. Noch auf dem Boot von Malaysia auf die Philippinen sagte man uns: »You are only our instruments.« Zuerst dachten wir: Okay, sie haben also nichts gegen uns persönlich, das ist beruhigend. Aber schnell wurde uns klar: Wenn wir nur Instrumente sind, dann werden sie gegebenenfalls nicht zögern, uns zu enthaupten, um ihre Forderungen durchzusetzen. Wir mussten unbedingt von Instrumenten zu Individuen werden und begannen deshalb schon früh, Sympathien für uns einzuwerben.

Die meisten von uns bauten eine persönliche Beziehung

zu ihren jeweiligen »Bodyguards« auf, die als Bewacher für unsere Sicherheit zuständig waren und unsere Flucht verhindern sollten. Dabei ging es um kleine Vorteile im Alltag, einen extra Gang zum Wasser oder eine Information zum Stand der Verhandlungen um unsere Freilassung. Aber vor allem ging es darum, Vertrauen und Nähe zu uns aufzubauen und uns im Ernstfall auch vor der Willkür anderer Rebellen zu schützen.

Dieses Verhalten wurde häufig als emotionale Annäherung an unsere Entführer fehlinterpretiert. Dabei wurde auf das sogenannte Stockholm-Syndrom verwiesen, benannt nach einer Geiselnahme 1973 in Schweden, bei der sich einige Geiseln in ihre Entführer verliebt und sich nach ihrer Freilassung für sie eingesetzt hatten.

Doch in unserem Fall haben wir unsere Entführer zu keinem Zeitpunkt geliebt. Es war eher umgekehrt: Einige jüngere Rebellen sahen in mir ein Vorbild, das sie verehrten. Besonders beeindruckt hat sie meine Körpergröße von 1,90 Meter und meine lange Narbe am Arm. So kam ich zu den Rufnamen »Hero« oder »Idol«. Ähnlich erging es Sonia, die mit ihren blonden Haaren ein Schönheitsideal verkörperte und besonders von der weiblichen Inselbevölkerung bewundert wurde.

Unser kooperatives Verhalten war nicht krankhaft, kein Syndrom, sondern ein pragmatischer Umgang mit der Tatsache, dass unser Leben in der Hand bewaffneter Menschen lag. Zum Glück waren unsere Entführer nicht alle blind vor Hass, sondern einige auch freundlich und hilfsbereit. Zum Beispiel Mohammad, der »Bodyguard« meiner Mutter, der sie über viele Kilometer auf einer Trage durch den Dschungel transportierte, nachdem sie kollabiert war. Er stand ihr auch in kritischen Alltagssituationen immer wieder zur Seite. So hat er etwa jüngere Rebellen in die Schranken gewiesen, wenn sie in unmittelbarer Nähe unseres Camps aus lauter Spaß in die Luft schossen und damit bei meiner Mutter einen Nervenzusammenbruch auslösten.

Mohammad war ein kampferprobter Krieger von beeindruckender Statur. Umso erstaunlicher war es, wie rührend er sich um das Wohl meiner Mutter sorgte. Als er von der geglückten Freilassung meiner Mutter erfuhr, vergoss er Freudentränen. Dennoch war er mitverantwortlich dafür, dass wir uns in einer lebensgefährlichen Situation befanden. Die Welt ist eben nicht schwarz-weiß.

Eine Konfrontation mit unseren Entführern war lebensgefährlich. Das wurde uns deutlich vor Augen geführt, als Stéphane die Nerven durchgingen. Sihata, der Onkel eines Rebellenführers, kam eines Tages mit einer Kamera zu uns ins Camp und fing unvermittelt an, Fotos von uns zu machen. Stéphane, ohnehin ein impulsiver Typ, war gerade dabei, sich umzuziehen. Als er Sihata bemerkte, schrie er ihn wütend und wild gestikulierend an: »We are not animals! Do you understand that?« Es folgte ein lautes Wortgefecht, bis Sihata davonrannte, um kurz darauf mit seiner Waffe zurückzukehren. Er schrie: »Do you want to die?«

An diesem Abend haben wir Geiseln noch lange über diese brenzlige Situation geredet. Am Ende waren wir uns einig: So schwer es uns auch fiel, wir mussten uns den Entführern gegenüber kooperativ erweisen, denn sie hatten nun mal die stärkeren Argumente: ihre Waffen.

Wie aus einer Gruppe ein Team wird

Familienstrukturen
auf den Kopf gestellt

Meine persönliche Entführungserfahrung war nicht zuletzt auch von der ungewohnten räumlichen Nähe zu meinen Eltern geprägt. Die Jahre zuvor hatten wir uns nur selten gesehen, da ich nach meinem Zivildienst zu Hause ausgezogen war und die folgenden sieben Jahre im Ausland studiert und gearbeitet hatte. Der als ein Wiedersehen gedachte gemeinsame Urlaub wurde zu einer Monate währenden Wohngemeinschaft, in der man noch nicht einmal eine Tür schließen konnte.

Das war eine Herausforderung der besonderen Art. Für meine Eltern war es insofern belastend, weil sie ihrem Sohn nicht wirklich helfen konnten. Im Gegenteil. Meine fürsorgliche Mutter war plötzlich auf die Hilfe ihres Sohnes angewiesen. Diese Umkehr der familiären Strukturen findet zwar früher oder später in allen Familien statt, aber meistens in einem jahrelangen Prozess. Meine Mutter hingegen wurde sozusagen über Nacht von einer fürsorglichen Powerfrau zu einem zeitweiligen Pflegefall. Zwar hat mein Vater den größten Teil an Unterstützung geleistet, da Marie mein »Buddy« war, wie man beim Tauchen so schön sagt. Aber nach etwa vier Wochen fiel auch mein Vater für mehrere Tage aus, weil er sich eine schwere Entzündung durch eine Handverletzung zugezogen hatte und mit über 39 Grad Fieber darniederlag.

Für mich bedeutete das eine zusätzliche körperliche Belastung, denn nun hatte ich Wassergänge für drei Personen in einem Camp mit besonders schwierigem Zugang zum

220 STARK DURCH KRISEN IM TEAM

nächstgelegenen Fluss zu leisten. Zugleich war es eine psychische Herausforderung, plötzlich für das Wohlergehen meiner Eltern verantwortlich zu sein. Die Familienstrukturen waren auf den Kopf gestellt, und erst nach einigen schwierigen Momenten hatten wir uns damit arrangiert.

Einer dieser Momente war, als ich mich über das Chaos in unseren Reissäcken aufregte. Meine Mutter hatte ein offenes Zuckertütchen im Kleidersack deponiert, sodass es zwischen unseren Wechsel-T-Shirts von Ameisen wimmelte. Ab sofort übernahm ich die Organisation unserer Reissäcke. Die strikte Sortierung der wenigen Habseligkeiten war immens wichtig für unser Wohlbefinden, auch wenn es nach hiesigem Maßstab eher wie Mülltrennung anmutete.

Als mein Vater wieder fit war, haben wir die Aufgaben neu verteilt. Und auch meine Mutter hat in besseren Phasen kleine Aufgaben der Haushaltsführung übernommen. Wir haben die Aufgabenverteilung immer wieder neu kalibriert und damit im Familienteam dieselben Phasen durchlaufen wie in der gesamten Geiselgruppe: *Forming, Storming, Norming, Performing*. Das war zwar anstrengend, aber wichtig und am Ende erfolgreich. So schwierig diese gemeinsame familiäre Erfahrung war, wir waren ein starkes Team, wie auch in Freiheit, nur anders.

Die Gruppendynamik innerhalb der Geiselgruppe zerrte an unseren Nerven. Aber am Ende ist immer etwas Wertvolles für die Gruppe daraus entstanden. Zum Beispiel die Klärung, wie wir sinnvoll miteinander kooperieren konnten, um unser gemeinsames Ziel »Freiheit« zu erreichen. Heute weiß ich, dass wir nicht nur trotz, sondern dank unserer Konflikte ein erfolgreiches Team waren.

Längst nicht alle Konflikte innerhalb der Gruppe waren konstruktiv. Einige von uns konnten sich gegenseitig nicht ausstehen und überhäuften sich mit Vorwürfen. In meiner informellen Diplomatenrolle habe ich zwar versucht zu vermitteln, letztlich war ich aber selbst nicht unparteiisch und darum nur bedingt glaubwürdig.

Im Businesskontext wäre dies ein klassischer Fall für einen Moderator. Auch ich habe als Führungskraft einmal einen externen Coach zur Moderation eines Teamkonflikts hinzugezogen. Am Ende haben sich zwar nicht alle in den Armen gelegen, aber zumindest hatte jeder Verständnis für die Sichtweise und die Qualitäten der anderen, und allein das war schon hilfreich. Im Dschungel hätte uns ein extern moderierter Teamworkshop mit Sicherheit auch geholfen, aber das wäre zu viel verlangt gewesen. Letztendlich haben wir uns den Umständen entsprechend als Team auch so recht gut geschlagen.

Inspiration

Allein schon das Wissen darum, dass Konflikte zum Teambuilding dazugehören, hilft den Beteiligten, im Eifer des Gefechts nicht den Kopf zu verlieren. Führungskräfte sollten sich daher gerade bei heterogenen Teams im Klaren darüber sein, dass Konflikte nicht nur zu erwarten, sondern auch sinnvoll sind. Auch für das Team selbst kann dieses Wissen hilfreich sein, spätestens dann, wenn es sich im emotionalen *Storming*-Modus befindet.

Das wissen auch Geistliche, wenn sie das Brautpaar mit den Worten »in guten wie in schlechten Zeiten« in ihre

Zukunft entlassen – denn eine Ehe ist eine Abenteuerreise, bei der man zusammenhalten muss. Es ist gut, vorher zu wissen, dass Konflikte zu einer Ehe dazugehören. Das erhöht die Chancen für eine lange und lebendige Verbindung, in der man sich beim ersten Streit nicht gleich trennt.

Funktionieren als Team
(*Performing* – Kooperation)

Wir haben vielleicht nicht immer harmoniert, aber wir haben funktioniert. Und wir waren ein erfolgreiches Team, denn unser oberstes Ziel haben wir erreicht: Alle Geiseln haben die Entführung überlebt, auch und gerade, weil wir in den entscheidenden Momenten als Team zusammengehalten haben.

Im Dschungelalltag haben wir uns das Leben erleichtert und Synergien genutzt, indem wir zum Beispiel Aufgaben für die Gemeinschaft bündelten. Wir einigten uns auf Verhaltensregeln, die weitgehend einer gemeinsamen Überlebensstrategie dienten, und stimmten unsere Kommunikation nach außen ab, um nicht gegeneinander zu arbeiten. Natürlich wurden Vereinbarungen nicht immer eingehalten, diskutiert und aktualisiert. Aber genau darin lag eine unserer wesentlichen Stärken. Funktionierende Teams und Beziehungen zeigen sich eben nicht darin, dass sie sich nicht streiten, sondern darin, dass sie in Kontakt bleiben und um Lösungen ringen – »in guten wie in schlechten Zeiten«. In extremen Situationen fällt es meistens leichter, über den eigenen Schatten zu springen und auch mal jemandem zu helfen, auf den man kurz zuvor noch wütend war.

Es gab mehrere Selbstmordversuche innerhalb der Geiselgruppe. Einige wollten sich mit einer Überdosis Beruhigungsmittel das Leben nehmen. Eine Geisel ist sogar mit einem Messer in der Hand in den Dschungel gelaufen, um sich die Pulsadern aufzuschneiden. Doch jedes Mal erkannte einer aus der Gruppe die Gefahr rechtzeitig und konnte das Schlimmste verhindern. In einer Situation erfuhr ich die überlebenswichtige Kooperation gleich in zwei Rollen, als Helfer und als derjenige, dem geholfen wurde.

Es war der vierzehnte Tag unserer Gefangenschaft, der Gesundheitszustand meiner Mutter war besonders kritisch. Nur vier Tage zuvor wurden wir zum ersten Mal vom philippinischen Militär beschossen und mussten in ein neues Versteck flüchten. Es war brütend heiß, und wir hatten kaum zu trinken. Auf dem langen Nachtmarsch ist meine Mutter kollabiert und konnte nicht mehr laufen. Als wir in unserem »Open Air Camp« ankamen, fiel sie in einer Hängematte in einen komatösen Schlaf. Ich war froh, dass sie nach den Strapazen schlafen konnte. Doch nach einigen Stunden begann ich, mir Sorgen zu machen, sie war bewusstlos und hatte schon zu lange nichts mehr getrunken. Ich befürchtete, dass sie dehydrierte. Deshalb versuchte ich, sie aufzuwecken, um ihr Wasser einzuflößen. Sie kam nur schwer zu Bewusstsein und war zu schwach, um sich aufzurichten. Im Liegen versuchte ich, ihr aus der unhandlichen Gallone Wasser einzuflößen. Dabei verschluckte sie sich.

Wenig später sagte sie zu mir: »Ich will nicht mehr«, und ich verstand, dass sie nicht das Wasser meinte, sondern das Leben. Sie hatte sich aufgegeben, ich wollte das aber nicht akzeptieren. Ich war verzweifelt. Entsprechend erleichtert war ich, als wenig später eine Ärztin auftauchte, auf deren Besuch wir insistiert hatten. Die Freude währte nur kurz, denn die Ärztin versuchte vergeblich, meiner Mutter eine Infusion anzulegen, und sagte schließlich: »I have to leave the Camp now, it is getting dark soon.«

Wir reagierten fassungslos, doch sie beruhigte uns mit dem Hinweis, einer der Rebellen sei in der Lage, eine Infusion zu legen. Tatsächlich begann einer der Rebellen, wild mit einer Infusionsnadel im Handrücken meiner Mutter herumzustechen. Meine Mutter schreckte hoch vor Schmerz und verschluckte sich erneut so sehr, dass sie keine Luft mehr bekam. Während der gesamten Entführung war das der schlimmste und einzige Moment, in dem ich nicht mehr funktionierte. Hilflos rannte ich in die Richtung, in welche die Ärztin verschwunden war, und schrie: »Get back the fucking doctor or we will carry my mother out of here!« Ich war wild entschlossen, meine Mutter zu retten und dafür jedes Risiko in Kauf zu nehmen.

Mehrere Rebellen stellten sich mir in den Weg und machten mir mit Waffen und Handschellen klar, dass sie mich eher töten als laufen lassen würden. Verzweifelt schrie ich sie an und tat schließlich das, was sie von mir verlangten. Ich setzte mich hin, mitten auf den Weg. Und weinte. Mehrere Geiseln tauchten auf und beschwichtigten die Rebellen. Was mich sehr berührte, war, dass ausgerechnet Stéphane, sonst eher der aggressive Typ, beruhigend auf mich einredete und mir sagte, dass meine Mutter wieder atmen und trinken könne. In meiner Abwesenheit hatte Marie meine Mutter Mund zu Mund beatmet und so ein Ersticken verhindert. Damit war auch Marie über ihren Schatten gesprungen, denn zu diesem Zeitpunkt war sie nicht gut auf meine Mutter zu sprechen.

Wenn es darauf ankam, hat das Team stets funktioniert. Als Gruppe waren wir mehr als die Summe der Einzelnen. Wir haben immer wieder kooperiert. Und zwar insbesondere dann, wenn die Situation kritisch war. Je besser die Situation war, desto destruktiver waren die Gruppenkonflikte. Zum Ende der Gefangenschaft hin war die Versorgungslage deutlich angehoben. Wir hatten ausreichend Essen und Alltagsgegenstände zum Überleben und damit auch mehr Zeit und Energie für Streitereien um Kleinigkeiten, wie etwa die gerechte Verteilung von Müsliriegeln.

Ähnliche Phänomene habe ich auch als Führungskraft beobachtet. Die Ausstattung des Arbeitsplatzes ist dafür ein typisches Beispiel. Ab einem bestimmten Punkt ging es weniger um die Frage, ob ein größerer Bildschirm zur Erledigung der Aufgaben sinnvoll ist, sondern darum, dass der Kollege einen zur Verfügung hatte. Es ging also um Status und weniger um Praktikabilität. Das ist menschlich zwar nachvollziehbar, aber Gift für die Stimmung und Kooperationsbereitschaft im Team. Manchmal ist weniger tatsächlich mehr. Man sollte nicht davon ausgehen, dass verbesserte Umstände automatisch zu einem besseren Gruppenergebnis führen.

Wir waren ein erfolgreiches Team, auch wenn wir das vielleicht nie so empfunden haben. Jedes Team sollte von Zeit zu Zeit seine Erfolge feiern. Aber uns Geiseln war damals zum Feiern nicht zumute. Zu sehr waren wir gefangen in der Angst vor der ungewissen Zukunft, zu gestresst von den täglichen Herausforderungen und Konflikten, um dann die gemeinsam geschlagenen Schlachten zu feiern.

Innehalten und Erfolge feiern – das ist wichtig, gerade in Zeiten großer Belastungen. Was uns im Dschungel kaum möglich war, wird im Businessalltag häufig vergessen und übergangen. Als Berater bei PwC habe ich ein positives Beispiel erlebt. Mit einem zwanzigköpfigen Beraterteam waren wir seit über einem Jahr bei einem Kunden vor Ort, um ein IT-Investitionsvorhaben im Wert von einer Milliarde Euro zu managen. Wir befanden uns im Dauerstress, da wir mit ständig wechselnden Kundenwünschen konfrontiert waren, die wir in Nachtschichten bewältigen mussten. Die Stimmung im Team schwankte zwischen Panik und Frustration, weil wir gefühlt ständig nur Buschfeuer austraten und nicht von der Stelle kamen. Die Fluktuation im Team war gewaltig, ständig mussten erschöpfte Teammitglieder ersetzt werden. Mitten im Gefecht kündigte sich der übergeordnete Seniorpartner aus Belgien zu Besuch an. Wir befürchteten, dass er noch mehr Druck machen und uns mit Durchhalteparolen motivieren wollte. Doch es kam ganz anders. Alle Berater wurden für einen halben Tag in die PwC-Zentrale zu einer »important message« eingeladen.

Der Seniorpartner hatte uns eine wirklich wichtige Botschaft mitzuteilen. Souverän beschrieb er die Situation, die wir täglich beim Kunden erlebten, und ordnete sie in einen größeren Kontext ein: »Ihr befindet euch in der schwierigsten Projektphase, beim schwierigsten Kunden im gesamten Kundenportfolio. Ihr macht einen sensationell guten Job, und siebzig Prozent der Arbeit liegen bereits hinter euch.«

Jeden seiner Sätze belegte er mit Zahlen, Daten und Fakten. Am Ende der Veranstaltung wussten wir, wofür wir kämpften, welche Meilensteine wir bereits erreicht hatten und wann die Schlacht geschlagen sein würde. Es war extrem motivierend, dass unsere Leistung erkannt und wertgeschätzt wurde. Aber vor allem war es beruhigend, die eigene Leistung einschätzen zu können, und es tat ungemein gut, den Erfolg gemeinsam zu feiern.

Inspiration

Droht das Team im operativen Alltagsgeschäft unterzugehen und den Kopf zu verlieren, dann hilft: Raus aus dem Tagesgeschäft, innehalten, orientieren und Erfolge feiern. Gerade wenn es vor lauter Panik und Hektik heißt: »Wir haben keine Zeit!«, ist es geboten, sich Zeit zu nehmen.

Zusammengeschweißt durch die Not, aber nicht für immer
(*Adjourning* – Auflösung)

Viele vermuten, wir Geiseln seien eine eingefleischte Schicksalsgemeinschaft geworden, die sich bis heute im regen Austausch befindet. Das ist jedoch nicht der Fall, zumindest nicht für die gesamte Gruppe. Die Zeit im Dschungel hat uns einander zwar so nah gebracht, wie man sich unter normalen Bedingungen kaum kommt und es auch nicht wirklich möchte. Doch danach ist jeder von uns in seine Heimat und in sein Leben zurückgekehrt.

Der Kontakt untereinander hat mit den Jahren nachgelassen, was auch nicht verwunderlich ist, da uns außer Tauchen nicht viel verbunden hat. Die Ausnahmesituation, die uns zusammengebracht hat, liegt mittlerweile zwanzig Jahre zurück und war mit unserer Freilassung im Wesentlichen zu Ende. Die meisten waren froh, sich nicht mehr mit den anderen arrangieren zu müssen. Nicht jeder von uns hat jeden gemocht, und daran hat sich auch in Freiheit nichts geändert. Einige haben nach der Freilassung sich ihren Ärger über andere Schicksalsgefährten von der Seele geschrieben und auf diese Weise ihre Erlebnisse verarbeitet. Unsere asiatischen Mitgefangenen waren wenig interessiert, nach der Freilassung zu uns westlichen Geiseln den Kontakt zu suchen, was ich gut nachvollziehen kann.

In Einzelfällen sind auf Jolo aber auch Freundschaften entstanden, die bis heute andauern. Callie und Monique hatten während der Gefangenschaft den Plan, einmal Nachwuchs zu bekommen, und Marie wurde später die Patentante ihres Sohnes. Eine unverbrüchliche Schicksalsgemeinschaft ist jedoch nicht entstanden, und es gab bislang auch kein Jahresgedenktreffen oder eine gemeinsame Freiheitsparty.

Ich habe kurz nach meiner Freilassung Marie in Paris und Callie und Monique in Südafrika besucht und bin seitdem mit ihnen in gelegentlichem E-Mail-Kontakt. Letztes Jahr habe ich meine finnischen Schicksalsgefährten in Helsinki besucht, um zu erfahren, wie es ihnen seit der Freilassung ergangen ist. Das war ein sehr herzliches Wiedersehen nach 19 Jahren. Und auch sehr aufschlussreich. Ich habe erneut festgestellt, dass jeder mit dieser Erfahrung anders umgegangen ist und sie durchaus auch

Wie aus einer Gruppe ein Team wird

schöne Blüten getrieben hat. Seppo zum Beispiel hat seine Erfahrungen schon während der Entführung in Zeichnungen verarbeitet. Nach seiner Freilassung hat er sich stark mit dem Ausdruck von Gefühlen wie Angst in der Kunst beschäftigt und ist heute der Experte und Sammler für zeitgenössische Kunst in Finnland.

Die Auflösung eines Teams ist die fünfte und letzte Phase im Verlauf der Teamentwicklung und wichtig, um die Ergebnisse nachhaltig nutzen zu können. Im hektischen Businessalltag kommt diese Phase oft zu kurz.

Sinnvoll ist es aber, Projektteams aufzufordern, die Ergebnisse ihrer Arbeit zu dokumentieren, bevor sie sich wieder im üblichen Tagesgeschäft verlieren. Ich erinnere mich noch genau an einen bestimmten Moment in Luxemburg, als wir nachts mit fünf Beratern im Büro saßen, um einen 150-seitigen Vorstandsbericht für unseren Kunden fertigzustellen. Morgens um drei Uhr waren wir endlich fertig, unser Projektleiter meinte: »So, der erste Monatsbericht für den Vorstand ist nach zwei Monaten Schwerstarbeit fertiggestellt. Gratuliere! Danke! Bevor ihr jetzt tot ins Bett fallt, legt bitte noch alle Dateien in einer Ordnerstruktur im Netzwerk ab!« Ich antwortete fassungslos: »Wie bitte? Das dauert mindestens noch eine Stunde! Es ist drei Uhr! Können wir das nicht morgen machen?« Darauf antwortete er bestimmt: »Nein. Genau diesen Fehler werden wir vermeiden. Denn morgen verlieren wir uns im Tagesgeschäft, und beim nächsten Vorstandsbericht fangen wir wieder von vorne an. Chaos, Stress und Nachtschichten wären programmiert.« Das war eine harte, aber gute Lektion in Sachen »Projektabschluss und Dokumentation«.

In den letzten Wochen unserer Gefangenschaft haben wir mit Hingabe das getan, was im Businessalltag oft zu kurz kommt: Wir haben unsere Erfahrungen dokumentiert, mit Kameras und in Tagebüchern. Zugegeben, wir hatten auch deutlich mehr Zeit. Und es tat gut, an die Zeit nach der Freilassung zu denken, die nach und nach erfolgte. Nach den ersten Freilassungen war die Freiheit für uns zum Greifen nah, das Ende unserer gemeinsamen Zeit war absehbar. Wir tauschten Kontaktdaten und machten auch Abschiedsbilder von der verbliebenen Geiselgruppe. Die Reihenfolge, in der wir nacheinander freikamen, haben wir von wenigen Ausnahmen abgesehen hingenommen und uns mit denen gefreut, die das Camp Richtung Freiheit verließen.

Die meisten westlichen Geiseln haben während der Gefangenschaft Tagebuch geschrieben und es nach ihrer Freilassung als Buch veröffentlicht. Die Titel reichen von *Horror im Tropenparadies* von Werner Wallert, meinem Vater, *Shooting the moon* von Callie und Monique, *Jolo* von Seppo und Risto, *Otage à Jolo* (Geisel auf Jolo) von Stéphane bis *Mon père m'attendait à Manille* (Mein Vater wartete in Manila auf mich) von Marie.

Es ist sehr interessant, wie unterschiedlich jeder von uns die Zeit auf Jolo erlebt und verarbeitet hat. Die chronologischen Ereignisse und Fakten stimmen weitgehend überein, die Bewertung von anderen Mitgefangenen und Situationen aber ist sehr unterschiedlich und spiegelt den Charakter des jeweiligen Verfassers wider, von frustriert bis versöhnlich, von reflektiert bis impulsiv, von rational bis spirituell.

Mit der Akribie eines Ethnologen habe auch ich meine

Beobachtungen während der Gefangenschaft auf Hunderten von Seiten notiert, nicht im Hinblick auf eine spätere Veröffentlichung, sondern um mich an meine Erlebnisse erinnern zu können. Einmal habe ich zum Beispiel auf mehr als zwanzig Seiten jeden einzelnen Schritt und Moment des Tages notiert, um später nachvollziehen zu können, wie wir uns im Alltag gefühlt und verhalten haben.

Heute, zwanzig Jahre später, erkenne ich den Wert meiner Aufzeichnungen von damals und kann sie in einen größeren Kontext einordnen. Ich habe emotional Abstand und verstehe, warum ich die Entführung so gut überstanden habe. In meinem privaten und beruflichen Alltag habe ich immer wieder Parallelen zu meinen Dschungelerfahrungen erkannt, so konnte ich von meinen Erlebnissen auf Jolo profitieren. Für mich ist die Zeit nun reif, meine Erfahrungen mit anderen Menschen zu teilen.

Inspiration

Gerade in oder unmittelbar nach schwierigen Erfahrungen und Projekten fehlen oft die Kraft und die Zeit für eine Dokumentation. Aber es lohnt sich, denn später lassen die Erinnerungen nach, Zusammenhänge werden vereinfacht oder gar verdreht, und wichtige Erkenntnisse für die Zukunft gehen damit verloren. Daher hilft es, besonders in stürmischen Zeiten zu dokumentieren, sei es im privaten Tagebuch oder in der Projektdatenbank.

Erfolgsfaktoren eines agilen Teams in der VUCA-Welt

Ich habe mich immer gefragt, wie es eine so bunt zusammengewürfelte Gruppe unter dermaßen widrigen Umständen schaffen konnte, relativ gut und erfolgreich zu kooperieren. Wie gesagt, es gab Streit und Konflikte, aber die waren Teil des Prozesses und eine wichtige Voraussetzung für das Teambuilding. Darüber hinaus gab es Faktoren, die wesentlich zum Erfolg beigetragen haben und über die ich später in einem Wirtschaftsartikel mit der Überschrift »Agile Teams in der VUCA-Welt« gelesen habe. Agil? VUCA? Diese Begriffe kannte ich bis dahin nicht. Der Inhalt jedoch war mir verblüffend vertraut, er traf auch auf unsere damalige Situation zu und die Art und Weise, wie wir mit ihr umgegangen sind.

Eine unsichere, komplexe und schnelllebige Zeit fordert dazu heraus, agil und flexibel zu reagieren. Dezentrale, selbstverantwortliche und interdisziplinäre Teams sind dafür in besonderer Weise geeignet. So etwa lässt sich ein Konzept zusammenfassen, das in den letzten Jahren mit den Begriffen »VUCA« und »Agilität« Einzug in die Managementliteratur gehalten hat. Für mich stehen diese Begriffe sowohl für unsere Dschungelerfahrungen als auch für unsere Erfolgsfaktoren als Team. Denn auch im Job habe ich immer wieder festgestellt, dass sich die Prinzipien erfolgreichen Handelns, ob im Dschungel oder im Businessalltag, erstaunlich ähneln.

Die VUCA-Welt –
ein undurchsichtiger Dschungel des Wandels

VUCA ist ein Akronym für die englischen Begriffe *volatility* (Unbeständigkeit), *uncertainty* (Unsicherheit), *complexity* (Komplexität) und *ambiguity* (Mehrdeutigkeit). Es beschreibt Merkmale unserer Welt des Wandels, die geprägt ist von immer schnelleren und komplexeren Veränderungen wie der Digitalisierung und Globalisierung. Menschen wie Organisationen stehen vor großen Herausforderungen, da die Zukunft immer unbeständiger und unvorhersehbarer wird und langfristige Entscheidungen und Zukunftsplanungen damit schwieriger werden.

Für Unternehmen bedeutet die VUCA-Welt, dass traditionelle Führungs- und Organisationsprinzipien nicht mehr ausreichend greifen. Als Spezialist im Konzerncontrolling habe ich das hautnah miterlebt. Im Jahr 2011 hatte ich die Verantwortung für die Fünfjahresplanung eines marktführenden Medizintechnologiekonzerns. Zusammen mit fünf Teamkollegen habe ich die Kosten- und Umsatzplanung für über 100 Konzerneinheiten in 50 Ländern koordiniert und mit konkreten Maßnahmenplänen hinterlegt. Vertriebszahlen, Personalplanung, Produktentwicklung, Marketing und Vertrieb hingen voneinander ab und mussten in Einklang gebracht und pro Land, Region sowie global konsolidiert werden.

Diese Mammutaufgabe hat sich über einen Zeitraum

von sechs Monaten erstreckt und nicht nur mich und mein Team, sondern das gesamte internationale Führungsteam an die Grenzen des Machbaren gebracht. Die typischen genervten Kommentare reichten von »Das ist doch Glaskugelleserei« über »Was weiß ich, wie viel Umsatz wir mit welchen Produkten in fünf Jahren machen?« bis »Ich würde meine Zeit lieber darauf verwenden, Umsätze zu generieren, statt sie zu planen.«.

In ihrer Not haben sich die meisten Planungsverantwortlichen darauf beschränkt, die Entwicklung der Vergangenheit in die Zukunft fortzuschreiben. Und genau das ist der Fehler. In der beschleunigten Welt des Wandels ist die Vorhersagbarkeit künftiger Ereignisse auf der Basis von Erfahrungswerten ähnlich zuverlässig wie eine Fünfjahreswettervorhersage. Wechselkurse brechen über Nacht ein, disruptive Technologien revolutionieren den Markt, und Produktentwicklungszyklen werden immer kürzer.

Hierarchische Organisationsstrukturen und Führungsprinzipien sind zu schwerfällig, um schnell genug auf veränderte Rahmenbedingungen zu reagieren. Deshalb setzen Unternehmen zunehmend auf sogenannte agile Teams, die dezentral, selbstverantwortlich und damit schneller auf Veränderungen in ihrem Umfeld reagieren können. Vorreiter ist erstaunlicherweise das Militär, das ja hierarchisch aufgebaut ist und dem strengen Top-down-Prinzip von »command and control« folgt. Kleine schlagfertige Kampfeinheiten (»squads«), bestehend aus meist neun Soldaten, sind sozusagen die Vorläufer der agilen Teams. Und auch sie waren die Antwort auf veränderte Rahmenbedingungen.

Der Begriff VUCA entstand in den 1990er-Jahren an einer amerikanischen Militärhochschule und war die Reaktion auf das Ende des Kalten Kriegs und die bitteren Erfahrungen aus Guerillakriegen wie in Vietnam. Der moderne Krieg hat nur noch wenig mit den historischen Schlachten zu tun, bei denen sich große Armeen zweier Länder gegenüberstanden. In Zeiten des Terrorismus sind die Grenzen zwischen Krieg und Frieden, Front und Hinterland, Feind und Zivilist fließend. Das haben wir als Geiseln inmitten eines Guerillakriegs unmittelbar erfahren.

Unsere Entführer wirkten auf uns wie ein chaotischer Haufen aus Kriegern und Bauern. Wir haben uns manchmal scherzhaft gefragt, ob wir Opfer organisierter oder unorganisierter Kriminalität geworden waren, ohne recht zu wissen, was uns eigentlich lieber gewesen wäre. Aber es war gerade diese Unberechenbarkeit, die unsere Entführer unbesiegbar machte. Ständig wechselten sie mit uns von einem Versteck ins nächste. Dabei wurde die Geiselgruppe immer wieder getrennt, ein taktischer Vorteil bei einem konzertierten Militärschlag. Wer von den fünf Rebellenanführern eigentlich das Sagen hatte, blieb uns bis zuletzt undurchschaubar. Es war noch nicht einmal klar zu erkennen, wer von den Menschen um uns herum ein Rebell, Zivilist, Polizist oder Soldat war. Einige der Rebellen hatten bis vor Kurzem noch für das philippinische Militär gekämpft und ihr Armee-T-Shirt einfach weitergetragen. Andere hatten ihr Gewehr nur vorübergehend abgelegt und waren damit nicht mehr von einem Bauern zu unterscheiden. Zudem tauchten Kinder von etwa zwölf Jahren auf mit einem Maschinengewehr in der Hand und einem Patronengürtel über der Schulter, spätestens dann verschwamm das Feindbild.

Inwieweit die Rebellen diese Guerillataktiken bewusst

einsetzten, kann ich nicht beurteilen. Aber im Ergebnis führten sie dazu, dass ihnen mit militärischen Mitteln kaum beizukommen war. Weder vermochten die bis zu 3000 Soldaten des philippinischen Militärs während unserer Entführung etwas auszurichten, außer uns blind mit Artillerie zu beschießen, noch gelang es nach unserer Freilassung mit Unterstützung des amerikanischen Militärs, die Rebellengruppe Abu Sayyaf »ein für alle Mal auszulöschen«, wie der damalige philippinische Präsident Joseph Estrada es immer wieder verkündete.

V wie volatil oder unbeständig war so ziemlich alles um uns herum: Das Wetter schlug von einem Moment zum nächsten um und bescherte uns sogar einmal einen Taifun. Ebenfalls schnell konnte die Laune der Entführer umschlagen, sodass kleine Streitigkeiten zwischen Rebellen schon mal zu Handgreiflichkeiten und sogar zu Schießereien mitten im Geiselcamp führten.

U wie Ungewissheit und Unsicherheit. Für uns bedeutete das vor allem, dass wir zu keinem Zeitpunkt wussten, ob oder wann wir freikämen. Prognosen über unsere Freilassung waren reine Spekulation. Wir konnten noch nicht einmal absehen, ob wir einen weiteren Tag im Camp verbringen würden oder plötzlich flüchten mussten.

C wie englisch komplex war die gesamte Lage. Unser Schicksal hing von einer Vielzahl von Faktoren ab, die sich wiederum gegenseitig bedingten. So wurden die Verhandlungen um unsere Freilassung durch ständig wechselnde Verhandlungsführer, die Botschaften von sieben Regierungen, die undurchsichtige Führungsstruktur der Entführer, die internationale Medienberichterstattung und unseren Gesundheitszustand beeinflusst.

A wie englisch »ambiguous«, mehrdeutig, waren unter anderem unsere Beziehungen zu den verschiedenen Parteien. War unser »Bodyguard« unser Beschützer oder unser Todfeind? War das philippinische Militär unser potenzieller Befreier oder eine Bedrohung für unser Leben? Waren unsere Essenslieferanten aus der lokalen Bevölkerung unsere Unterstützer oder Sympathisanten der Rebellen? Waren die Journalisten unsere Kommunikationshelfer oder Profiteure unseres Schicksals? Und wie sollte ich selbst ernannte islamistische Freiheitskämpfer bewerten, die sich die Namen westlicher Fernsehhelden wie »Rambo« oder »Van Damme« gaben und mich »Hero« oder »Idol« nannten?

Die Situation war nicht einfach, die Grenzen waren fließend, die Zukunft ungewiss, die Gemengelage undurchsichtig. Nur eines war klar: Wir konnten nicht so agieren, wie wir es gewohnt waren und es gern getan hätten – Planen und Kontrollieren ging nicht. Stattdessen mussten wir agil und flexibel auf die Ereignisse in unserer VUCA-Welt reagieren. Und das haben wir zum Glück auch meistens getan.

Wir waren ein agiles Team

Unser unfreiwilliges Gruppenexperiment war sehr speziell und unterscheidet sich damit von der Realität, in der Organisationen sich darum bemühen, agile Teams und Methoden zu etablieren. Bei uns wurden keine Prozesse, Strukturen oder Methoden eingeführt, und es gab auch keinen Kick-off-Workshop. Die VUCA-artigen Rahmenbedingungen haben sich auch nicht über Jahre entwickelt, sondern wurden von einem Augenblick zum anderen zu unserer Realität.

Diese Radikalität hatte jedoch nicht nur Nachteile. Denn wir waren gezwungen, unsere Verhaltensweisen sofort anzupassen. Insofern sind die folgenden Ausführungen nicht als Blaupause für die Einführung agiler Methoden in modernen Organisationen zu verstehen. Nicht alle unserer Dschungelstrategien lassen sich eins zu eins auf den Business-Kontext übertragen. Dennoch habe ich als Führungskraft festgestellt, wie inspirierend die Erfahrungen aus dem Dschungel für das Meistern von VUCA-Herausforderungen in einer Organisation sein können.

Eine gemeinsame Vision: Überleben!

Wenn das eigene Leben akut bedroht ist, entsteht neben der Angst auch etwas sehr Wertvolles: Klarheit. Die Alltagsprobleme treten zurück hinter ein großes Ziel: Überleben. Als mir auf dem Boot der Entführer klar wurde, dass es bei diesem Abenteuer ums reine Überleben ging, fiel mir auch eine Last von den Schultern. Alle Job- und Beziehungssorgen waren mit einem Mal unwichtig. Ich musste mich nicht mehr entscheiden, welchen Karriereweg ich einschlagen oder wie es mit meinem Beziehungsleben weitergehen sollte. Überleben war ab sofort die einzige Priorität. So habe ich gelernt: Manchmal sind es gerade die schwierigen Umstände, die eine Entscheidung leichter machen.

Da wir Geiseln tatsächlich alle in einem Boot saßen, hatten wir auch alle dasselbe Ziel. Wir wollten überleben.

Und zwar nicht nur jeder für sich, sondern alle zusammen. War die Überlebenshilfe ein Akt der Nächstenliebe? Zum Teil. Eine weitere Motivation war mindestens so entscheidend und hatte mit Altruismus wenig zu tun: Wir alle hatten Angst davor, dass jemand aus der Gruppe sterben könnte, denn das hätte jedem von uns die akute Lebensgefahr vor Augen geführt und die Hoffnung auf das eigene Überleben immens geschwächt. Dadurch wäre die Zuversicht der Gruppe auf den Nullpunkt gesunken.

Von Anfang an einte uns also eine gemeinsame starke Vision: »Überleben, und zwar alle!« Ich erinnere mich, wie wir einmal zu Beginn über Flucht diskutierten. Wir waren uns schnell einig, dass die Flucht Einzelner keine Option war, weil dadurch das Leben der verbleibenden Geiseln massiv gefährdet würde. Und es war absurd anzunehmen, dass wir 21 Geiseln uns unbemerkt aus dem Dschungel schleichen könnten. Deshalb konzentrierten wir unsere Bemühungen darauf, uns bis zu unserer Freilassung psychisch und physisch fit zu halten.

Eine gemeinsame Vision zu haben, die so stark und klar war, zählte mit Sicherheit zu unseren wichtigsten Erfolgsfaktoren. Es gab keine Grundsatzdiskussionen über den Sinn unseres Anliegens. Das übergeordnete Ziel lag auf der Hand und musste nicht erst durch aufwendige Gruppen- und Wertediskussionen entwickelt werden. Wir hatten dieselben Sehnsuchtsbilder vor Augen und konnten uns damit auf die Verwirklichung unserer Vision »Überleben« konzentrieren. Um sie zu erreichen, konnten wir im Wesentlichen zwei Dinge tun: Wir konnten zum einen versuchen, darauf einzuwirken, dass wir möglichst schnell freigelassen wurden. Und zum anderen, dafür sorgen, dass wir den Tag unserer Freilassung erlebten. In diese Stoßrichtung hat jeder von uns zum gemeinsamen Ziel beigetragen.

Gegenüber modernen Organisationen hatten wir als Geiselgruppe einen entscheidenden Vorteil: eine gemeinsame Vision. Niemand musste erst motiviert oder überzeugt werden. Ganz anders sieht es in der Realität der meisten Teams und Unternehmen aus. Hier ist die Ausrichtung aller Mitarbeiter auf das gemeinsame Ziel viel komplexer.

In den 17 Jahren meiner Konzernkarriere habe ich etliche mehr oder weniger gelungene Ansätze erlebt und mitgestaltet, in deren Verlauf Mitarbeitererhebungen, Workshops und Kommunikationsveranstaltungen durchgeführt wurden, um überhaupt erst mal eine gemeinsame Basis zu erarbeiten. Am Ende stand meist die Kommunikation eines Pamphlets namens »Vision Paper«, »Mission Statement« oder »Unternehmensleitbild«. Leider endete der Prozess meist an diesem Punkt, obwohl er eigentlich erst hier beginnt, und zwar mit dem täglichen Praktizieren der erarbeiteten Grundsätze.

Aber Menschen ändern ihr Verhalten in der Regel nur dann, wenn es gar nicht mehr anders geht. Eine handfeste Krise wie ein Umsatzeinbruch kann durchaus helfen, schwierige Veränderungen anzustoßen und umzusetzen. Die Königsdisziplin allerdings bleibt, Krisen zu antizipieren und die Belegschaft auch in (noch) guten Zeiten für die Risiken der Zukunft zu sensibilisieren und für einen visionären Wandel zu motivieren.

Auch in der Familie bedarf die Ausrichtung auf den gemeinsamen Lebensentwurf immer wieder der Anpassung und Diskussion. Oft geht es dabei um Themen wie Sparen oder Ausgeben, Reisen oder Bauen, Umziehen oder Bleiben, sprich: Freiheit oder Sicherheit. Ironischerweise waren Freiheit und Sicherheit in unserem speziellen Fall kein Widerspruch, sondern bedingten sich gegenseitig.

Für die sogenannten agilen Organisationen ist eine gemeinsame Vision besonders wichtig. Denn die einzelnen Mitglieder und Teams agieren flexibel und selbstverantwortlich. Die Ausrichtung aller Aktivitäten und Prioritäten auf ein gemeinsames Ziel ist Grundvoraussetzung.

Inspiration

Teams brauchen eine gemeinsame Vision vor allem, wenn sie schnell und unabhängig voneinander agieren müssen. Fragen Sie mal Ihre Mitarbeiter oder Kollegen, ob sie eine klare Vision haben. Und wenn ja, haben sie alle dieselbe Vision oder jeder eine andere?

Ohne Chef

Als Geiseln waren wir in der Hand unserer Entführer. Sie haben gewaltsam unsere Führung übernommen und konnten mit ihren Waffen über Leben oder Tod entscheiden. Das war zuerst ein Schock für uns, denn wir waren gewohnt, unser Leben selbst zu planen. Wir haben zunächst versucht, über ein mögliches Freilassungsdatum zu spekulieren und diskutieren, um ein Mindestmaß an Planbarkeit herzustellen, aber wir konnten weder über unsere Freilassung an sich entscheiden noch über deren Zeitpunkt. Allerdings hatten wir erstaunlich viel Spielraum, um unsere Situation auszugestalten – zum Beispiel, indem wir uns mit unserer eigenen Essensversorgung unabhängig machten von der Versorgung durch die Rebellen.

Wir haben uns also untereinander organisiert, um das Beste aus der Situation zu machen. Eine beliebte Frage lautet: »Hattet ihr so was wie einen Führer in der Gruppe?« Auch ich hatte bis dahin geglaubt, dass eine Gruppe immer einen Anführer hat. Meine Annahme wurde unter anderem gestützt von der Lektüre des Romans *Herr der Fliegen* von William Golding. Darin wird die soziale Entwicklung einer Gruppe von Kindern skizziert, die es auf eine unbewohnte Südseeinsel verschlägt. Zwei Gruppen mit jeweils einem klaren Anführer bekriegen sich am Ende bis aufs Blut.

Ein Netzwerk mit klaren Rollen

Interessanterweise gab es in unserer Gruppe keinen Anführer, weder formell noch informell. Es gab auch keinen Machtkampf im Sinne von »ich bin hier der Chef« – »nein ich!«, wie das in vielen Gruppen der Fall ist, wo sich immer jemand profilieren will. Vielleicht ahnten wir, dass das in unserer Situation keinen Sinn machte. Faktisch war es so, dass immer wieder andere die Führung übernahmen, je nachdem, vor welchen Herausforderungen wir gerade standen. Mein Vater war in den ersten Tagen unser Gruppensprecher, da er nicht nur fließend Englisch sprach, sondern als Ältester und als Mann den natürlichen Respekt der Entführer genoss.

Wenn es darum ging, etwas Handwerkliches zu erledigen, dann war Stéphane als Ingenieur gefragt. Mit seinem Sinn für Praktisches (ich nannte es »savoir survivre«) leitete er auch schon mal ein Team an, um gemeinsam aus Bambusrohren und Plastikplanen ein Dach zum Schutz vor Regen zu errichten. Bei medizinischen Notfällen waren Marie als Ersthelferin und Seppo als Krankenpfleger die ersten Ansprechpartner, die auch die verantwortungsvolle Aufgabe übernahmen, unsere Medikamente zu verwalten und auszugeben.

Neben der Rolle des Helfers kam mir auch immer wieder die Rolle des Vermittlers zu. Vor allem bei Streitigkeiten zwischen meinen Eltern und den Franzosen haben mir meine Sprachkenntnisse und meine diplomatisch-ausgleichende Art geholfen. Aida hat sprachlich und kulturell als Übersetzerin zwischen Philippinisch und Englisch fungiert und damit immer wieder wichtige Impulse gesetzt, auch wenn ihr diese Rolle spürbar unangenehm war. Callie hat die Gebetsrunde geleitet und war so etwas wie die moralisch-spirituelle Instanz der Gruppe. Risto hat aufgrund seiner ruhigen Art eher wenig kommuniziert, aber wenn, dann sehr gezielt, und so zum Beispiel das erste Gespräch zum Thema Gruppenkonflikte einberufen und moderiert. Seine Führungserfahrung als Konzernchef war ihm anzumerken, und Commander Robot, einer der Rebellenanführer, soll ihm nach einem langen Nachtmarsch sogar einmal die Füße gewaschen haben, was als Geste des Respekts zu bewerten war. Aber selbst Risto war nicht unser gewählter oder benannter Anführer.

Wir hatten keinen Boss, keine oberste verantwortliche Entscheidungsinstanz. Und das war auch gut so, denn eine hierarchische Struktur hätte uns im Dschungel nicht weitergeholfen. Dafür war die Situation viel zu VUCA, zu unvorhersehbar. Flexibilität und Schnelligkeit waren gefragt. Hätten alle Entscheidungen von einem Führer aus der Gruppe – oder noch schlimmer außerhalb des Dschungels – abgesegnet werden müssen, dann wären wir viel zu langsam gewesen, wenn es beispielsweise darum ging, schnell noch einen Schutz vor dem nahenden Regen zu errichten und dafür zwei Schlafsäcke aufzuschlitzen. Wir konnten dezentral und selbstorganisiert entscheiden und die jeweils erforderlichen Kompetenzen flexibel einsetzen.

Diversität

Die unterschiedlichen Charaktere und Kompetenzen innerhalb der Gruppe waren Fluch und Segen zugleich. Auf der einen Seite ist die viel beschworene Diversität ein großes Plus, vor allem, wenn es darum geht, dezentral und selbstorganisiert auf schnelle Veränderungen unterschiedlichster Art reagieren zu müssen. Dafür braucht es ein interdisziplinäres Team mit allen benötigten Kompetenzen, um die komplexen Herausforderungen meistern zu können. Auf der anderen Seite entstehen in einer entsprechend heterogenen Gruppe zwangsläufig mehr Konflikte und Missverständnisse als in einer homogenen Gruppe, die (auch sprichwörtlich) die gleiche Sprache spricht.

Aber keine Gruppe von Menschen ist wirklich homogen. Egal, welche zehn Menschen zusammenkommen, es werden nicht nur Führer und Optimisten sein. Zumindest werden sie es nicht bleiben. Sobald sich die Gruppe formiert, werden auch andere wichtige Rollen besetzt: die Unterstützer und Kritiker zum Beispiel. Die Frage ist nicht, ob diese Rollen besetzt werden, sondern durch wen.

In unserem Fall gab es die Rolle der Schwachen. Wie bereits dargelegt, haben meine Mutter und Seppo zumindest zeitweilig diese Rolle erfüllt. Diese zugegebenermaßen undankbare Rolle war für die Gruppe aus zwei Gründen wertvoll. So wurde der vorübergehend dramatische Gesundheitszustand meiner Mutter von der Gruppe bewusst als Druckmittel auf die Verhandlungen eingesetzt. Immer wieder konnten wir glaubhaft darstellen, dass eine schnelle Freilassung kein »nice-to-have«, sondern ein »must-have« war. Das hat uns als Gruppe bei der Kommunikation mit der Außenwelt geholfen. Aber auch innerhalb der Gruppe gab es einen positiven Nebeneffekt. Mir ist dadurch die Rolle des Helfers zugefallen, eine sehr dankbare Rolle. Und auch andere in der Gruppe konnten sich aufgrund der Schwäche einiger weniger selbst als stark erleben.

Flexibel bleiben

Wir waren wie ein Netzwerk aus Spezialisten, und die unterschiedlichen Rollen waren relativ klar verteilt. Es gab zwar keine offizielle Zuweisung, aber irgendwie wusste jeder, in welcher Situation welche Kompetenz beziehungsweise Charaktereigenschaft gefragt war und um wessen Einsatz es ging, also wer die Führung zu übernehmen hatte. Bambuskonstruktion? Stéphane! Wunden? Marie! Was aber, wenn einer ausfiel, dessen Kompetenz gerade gebraucht wurde? Dann musste halt ein anderer einspringen.

Die Realität in den meisten Organisationen und Teams sieht allerdings anders aus. Da bekommen Hilfe suchende Kunden gern mal die Antwort: »Dafür bin ich nicht zuständig« oder »Da muss ich erst mal meinen Chef fragen«. Für solche Taktiken hatten wir keine Zeit, es ging um Leben oder Tod, wir mussten handeln und kooperieren. Und das taten wir auch, zum Beispiel, als ich bei meinem Ausraster beim Anblick meiner kollabierten Mutter die Rollen mit Stéphane tauschte und er zum Diplomaten wurde. Er griff beschwichtigend in die Situation ein und beruhigte nicht nur mich, sondern auch die Entführer.

Rollenflexibilität ist ein großer Vorteil, nicht nur in Gruppen. Vielleicht kennen Sie das auch aus Ihrer Partnerschaft. Einer ist eher der Optimist, der andere eher Pessimist oder Realist. Beides ist wichtig, das Träumen und die Risikoabwägung. Wenn also der Optimist einen schlechten Tag hat und der Pessimist ihn ermutigt, dann funktioniert das Team.

Inspiration

Agile Teams haben den Vorteil, sehr schnell und flexibel auf ein dynamisches Umfeld reagieren zu können. Es ist eine zuweilen erforderliche und sinnvolle Reaktion auf die Herausforderungen der VUCA-Welt, bedeutet aber nicht, dass agiles Arbeiten per se leichtfallen oder Spaß machen muss. Vielmehr sind Konflikte in interdisziplinären Teams ohne hierarchischen Entscheider quasi programmiert, da die gemeinsame Vorgehensweise permanent untereinander abgestimmt werden muss. Umso wichtiger ist es, dass

Teammitglieder ihre fachliche und informelle Rolle kennen und dass Konflikte konstruktiv ausgetragen werden.

Lösungsfindung durch enge Kommunikation

Transparenz ist eines der Grundprinzipien agiler Teams. Dafür kommen alle Teammitglieder täglich zu einem kurzen Stand-up-Meeting zusammen, um sich auf den neuesten Stand der Dinge zu bringen und mögliche Kursänderungen zu besprechen. Denn es gibt keinen statischen Projektplan, dessen Bausteine hintereinander abgearbeitet werden, und auch keinen Chef, der die Aktivitäten der Teammitglieder koordiniert. Eine enge Abstimmung untereinander ist daher nötig für den Erfolg.

In unserem Fall hat sich die enge Kommunikation von selbst ergeben. Denn wir haben in unseren Dschungelcamps sieben Tage die Woche 24 Stunden am Tag auf engstem Raum zusammengelebt. So sind wir uns zwar auf die Nerven gegangen, aber diese Nähe hatte auch entscheidende Vorteile in unserer Situation.

Wir haben sehr schnell voneinander gelernt und uns Überlebenstechniken gegenseitig abgeschaut. »Best Practice Sharing« nennt man das im Business-Kontext. Ein Beispiel: Marie hatte sich einmal von einem Rebellen zeigen lassen, wie man aus einem Reissack einen Rucksack bastelt. Dazu schneidet man lange Fasern aus der weichen Rinde der Bananenbäume und knotet sie als Tragegurte jeweils seitlich an zwei Zipfeln des Reissacks fest. Der nach oben offene Sack wird mit einer weiteren Faser zugeknotet – fertig ist der Rucksack. Der Wert dieser Erfindung

248   STARK DURCH KRISEN IM TEAM

war immens: Wir konnten unser Hab und Gut viel leichter transportieren, wenn wir das Camp wechseln mussten. Damit hatten wir die Hände frei, um uns im unwegsamen Gelände an Bäumen abzustützen oder um zusätzliche Wasserbehälter zu tragen.

Neuigkeiten machten in unserer engen Behausung ebenfalls sofort die Runde und ermöglichten uns eine schnelle Reaktion auf kritische Veränderungen. Wenn einer von uns einen neuen Kommunikationskanal oder Essenslieferanten organisieren konnte, erfuhren und profitierten alle davon. Erhielt einer Medikamente von seiner Botschaft, war klar, dass sie derjenige bekam, der gerade am meisten Bedarf hatte.

Als Marie von einem Rebellen angesprochen wurde, ob sie Medikamente gegen Tuberkulose hätte, wussten wir, dass wir unsere Hygienestandards weiter optimieren mussten. Als die Meldung über einen bereitstehenden Helikopter in der Inselhauptstadt aus dem plärrenden Transistorradio ins Camp schallte, konnten wir uns dank Aidas Übersetzung auf die Freilassung meiner Mutter vorbereiten. Diese und viele andere Beispiele zeigen, wie konstruktiv ein schneller Informationsfluss sein kann.

Am meisten und am schnellsten haben wir aus Fehlern gelernt. Hatte es uns einmal kalt erwischt, dann waren wir fürs nächste Mal gerüstet. Als wir das erste Mal vor dem Beschuss des Militärs flüchten mussten, haben wir Hals über Kopf das Lager verlassen. Dabei haben wir viele wichtige Utensilien und die spärlichen Wasservorräte zurückgelassen, das Leben wurde dadurch beschwerlicher.

Beim zweiten Mal waren wir schon besser organisiert. Jeder von uns hatte einen Fluchtsack vorbereitet. Und wir hatten dafür gesorgt, dass wir immer eine extra Gallone mit frischem Flusswasser griffbereit hielten. Wir haben uns mit jeder Erfahrung besser an die dynamischen Anforderungen angepasst – iteratives Projektmanagement nennt man das im Business.

Zum Zeitpunkt unserer zweiten Flucht war meine Mutter nicht in der Lage zu laufen, da sie dehydriert und zeitweise nicht bei Bewusstsein war. Daher beschlossen mein Vater und ich, sie notfalls aus dem Camp zu tragen. Callie und Stéphane schlugen vor, aus zwei langen Ästen mit einer Plastikplane als Liegefläche eine Trage zu bauen, damit meine Mutter auf den Schultern transportiert werden könnte. Nach einigen Konstruktionsversuchen war sie fertig. Ohne diese Trage hätten wir meine Mutter bei unserer zweiten Flucht vor dem Militär nicht mitnehmen können. Am Ende musste die Trage sogar einen ganzen Tag und eine ganze Nacht lang halten, bis wir das nächste Camp erreicht hatten. Gar nicht auszudenken, was passiert wäre, wenn wir nicht alle so eng zusammengearbeitet hätten.

Unsere interkulturelle Lernkurve war dank unserer engen Kommunikation recht steil. Anfangs haben wir die Worte unserer Entführer für bare Münze genommen. Wenn viele Rebellen plötzlich begannen, ihre Hängematten und Zelte abzubauen, dann fragten wir nach dem Grund und erhielten die Standardantwort: »No panic, just relax!« Auch auf unsere Frage, ob wir uns auf einen Marsch vorbereiten müssten, antworteten sie meist mit »no, we stay here«. Minuten später hieß es dann: »Move, move, move!« Dann mussten wir doch hektisch das Camp verlassen. Aida erklärte uns, dass die Rebellen, auch wenn sie wussten, was passieren würde, uns keine »ehrliche«, sondern eine »freundliche« Antwort geben, weil es Teil ihrer Kultur und in keiner Weise böse gemeint war. Dank Aida konnten wir relativ schnell dieses Missverständnis aufklären und mussten uns nicht weiter über das vermeintliche Lügen der Rebellen ärgern. Stattdessen beherzigten wir Aidas Empfehlung: »Be ready, anytime!«

Aus Fehlern lernen

Zunächst waren wir irritiert, als ein seltsames Geräusch in der Ferne zu hören war und plötzlich alle Rebellen durch das Lager rannten und »Ulan! Ulan!« riefen. Nachdem wir dann von einem gewaltigen Regenschauer überrascht worden waren, hatten wir gelernt, dass »Ulan« in der lokalen Sprache Tagalog »heftiger Regenschauer« bedeutet.

Wir haben sehr schnell gelernt, voneinander und aus unseren Fehlern. Denn uns war klar: Was uns einmal passiert ist, kann immer wieder passieren und im Zweifelsfall uns das Leben kosten. Niemand von uns musste sich profilieren, deshalb bestand auch keine Scham, Fehler einzugestehen. Wir waren hochgradig lösungsorientiert, schließlich ging es um unser Überleben.

Im Business-Kontext habe ich erlebt, dass das Lernen aus Fehlern nicht selbstverständlich ist. Zwar schreiben sich die meisten Unternehmen Fehlerkultur auf ihre Fahnen, doch die Realität sieht anders aus. Fehler gelten als Misserfolg und werden eher schamhaft verschwiegen oder einem anderen zur Last gelegt. Kundenbeschwerden werden häufig relativiert statt ausgewertet. Umsatzeinbrüche werden oft schöngeredet, statt Ursachenforschung zu betreiben. Kein Wunder, denn Vorgesetzte strafen eher die Mitarbeiter für Fehler, statt ihre Ehrlichkeit anzuerkennen.

Als Führungskraft habe ich erlebt, wie schwer es ist, eine offene Fehlerkultur zu etablieren. So blickte ich in irritierte Gesichter, als ich einem Projektteam mit auf den Weg gab: »Bitte versucht, nach Abschluss der Veranstaltung so viel kritisches Teilnehmerfeedback zu sammeln wie möglich!«

Bis dahin war es im Trainingsbereich Praxis, Qualität über Kundenzufriedenheit zu messen, weshalb die Feedbackbögen »Happy Sheets« genannt wurden. Trainer waren froh, wenn die Teilnehmer alle Kreuzchen möglichst links bei »sehr gut« setzten und am besten noch einen freundlichen Kommentar hinzufügten. Und jetzt forderte uns der Chef auf, Kritik zu sammeln? Ja, denn wir wussten bereits vor der Pilotveranstaltung, dass wir viele Fehler machen und die Erwartungen der Teilnehmer enttäuschen würden. Aber wir wussten nicht genau, welche Fehler. Wenn wir also das neue Format zum Standard erheben und regelmäßig anbieten wollten, mussten wir gerade aus dem Pilotprojekt, aber auch aus allen nachfolgenden Veranstaltungen lernen und unsere Leistung auf diese Weise kontinuierlich verbessern. Dazu diente der letzte und wichtigste Meilenstein im Projektplan namens »lessons learned«.

Veränderung braucht Zeit. Doch nach vier Jahren wurde ich zu einer »lessons learned«-Veranstaltung eingeladen, und zwar nicht, um sie zu moderieren, sondern um mit Freude zu beobachten, mit welcher Selbstverständlichkeit mittlerweile sechs Teammitglieder zusammensaßen, um völlig unaufgeregt über kritische Teilnehmerstimmen und Verbesserungspotenziale zu diskutieren.

Aufgrund unserer unfreiwilligen Nähe und unmittelbaren Kommunikation im Dschungel konnten wir Missverständnisse und Verzögerungen vermeiden, die sonst im Alltag am Telefon oder durch E-Mails entstehen, und Synergien entwickeln. Sobald wir aber in kleinere Gruppen aufgeteilt waren, ließen die Synergien nach. So gab es kaum einen Austausch zwischen der westlichen und der asiatischen Gruppe, auch wenn wir nur wenige Meter voneinander getrennt waren. Als unsere Gruppe einmal auf zwei Bambusplattformen verteilt wurde, war die Abstimmung schon deutlich schwieriger. Aus räumlicher Nähe entsteht fast automatisch ein Teamgefühl, und es ergeben sich zufällige, ungeplante Synergien.

Nicht anders ist es im Büroalltag. Mit dem »Open Office« und den »Flexi-Plätzen« wird versucht, die Kommunikation innerhalb einer Abteilung oder auch abteilungsübergreifend zu fördern. Beliebt ist das häufig nicht, die meisten Menschen bevorzugen einen festen Arbeitsplatz im Umfeld ihrer vertrauten Kollegen.

Inspiration

Schnelligkeit und Anpassungsfähigkeit von Teams und Organisationen sind in der VUCA-Zeit zu entscheidenden Erfolgsfaktoren geworden. Hier hilft eine entsprechende Lernkultur, die eine direkte Kommunikation ermöglicht und Fehler nicht abstraft, sondern konstruktiv nutzt.

Erfolgsfaktoren eines agilen Teams in der VUCA-Welt

Positives Denken kann tödlich sein – auch im Business

Optimismus ist ein zweischneidiges Schwert

Optimismus hat mir und den anderen Geiseln zweifellos geholfen, die schwierige Zeit im Dschungel zu überstehen. Der feste Glaube daran, irgendwann wieder als freier Mensch das Leben genießen zu können, hat uns Kraft gegeben. Und je konkreter wir dieses Bild vor Augen hatten, desto größer war unsere Hoffnung.

Doch Vorsicht mit Optimismus in unsicheren Zeiten! Es ist ein zweischneidiges Schwert. Während der Glaube an ein gutes Ende Kraft gibt, kann der Glaube an ein schnelles Ende die nötige Kraft für ein langes Durchhalten schwächen. Die Optimisten unter uns Geiseln glaubten an eine schnelle Freilassung und haben das mit großen Enttäuschungen und emotionalen Einbrüchen bezahlt. Gefährlich wird es allerdings, wenn positives Denken den Blick für die Realität trübt. Denn wer Gefahren unterschätzt, ist schlecht auf Risikosituationen vorbereitet.

Positives Denken ist grundsätzlich zu begrüßen und ein wichtiger Erfolgsfaktor, auch im Business. Schlecht ist jedoch, wenn Unternehmen vor lauter Optimismus die realen Risiken ausblenden. Das gilt vor allem in Zeiten von Disruption und Digitalisierung. Mit der Haltung (oder besser gesagt: Hoffnung) »Digitalisierung? Nur eine Mode, die vorübergeht!« oder »Unsere Produkte und Prozesse bewähren sich seit Jahren – wir machen einfach weiter wie bisher!« haben schon einige Unternehmen danebengelegen.

Auch Unternehmen können aufgrund von zu positivem Denken Schiffbruch erleiden, sprich: insolvent gehen. Besonders bedroht sind Marktführer, die nicht selten dazu tendieren, ihre Erfolge aus der Vergangenheit in die Zukunft zu projizieren. Sie vertrauen auf den anhaltenden Erfolg ihrer bewährten Produkte und ruhen sich auf ihrer Marktführerschaft aus. Dabei verkennen sie die Risiken am Markt, die sich zum Beispiel aus innovativen Technologien oder Geschäftsmodellen ergeben. So haben etwa Nokia und Kodak vor lauter Optimismus »den Kopf verloren«. Nokia sah sich mit seinen marktführenden Tastentelefonen, dem berühmten Nokia-Knochen, gut gerüstet für die Zukunft und hat die Smartphone-Technologie dramatisch unterschätzt. Diese Fehleinschätzung bezahlte Nokia 2013 mit dem Verlust seines Handygeschäfts. Kodak musste 2012 Insolvenz anmelden, weil das Unternehmen nicht mit dem durchschlagenden Erfolg der Digitalfotografie gerechnet hatte. Das war besonders tragisch, da der Prototyp einer Digitalkamera im eigenen Haus entwickelt worden war. Doch man war zu optimistisch, mit den analogen Kameratechnologien auch für die Zukunft gut gerüstet zu sein. Ein fataler Irrtum.

Als eine meiner wichtigsten Dschungelstrategien betrachte ich es heute, dass es mir gelungen ist, emotional nicht den Kopf zu verlieren. Also weder in Todesangst zu erstarren noch zu optimistisch von einer schnellen

Positives Denken kann tödlich sein – auch im Business

Freilassung auszugehen und mich damit vorzeitig zu entspannen. Es hat mir geholfen, zwar an ein gutes Ende zu
glauben, mich aber zugleich realistisch auf eine schwierige
und lange Zeit im Dschungel einzustellen. Der Spagat
zwischen Optimismus und Realismus ist nicht leicht –
aber in unsicheren Zeiten zielführend. Diese Haltung ist
auch im Business ein zentraler Erfolgsfaktor. Das ist wissenschaftlich belegt.

Mit der richtigen Haltung
erfolgreich im Business

In seinem Weltbestseller *Der Weg zu den Besten* beschreibt
der Wirtschaftsexperte Jim Collins die sieben Manage-
mentprinzipien für dauerhaften Unternehmenserfolg.
Eines davon lautet: »Der Realität ins Auge blicken (ohne
den Mut zu verlieren)«. Spitzenunternehmen zeichnen
sich dadurch aus, dass sie die Fehler von Nokia und Kodak
vermeiden, indem sie effektiv mit Risiken und Krisen im
Markt umgehen. Jim Collins untersuchte, wie Spitzenunternehmen sich bei Krisen verhalten, und stellte fest: *»In
all diesen Fällen [in Unternehmenskrisen] reagierte das Management auf die Herausforderungen mit einer wirkungs-
vollen psychologischen Zweigleisigkeit: Einerseits wurden
die harten Fakten mit stoischer Gelassenheit zur Kenntnis
genommen, andererseits bewahrte man sich seinen Glauben
an ein gutes Ende.«*
Collins nannte diese Zweigleisigkeit »Stockdale-Pa-
radox« in Anlehnung an Jim Stockdale. Er war von 1965
bis 1973 als ranghöchster amerikanischer Offizier im

vietnamesischen Kriegsgefangenenlager Hanoi Hilton, wurde in dieser Zeit mehr als zwanzigmal gefoltert und später zum Drei-Sterne-General der Navy befördert. Seine Überlebensstrategie lautete: »*Den Glauben behalten, dass man am Ende siegt, egal wie schwierig es wird – und gleichzeitig sich den brutalen Tatsachen der momentanen Situation stellen, egal wie unerfreulich sie sind.*« Nicht alle Kriegsgefangenen haben ihr Martyrium in Vietnam überlebt. Auf die *Frage* »*Wer hat's nicht geschafft?*« antwortete Stockdale: »*Die Optimisten. Sie sagten sich:* ›*Weihnachten sind wir zu Hause.*‹ *Und als Weihnachten vorbei war, sagten sie sich:* ›*Ostern sind wir zu Hause.*‹ *Und als Ostern vorbei war, machten sie sich wieder Hoffnung auf Weihnachten. Sie starben an gebrochenem Herzen.*«

Um dauerhaft erfolgreich zu sein, müssen Unternehmen also den Spagat zwischen Optimismus und Realismus beherrschen, der Jim Stockdale in Hanoi und mir auf Jolo geholfen hat zu überleben. Doch wie funktioniert das eigentlich konkret in der Wirtschaft? Dass das nicht trivial ist, habe ich in meinem Berufsleben selbst erfahren.

Digitale Transformation ante portas

Früher oder später klopft die Digitalisierung in jeder Branche an die Tür. Sie bietet große Chancen, beinhaltet aber auch Risiken. Deshalb wird ihr nicht nur freudestrahlend begegnet. Im Gegenteil: Die ersten Reaktionen auf digitale Transformationsprozesse reichen von Verdrängen über Weglachen bis zum Verfluchen.

Die Einführung digitaler Bestell- und Logistiksysteme

in der Automobilindustrie war ein Transformationsprozess, den ich als Projektmanager bei Renault mitgestaltet habe. Seit Jahrzehnten waren es die Autowerkstätten gewohnt, Ersatzteile per Telefon oder Fax zu bestellen. Nun sollten sie dafür ein effizienteres Online-Bestellsystem nutzen. Die Ankündigung der anstehenden Veränderung wurde von den Werkstattmitarbeitern eher mit Augenverdrehen als mit Applaus quittiert.

Das wurde auch zu Beginn der Umsetzung nicht besser. Skeptisch bis genervt waren die Reaktionen, wenn das Online-Bestellsystem mal nicht rundlief oder gar abstürzte. Doch nachdem die informationstechnischen Kinderkrankheiten behoben waren, konnte sich niemand mehr vorstellen, aufs Fax zurückzugreifen.

Mit dieser Erfahrung einer gelungenen digitalen Transformation wechselte ich später in die Medizintechnik-Branche zu Ottobock Healthcare. Ottobock ist seit nunmehr hundert Jahren Hersteller und Weltmarktführer für Prothesenkomponenten und mit über hundert Standorten der größte internationale Versorger für Menschen mit Amputationen. 2013 habe ich für fünf Jahre die Leitung der Competence Center am Headquarter übernommen und damit die Personalverantwortung für sechzig Mitarbeiter an drei Standorten. Dort wurden Patienten unter anderem mit modernsten Beinprothesen versorgt und Orthopädietechniker in der Patientenversorgung geschult.

Ich war erstaunt zu sehen, wie die Fertigung dieser High-Tech-Prothesen hinter den Kulissen ablief. Die Orthopädietechnik ist traditionell ein Handwerksberuf, und die Arbeit findet überwiegend in der Werkstatt statt. Gips zieht sich als zentraler Werkstoff durch viele Arbeitsschritte, immer wieder wird er geknetet, geraspelt und gefeilt. Das war seit Jahrzehnten bewährte Praxis – bis digitale Alternativen auftauchten. Plötzlich standen der traditionellen Handarbeit moderne Scanner, CNC-Fräsen und 3D-Drucker gegenüber. YouTube-Videos machten die Runde, in denen kleine Technologie-Start-ups vorführten, wie sie scheinbar im Handumdrehen ein Prothesenteil produzieren – ohne Gips. Diese teils futuristisch anmutenden Bilder hatten zweifelsohne einen gewissen Appeal, nicht zuletzt für die Kunden.

Zum Glück hat der damalige CEO die Zeichen der Zeit erkannt und ist nicht in die Optimismusfalle getappt. Er nahm die Herausforderung innovativer Start-ups nicht nur ernst, sondern als Steilvorlage an. Mit großer Spielfreude ging er auf branchenfremde Digital-Start-ups zu, um gemeinsam das Potenzial digitaler Technologien zu heben. Er war Optimist, aber keiner, der sich auf den Erfolgen der Vergangenheit ausruhte. Seine klare Vision lautete: »Die Werkstatt der Zukunft ist digital, gipsfrei und kundenfreundlich.« An vielen Stellen im Unternehmen wurde begeistert mit digitalen Technologien experimentiert und gearbeitet.

In meinem Bereich überwog jedoch die Skepsis. Die meisten Fachleute meines Teams sahen in den neuen Technologien keine ernst zu nehmende Konkurrenz für die bewährten Fertigungsmethoden. Typische Aussagen waren: »Jeder handgefertigte Prothesenschaft passt und hält besser als das, was da digital produziert wird« oder »Werkstatt geht nicht ohne Gips, sie ist auch kein Kundenbereich« oder »ein erfahrener Handwerker lässt sich nicht durch Maschinen ersetzen«. Das mag heute noch richtig sein, dachte ich damals, während ich mich an Renault erinnert fühlte. Aber die Kinderkrankheiten digitaler Technologien werden bald überwunden sein. Und als Leuchtturm der Branche sollten wir ganz vorn dabei sein. Ich beschloss, meinem Team Mut zuzusprechen und es für die Chancen der Digitalisierung zu begeistern. Damit tappte ich in die Optimismus-Falle, ohne es zu ahnen.

Teams durch
unsichere Zeiten führen

Das monatliche Bereichsmeeting war die erstbeste Gelegenheit, um mein Team von der Vision unseres CEOs zu überzeugen. Drei Powerpoint-Folien hatte ich dafür vorbereitet. Die erste Folie zeigte unseren CEO mit seiner Vision »Die Werkstatt der Zukunft ist digital, gipsfrei und kundenfreundlich«. Die Reaktionen waren zurückhaltend.

Die zweite Folie zeigte die Orthopädiewerkstatt – voller Gips. Überschrift: »Werkstatt geht nicht ohne Gips! Wirklich?« Ich sagte: »Ich verstehe, dass Sie sich eine Werkstatt ohne Gips nicht vorstellen können. Aber die Digitalisierung der Orthopädietechnik ist nur eine Frage der Zeit. Irgendwann in naher Zukunft können Sie sich gar nicht mehr vorstellen, so zu arbeiten, wie Sie es heute noch tun. Davon bin ich überzeugt, weil ich den Wandel in der Automobilindustrie bereits miterlebt habe.« Einige Mitarbeiter wurden etwas unruhig auf ihren Stühlen.

Die dritte Folie zeigte eine Autowerkstatt mit ölverschmierten Werkzeugen und Blaukitteln und eine moderne, saubere, helle Werkstatt mit Servicekräften im Kundengespräch. Überschrift: »Werkstatt geht nicht ohne Öl? Doch, geht!« Dazu ergänzte ich: »Was bei uns der Gips ist, war in der Autowerkstatt das Öl. Auch hier herrschte der Glaubenssatz: ›In einer Werkstatt ist nun mal Öl, das ist auch kein Kundenbereich.‹ Wenn wir heute jedoch als Kunde in die Werkstatt fahren, kommt kein Kfz-Techniker mit ölverschmiertem Schraubenschlüssel in der Hand auf uns zu, sondern ein Kfz-Mechatroniker schließt seinen Laptop an, um die Fehler des Fahrzeugs auszulesen. Hier ist die Service-Welt bereits digital, sauber und kunden- freundlich. Und das ist doch ein tolles Beispiel.« Meine Begeisterung wollte nicht recht auf die Mannschaft über- springen. Stattdessen spürte ich Unmut und Irritation. Was war los?

Ein erfahrener Mitarbeiter aus dem Team klärte mich auf. Er war seit 45 Jahren als Orthopädietechniker tätig. Respektvoll, unbequem, aber hilfreich las er mir die Levi- ten: »Die Leute fühlen sich von dir vor den Kopf gestoßen, wenn du dich als Manager vor Fachkräften wie ihnen hin- stellst und so tust, als könne man mal eben die Orthopädie- technik digitalisieren. So einfach ist das nicht. Du bist viel zu optimistisch! Außerdem ist doch nicht alles schlecht, so, wie es läuft. Du solltest mehr auf uns Experten hören!«

Seine Worte machten mich betroffen, gerade Wertschät- zung war mir so wichtig. Niemanden hatte ich entmutigen oder gar brüskieren wollen. Kurze Zeit später hatte er je- doch eine Idee, die am Ende zum Erfolg führte und den gemeinsamen Aufbruch in die digitale Transformation mobilisierte: »Warum organisieren wir nicht einen Rück- blick auf die letzten 45 Jahre des Competence Center, bei dem wir zeigen, was wir alles schon geschafft haben? Dafür kann ich gern ein paar Fotos und Videos aus dem Archiv zusammenkramen. Was meinst du?« Gesagt, getan.

An einem kalten Januartag fand sich das gesamte Team zum Neujahrsauftakt an einem Ort ein, der für unsere strategische Neuausrichtung kaum besser hätte gewählt sein können. Das war der futuristisch anmutende Anbau an das historische Elternhaus des Firmeneigentümers. Hier waren Ursprung und Zukunft der Familie und ihres Unternehmens architektonisch vereint.

Der erfahrene Orthopädietechniker begann die Tradition unseres Bereichs zu beleuchten, indem er die technologischen Errungenschaften wie die emotionalen Höhepunkte der letzten Jahrzehnte aufzählte und mit Fotos, Videos und Anekdoten untermalte. Die Kollegen fühlten sich nicht nur gut unterhalten, sondern vor allem gewürdigt für das bereits gemeinsam Erreichte. Sie waren stolz, dazuzugehören.

Dann ging es darum, dass es nun galt, diese Erfolgsgeschichte fortzuschreiben und die Qualität der Patientenversorgung mit revolutionären Technologien auf einen neuen Level zu heben. Ich fügte hinzu: »Einige heute im Markt verfügbaren digitalen Versorgungslösungen entsprechen noch nicht der Qualität, für die wir stehen. Hier ist Ihre Kompetenz gefragt, um das zu ändern. Wir haben die Chance, bei einem revolutionären Technologiesprung der Branche ganz vorn dabei zu sein und weiterhin der Leuchtturm zu bleiben. Das wird nicht leicht, aber was alles möglich ist, das haben Sie schon in der Vergangenheit als Vorreiter der Orthopädietechnik bewiesen.«

Diesmal hatte ich offenbar den richtigen Ton getroffen. Eine zunehmende Offenheit für und ein ernsthaftes Interesse an den digitalen Innovationen war unter den Mitarbeitern zu spüren. Immer mehr engagierten sich mit wachsender Begeisterung in Pilotprojekten mit Scanner- und 3D-Technologie. Und auch im Trainingsbereich boten wir neben den üblichen Formaten zusätzlich Online-Trainings an. Die digitale Transformation war im Team angekommen, und die Mitarbeiterzufriedenheit stieg trotz der anspruchsvollen Veränderungsprozesse deutlich an.

Viele Führungskräfte machen in Zeiten des Wandels denselben Fehler, der auch mir damals unterlaufen ist: Sie versprühen ein Übermaß an Optimismus in der Hoffnung, ihrem Team damit Mut für die anstehenden Veränderungen zu machen. Doch man kann Ängste und Widerstände nicht mit Optimismus aushebeln und den Wandel nicht auf die ihm inhärenten Chancen reduzieren. Viele Bedenken sind durchaus berechtigt, nicht zuletzt die Angst um den eigenen Arbeitsplatz. Deshalb bringt auch ein Drohszenario nach dem Motto »Wer nicht mit der Zeit geht, geht mit der Zeit« nichts. In der Kommunikation hilft ein ausgewogener Mix aus Realismus (»Die Lage ist ernst«), Optimismus (»Wir werden das schaffen!«) und dem Anerkennen der Ängste (»Ich verstehe Ihre Bedenken«). Nur so werden Betroffene zu Beteiligten, die sich für anstehende Herausforderungen gewinnen lassen.

Inspiration

In Zeiten von Disruption und Digitalisierung gilt: Nur nicht den Kopf verlieren! Auch nicht aus lauter Optimismus. Die zwei häufigsten und folgenschwersten Irrtümer von Optimisten sind: »Veränderung ist nicht nötig« und »Veränderung ist leicht« Vielmehr geht es darum, Veränderungsbedarf zu erkennen und dem anstehenden Veränderungsprozess mit dem nötigen Respekt zu begegnen. Dabei sollte man ein gutes Ende ebenso fest im Blick haben wie die Risiken. Die richtige Haltung in unsicheren Zeiten ist der Spagat zwischen Optimismus und Realismus. Nicht leicht, aber zielführend.

Ausblick

Es tut gut, den Wandel als Teil des Lebens anzunehmen und als Chance für die eigene Reifung zu begreifen. Das Leben steckt voller Übergänge von einer Entwicklungsstufe zur nächsten. Zugegeben, nicht alle Prüfungen im Leben offenbaren ihren tieferen Sinn so augenscheinlich wie unsere natürlichen Entwicklungsschwellen, wie beispielsweise die Pubertät. Ereignisse wie schwere Krankheiten oder plötzliche Kündigungen sind schmerzhaft, und am liebsten würden wir sie aus unserem Leben fernhalten. Doch auch solche Erfahrungen gehören zum Leben. Oft bringen sie uns dazu, unser Leben aus der Not heraus zum Besseren zu wenden.

Wir können Belastungen von außen also nicht ganz aus unserem Leben fernhalten. Aber wir können entscheiden, wie wir damit umgehen. Und vor allem können wir lernen, besser mit negativen Ereignissen umzugehen. In diesem Sinne möchte ich Ihnen konkrete Anregungen mitgeben, wie Sie Ihre innere Stärke gezielt fördern können.

Die folgenden sechs Schutzfaktoren der Resilienz haben auch mir geholfen, stark durch die Krise meiner Entführung zu kommen: Akzeptanz, Optimismus, Stresskompetenz, Selbstwirksamkeit, soziale Unterstützung und nicht zuletzt Fitness. Mit gezielten Fragen und Anregungen möchte ich Sie einladen, diese Schutzfaktoren auf Ihren Lebensalltag zu übertragen und zu stärken. Schauen Sie einfach, welche Inspirationen für Sie besonders nützlich und praktikabel sind:

Akzeptanz: Wie man Herausforderungen annimmt, statt mit sich selbst zu hadern

Solange wir mit unserem Schicksal hadern, fließt unsere Energie in die Vergangenheit und fehlt uns bei der Bewältigung der anstehenden Herausforderungen. Daher gilt es, die veränderte Situation nach einem negativen Ereignis so schnell wie möglich anzunehmen und das Beste daraus zu machen. Folgende Punkte können Ihnen dabei helfen:

– Fragen Sie sich: Gibt es ein Ereignis in Ihrem Leben, mit dem Sie hadern? Drehen sich Ihre Gedanken um Sätze wie »Warum gerade ich?«, »Hätte ich doch bloß ...« oder »Wäre das nur nicht passiert«?
– Schreiben Sie Ihre Gedanken auf, zum Beispiel in ein Tagebuch. Allein das kann schon befreiend wirken, da Sie aus dem Grübeln ins Tun kommen. Auch können Sie Ihre Gedanken auf diese Weise besser greifen und aus der Distanz betrachten.
– Fragen Sie sich, ob es noch schlimmer hätte kommen können. So fällt es Ihnen möglicherweise leichter, Ihre Situation zu akzeptieren.
– Trauerarbeit: Jeder Mensch trauert auf seine Weise und in seiner Geschwindigkeit. Gerade beim Verlust von Angehörigen kann professionelle Hilfe den Prozess der Trauerbewältigung unterstützen.
– Bei vielen einschneidenden Erlebnissen hilft es, sich klarzumachen: Was geschehen ist, ist geschehen. Die Zeit lässt sich nicht zurückdrehen.

– Um ein negatives Erlebnis anzunehmen, ist die Haltung »Wer weiß, wofür es gut ist« hilfreich. Können Sie dem Geschehen einen Sinn geben? Gibt es einen positiven Aspekt, den Sie Ihrer neuen Situation abringen können?
– Falls Sie Ihre Situation überhaupt nicht akzeptieren können, hadern Sie nicht mit sich selbst. Akzeptieren Sie, dass Sie Ihre Situation nicht akzeptieren können, und schließen Sie zumindest Frieden mit sich selbst.

Optimismus: Wie man mit einer positiven Lebenseinstellung und der Kraft der Bilder schwierige Zeiten meistert

Optimismus hilft, Schicksalsschläge leichter und schneller zu überwinden. Zudem wirkt er sich nachweislich positiv auf Ihre psychische und körperliche Gesundheit aus. Nicht zuletzt zieht eine positive Lebenseinstellung andere Menschen an und verhilft Ihnen damit zu einem sozialen Netzwerk, das Sie gerne unterstützt. Hier einige Anregungen, wie Sie in schwierigen Zeiten vom negativen »Das schaffe ich nie!« umschalten können auf die positive Grundeinstellung »Das schaffe ich!«.

– Nutzen Sie die Kraft der Bilder, um in belastenden Situationen Kraft und Zuversicht zu schöpfen. Malen Sie sich ein positives Bild von Ihrer Zukunft. Versetzen Sie sich mit allen Sinnen hinein: Wie sieht es aus? Wie fühlt es sich an? Was höre ich dort? Wie riecht es? Diese Technik verwenden auch erfolgreiche Sportler, um sich im Druck eines Wettkampfs positiv auszurichten.

– Fokussieren Sie sich auf die positiven Dinge. Stellen Sie sich morgens nach dem Aufwachen drei Dinge vor, auf die Sie sich an diesem Tag freuen. Danken Sie abends für drei Dinge, für die Sie an diesem Tag dankbar sein können. Dabei kann es sich auch um Kleinigkeiten handeln, wie zum Beispiel den Sonnenschein vor der Tür.
– Umgeben Sie sich mit Optimisten. Von Vorbildern in Ihrem Umfeld können Sie lernen, eine positive Sichtweise einzunehmen. Meiden Sie dagegen Pessimisten, die Sie immer wieder auf negative Gedanken bringen.
– Lächeln Sie, auch wenn es gerade nichts zu lachen gibt. Zur Not nehmen Sie für eine Minute einen Bleistift quer in den Mund, Hauptsache, Ihre Mundwinkel gehen nach oben. Denn Emotionen haben nicht nur Einfluss auf unsere Mimik, sondern auch umgekehrt: Unser Gesichtsausdruck beeinflusst unsere Gefühle.
– Bei Überforderung: Machen Sie kleine Schritte nach vorne, und freuen Sie sich über Ihre Erfolge. So steigern Sie Ihre Zuversicht, Ihre Situation nach und nach in den Griff zu bekommen.

Stresskompetenz: Wie man in Krisen nicht den Kopf verliert

Kennen Sie Situationen in Ihrem Leben, in denen etwas für Sie existenziell Wichtiges auf der Kippe steht, wie beispielsweise Ihre Gesundheit, Ihre Beziehung oder Ihr Einkommen? Kritische Krankheitsverläufe, Beziehungskrisen oder Phasen der Arbeitslosigkeit können sich über einen längeren Zeitraum erstrecken und erfordern Ihre erhöhte Aufmerksamkeit und Aktivität, damit sie sich zum Guten entwickeln. In solchen Phasen ist Stress in einem gewissen Maß durchaus sinnvoll. Er aktiviert uns, damit wir ins Handeln kommen und Gefahren abwenden können. Problematisch wird Stress allerdings dann, wenn er dauerhaft anhält und nicht mehr durch Erholungsphasen abgebaut werden kann. Besonders in der Arbeitswelt wirkt sich Stress vermehrt gesundheitsgefährdend aus. Der TK-Stressstudie 2016 zufolge verzeichnen die Krankenkassen seit 15 Jahren eine Zunahme stressbedingter Krankschreibungen. Von den gut 15 Fehltagen pro Kopf und Jahr entfallen 2,5 Tage auf psychische Beschwerden wie Depressionen, Angst- und Belastungsstörungen.

In anhaltend kritischen Situationen verfallen wir in einen von zwei Gefühlszuständen, die gleichermaßen problematisch sind: das Katastrophisieren oder die Euphorie.

Katastrophisieren ist insofern problematisch, als dass Sie vor lauter Stress den Teufel an die Wand malen und die Hoffnung auf ein Happy End verlieren. Dann fühlen Sie sich wie gelähmt vor Angst, Ihre Welt werde zusammenbrechen. In Bezug auf die Beziehungswelt könnten Ihre Gedanken wie folgt lauten: »Wenn meine Beziehung zerbricht, werde ich nie wieder jemanden finden, den ich so lieben kann.« In diesem Fall gilt es, Ihre Wahrnehmung auf die positiven Aspekte Ihrer Situation zu erweitern und Ihren Stresslevel zu senken.

Euphorie ist zwar ein schönerer Gemütszustand als das Katastrophisieren. Doch in Gefahrensituationen ist er nicht weniger problematisch. Das Problem liegt darin, dass man aus einer temporären Hochstimmung heraus ein nach wie

Ausblick

vor existierendes Risiko aus den Augen verliert und keine Anstrengungen mehr unternimmt, es zu managen. In Beziehungskrisen könnte ein euphorischer Gedanke etwa wie folgt lauten: »Hey, heute hatten wir doch einen richtig harmonischen Tag. Das Problem ist gelöst!« Gerade in anhaltend belastenden Phasen ist die Hoffnung auf eine »Spontanheilung« nur allzu menschlich. Doch Vorsicht: Ein einzelnes positives Anzeichen bedeutet nicht gleich die Auflösung einer grundlegenden Krise. Bevor man sich völlig entspannt, ist es ratsam, sicherzustellen, dass die Ursachen der kritischen Situation auch wirklich gelöst sind.

Die Kunst, bei Gefahr nicht den Kopf zu verlieren, besteht darin, weder in die Euphorie noch ins Katastrophisieren zu verfallen, da man sonst riskiert, gelähmt oder inaktiv zu werden, wenn eigentlich unsere erhöhte Handlungsbereitschaft erforderlich ist. Ein gewisses Maß an Stress aktiviert uns in diesen Situationen, aufmerksam mit Risiken umzugehen. Daher ist es wichtig, den eigenen Stresslevel zu managen, also nicht zu viel, aber auch nicht zu wenig Stress zuzulassen. Hier einige Anregungen, wie Sie dies konkret tun können:

- Befinden Sie sich in einer anhaltend kritischen Lage? In welchem Lebensbereich (Gesundheit, Beziehung, Einkommen) bestehen existenzielle Risiken?
- Beobachten Sie Ihre Gedanken: Katastrophisieren Sie? Dies erkennen Sie an Gedanken wie »Es wird auf jeden Fall schiefgehen!« oder »Wenn das schiefgeht, dann hat das katastrophale Folgen, und ich werde nicht in der Lage sein, damit umzugehen« oder »Diese Arbeitsaufgabe kann ich nicht erfüllen,

wenn ich das nicht schaffe, verliere ich meinen Job, dann finde ich nie wieder einen Job ...«. Wenn Sie vom Gefühl der Euphorie beseelt sind, erkennen Sie dies an Gedanken wie »Das ist ein positives Anzeichen, die Krise ist endlich vorbei!« oder »Juhu, ich habe eine Einladung für ein Vorstellungsgespräch! Meine Arbeitslosigkeit ist endlich vorbei!«.

– Machen Sie sich Ihre Gedanken immer wieder bewusst: Um sich im Alltag nicht blind in Gefühlen zu verlieren, ist es hilfreich, sich die eigenen Gefühle bewusst zu machen. Wenn Sie merken, dass Sie in einer kritischen Lage katastrophisieren oder euphorisch werden, dann benennen Sie Ihre Beobachtung, ohne sie zu bewerten: »Ich habe gerade katastrophisierende Gedanken« oder »Ich habe gerade euphorische Gedanken«. Sie können auch ein Gedankentagebuch schreiben, in dem Sie Ihre Gedanken und Gefühle des Tages Revue passieren lassen. Versuchen Sie dabei, Ihre Gedanken möglichst nicht zu bewerten oder Argumente für oder gegen Ihre Gedanken zu suchen.

– Sollten Sie generell eine Neigung zum Katastrophisieren haben, könnte es sich auch um ein Anzeichen für eine Depression oder Angststörung handeln, die Sie unbedingt mit einem Arzt abklären sollten. Falls Sie punktuell katastrophisieren, können folgende Maßnahmen helfen: Senken Sie Ihren Stresslevel, indem Sie beispielsweise Sport treiben, Entspannungsmethoden wie Meditation nutzen, Ruhepausen einlegen oder immer wieder bewusst atmen. Erweitern Sie Ihre Wahrnehmung, indem Sie sich

Ausblick

bewusst alle positiven Aspekte und Handlungsoptionen in Ihrer Situation vor Augen führen. Was ist gerade gut oder zumindest nicht ganz so schlecht? Habe ich eine ähnliche Situation schon einmal überstanden? Wie habe ich das geschafft? Sehen Freunde von mir Möglichkeiten zur positiven Auflösung meiner Situation? Gibt es vielleicht Lösungsmöglichkeiten, die ich noch nicht erkannt habe? Kann es sein, dass der schlimmste Ausgang meiner Situation vielleicht gar nicht so katastrophal ist, wie ich denke?

- Falls Sie euphorisch sein sollten, solange die Gefahr besteht, fragen Sie sich: Warum bin ich gerade euphorisch? Könnte es sein, dass ich ein kleines positives Zeichen überbewerte? Ist die eigentliche Bedrohungslage tatsächlich schon vorüber? Bestehen noch Risiken, auf die ich mich einstellen sollte? Dazu ein konkretes Beispiel: Sie suchen dringend einen Job und befinden sich finanziell in einer kritischen Lage. Wenn Sie nun eine Einladung zu einem Vorstellungsgespräch erhalten, freuen Sie sich über die Einladung, aber werden Sie nicht gleich euphorisch. Machen Sie sich bewusst, dass ein Vorstellungsgespräch noch keine Jobzusage bedeutet. Bewerben Sie sich lieber noch für weitere Jobs, und verbessern Sie so Ihre Aussichten auf eine finanziell abgesicherte Zukunft.

- Stresssymptome als Rauchmelder: Betrachten Sie Stress nicht nur als einen Gegner, den es zu besiegen oder zu beseitigen gilt. Denn oft weisen uns Stresssymptome darauf hin, dass wir etwas an unserer Situation ändern bzw. die Stress auslösenden Ursachen beheben sollten. Es kann kontraproduktiv sein, den Stress einfach zu reduzieren, statt das Problem an der Wurzel zu packen. Wie bei einem piependen Rauchmelder sollten wir schauen, woher der Rauch kommt, und dann gegebenenfalls den Brand löschen, statt den Rauchmelder zu deinstallieren. Kennen Sie Ihre Rauchmelder? Bei jedem Menschen piept der Stress auf seine Weise: Schlafprobleme, Kopfschmerzen, Herz- und Kreislaufbeschwerden, Sodbrennen, Konzentrationsprobleme, Schwindel, Antriebslosigkeit, Gereiztheit ... Wenn Sie Ihre Rauchmelder kennen und erkennen, dann können Sie sich gezielt auf die Suche nach der Ursache machen und einen größeren Brand verhindern. Fragen Sie sich daher: »Was will mir mein Rauchmelder sagen?« und »Was kann ich tun, um die Ursache zu beheben?« Konkret kann es sinnvoll sein, Ihren Arbeitsplatz oder Ihre Arbeitsbedingungen zu verändern, statt sich darin zu üben, mehr Stress auszuhalten. Möglicherweise können Sie einen Burn-out vermeiden, indem Sie Ihre Stresssymptome frühzeitig ernst nehmen und Ihre Situation im Kern verbessern.

Selbstwirksamkeit: Wie man aus der Opferrolle heraus- und ins Handeln hineinkommt

In Krisen und belastenden Zeiten ist es Gold wert, wenn man aus dem Gefühl der Ohnmacht herauskommt, auf die eigenen Fähigkeiten zur Bewältigung der Situation vertraut und beginnt, selbst wirksam zu werden. Das Konzept der sogenannten Selbstwirksamkeitserwartung vom kanadischen Psychologen Albert Bandura bezeichnet die subjektive Erwartung, Anforderungssituationen aus eigener Kraft bewältigen zu können. Menschen, die ihre Lebensbewältigungskompetenz optimistisch einschätzen, das heißt, an sich glauben, gehen Herausforderungen optimistischer und aktiver an und zeigen dabei größeres Durchhaltevermögen als Menschen, die weniger Vertrauen in die eigenen Fähigkeiten besitzen. Im Ergebnis leiden selbstwirksame Menschen nachweislich seltener unter Depressionen, Burn-out-Symptomen oder Schmerzen und bewältigen traumatische Lebensereignisse besser als Personen mit weniger Vertrauen in die eigenen Fähigkeiten.

Selbstwirksamkeit entsteht bereits in den ersten Lebensmonaten, zum Beispiel wenn Babys erkennen, dass ihre Eltern kommen, wenn sie schreien, oder dass eine Rassel Geräusche macht, wenn sie sie schütteln. Sie lernen: Sie können mit ihren Handlungen etwas bewirken. Aber auch Erwachsene können ihre Selbstwirksamkeit auf relativ einfache Weise entwickeln. Hier vier Möglichkeiten, die Sie problemlos in Ihrem Lebensalltag umsetzen können:

– Lernen Sie aus Ihren persönlichen Erfahrungen: Je öfter Sie die Erfahrung machen, dass Sie mit Ihren eigenen Handlungen Ihre Situation beeinflussen und verbessern können, desto stärker wird Ihr Vertrauen in Ihre eigenen Fähigkeiten. Stecken Sie sich dazu lieber kleine realistische Teilziele – beispielsweise einen kurzen Dauerlauf statt eines Marathons –, und seien Sie stolz darauf, aus eigener Kraft einen Erfolg herbeigeführt zu haben. Damit steigern Sie Ihre Motivation, sich der nächsten Herausforderung zu stellen.

- Suchen Sie sich Vorbilder: Am besten suchen Sie sich Vertrauenspersonen, die Ihnen charakterlich ähneln und in einer vergleichbaren Lebenssituation sind, damit Sie sich mit ihnen identifizieren können. Folgen Sie ihrem Vorbild in dem Sinne: Wenn es meinem Freund gelingt, mit dem Rauchen aufzuhören, dann schaffe ich das auch! Dieses sogenannte Modelllernen können Sie leicht in Ihrem alltäglichen Lebensumfeld praktizieren.
- Lassen Sie sich ermutigen: Zuspruch aus der Familie oder dem Freundeskreis wirkt sich positiv auf Ihre Selbstwirksamkeit aus. Positives Anfeuern und Vertrauen in Ihre Person (»Du schaffst das schon!«) motiviert zum Handeln. Wenn es Ihnen gelingt, eine Herausforderung wie zum Beispiel eine Prüfung zu bestehen, dann stärken Sie Ihr Vertrauen in die eigenen Fähigkeiten.
- Interpretieren Sie Ihre Körperbotschaften positiv: Die Art, wie wir körperliches Empfinden deuten, hat großen Einfluss auf unsere Selbstwirksamkeit. Wenn Sie vor einer Prüfung schwitzen, dann sagen Sie nicht »O nein, ich bin aufgeregt vor lauter Versagensangst«, sondern »Super, mein Körper läuft auf voller Leistung und ist bereit durchzustarten«.
- Mein persönlicher Tipp in Notlagen: Helfen Sie anderen Menschen! Die Helferrolle ist eine sehr dankbare Rolle, da man in der Situation etwas Sinnvolles bewirken kann und daraus Kraft schöpft. Damit hilft man nicht nur anderen Menschen, sondern zugleich auch sich selbst.

Soziale Unterstützung: Wie man gemeinsam mit anderen stärker wird

Soziale Unterstützung hat eine positive Wirkung auf das psychologische Wohlbefinden und gilt als der am besten belegte psychologische Faktor mit Einfluss auf die physische Gesundheit. Menschen mit einem funktionierenden sozialen Netzwerk haben ein wesentlich niedrigeres Erkrankungs- und Sterberisiko als sozial isolierte Personen. Aus unserem Familien-, Freundes- und Bekanntenkreis können wir unterschiedlichste Unterstützung erhalten, die uns bei der Bewältigung schwieriger Zeiten oder Ereignisse hilft. Dazu zählen emotionale Unterstützung wie Zuwendung, Trost oder Aussprache, als auch das Gefühl von Zugehörigkeit und Rückhalt. Aber auch praktische Unterstützung in Form von Geld oder Sachmitteln kann eine akute Not lindern. Nicht zuletzt erhalten wir informationelle Unterstützung in Form hilfreicher Informationen oder konkreter Hinweise zur Problemlösung. Schon die Gewissheit, nicht allein zu sein, steigert unsere Zuversicht, die anstehenden Herausforderungen meistern zu können. Was können Sie also konkret tun, damit Sie im Bedarfsfall von sozialer Unterstützung profitieren können?

- Bauen Sie sich ein soziales Netzwerk auf: Investieren Sie in stabile Beziehungen zu anderen Menschen. Der Aufbau von Vertrauen und gegenseitiger Wertschätzung braucht Zeit. Daher sollten Sie frühzeitig mit dem Beziehungsaufbau beginnen und nicht erst dann, wenn Sie Hilfe benötigen. Eine gute Beziehung lebt vom gegenseitigen Geben und

Nehmen. Am besten geben Sie zuerst, mit Herz und ohne Gegenerwartung.

– Suchen Sie sich Hilfe. Gehören Sie möglicherweise zu den Menschen, die sich in der Not lieber zurückziehen und versuchen, alleine klarzukommen? Dann sollten Sie das im Sinne Ihrer Gesundheit ändern! Holen Sie sich lieber Hilfe, ob aus dem Freundeskreis oder auch von professionellen Unterstützern. Es schont Ihre Ressourcen und erhöht Ihre Erfolgschancen.

– Echte Freunde geben echte Hilfe: Freunde in der Not sind nicht immer die bequemsten, sondern diejenigen, die es ernst mit Ihnen meinen. Sie führen aufrichtige Gespräche mit Ihnen und verzichten Ihnen zuliebe auf gefälliges Mitleid. Echte Freunde unterstützen uns tatkräftig in der Not und versuchen zugleich, uns zu stärken, indem sie Hilfe zur Selbsthilfe leisten.

Fitness: Wie man sich körperlich und mental stärkt

In einem gesunden Körper wohnt ein gesunder Geist. Diese Redewendung aus den *Satiren* des römischen Dichters Juvenal zeigt, wie eng physische und mentale Fitness zusammenhängen. Auch die mentale Einstellung hat einen großen Einfluss auf die körperliche Fitness. So gilt es, immer wieder den inneren Schweinehund zu überwinden und vom Sofa zum Sport zu finden und Obst statt Chips zu essen. Bloß nicht hängen lassen! Aber wie geht das? Hier beschränke ich mich auf drei einfache Anregungen, die mir im Alltag helfen, meine Fitness zu erhalten:

Ausblick

– Nicht zu viel auf einmal vornehmen: Machen Sie nicht den sogenannten Silvesterfehler, sich mit zu vielen und zu ehrgeizigen Vorsätzen zu überfordern und dann enttäuscht das Handtuch zu werfen. Gehen Sie lieber Schritt für Schritt in die richtige Richtung, und bleiben Sie am Ball. Machen Sie sich dazu einen Plan mit persönlichen Fitnesszielen oder Aktivitäten, die Sie erreichen möchten, z. B. »eine Mittagsrunde ums Betriebsgelände gehen«, »Salat essen« oder »alkoholfreie Tage«. Hängen Sie diesen Plan an Ihren Badezimmerspiegel. Machen Sie jeden Abend einen Strich hinter den entsprechenden Punkt, der Ihnen an diesem Tag gelungen ist, und komplettieren Sie die Liste, sobald Sie neue Punkte hinzufügen möchten. Diese Strategie hat gegenüber dem großen Silvesterwurf mehrere Vorteile: Sie können leicht anfangen, machen Erfolge sichtbar, werden durch sie motiviert und integrieren sukzessive weitere Punkte in Ihre Tagesroutine.

– Regelmäßig die Gesundheitsbasics bewusst machen und leben: Es gibt unendlich viele strenge Diäten und Hardcore-Fitnessprogramme, die sich als Lösung aller körperlichen Probleme verkaufen. Meistens läuft jedoch das Thema Gesundheit am Ende doch auf den gesunden Mix verschiedener Punkte hinaus, die schon Oma immer gepredigt hat: sich ausgewogen ernähren, ausreichend trinken, sich regelmäßig im Freien bewegen, regelmäßige Entspannungsphasen, ausreichend Schlaf, Verzicht auf Genussgifte wie Zigaretten oder Alkohol. Mein Tipp: Beachten Sie lieber ein wenig alle Gesundheitsbasics, als Ihre gesamte Energie auf die Perfektion einzelner Punkte zu verwenden und andere dafür zu vernachlässigen.

– Schulen Sie Ihre Disziplin: Um Ihren inneren Schweinehund zu überwinden, benötigen Sie Disziplin. Die können Sie trainieren, indem Sie zum Beispiel morgens eine Minute kalt duschen. So kommen Sie schon mal aus Ihrer Komfortzone und steigern zugleich Ihr Energielevel.

Sicherlich kennen oder praktizieren Sie schon heute viele dieser Möglichkeiten. Wenn Sie dies tun, dann sind Sie auf dem besten Weg, Ihre Herausforderungen erfolgreich zu meistern. Möglicherweise befinden Sie sich ja sogar aktuell in einer schwierigen Lage und können die eine oder andere zusätzliche Anregung direkt umsetzen. Falls nicht, umso besser! Dann ist genau *jetzt* der beste Zeitpunkt, um einige stärkende Rituale in Ihren Alltag zu integrieren. Denn je früher Sie Ihre eigenen Ressourcen stärken, desto mehr können Sie in schwierigen Zeiten darauf vertrauen. Doch nehmen Sie sich nicht zu viel auf einmal vor. Lieber nur einen oder zwei Punkte heraussuchen, heute damit beginnen und dann immer weiter vertiefen – Schritt für Schritt.

Mit Sicherheit haben Sie in Ihrem Leben schon einige Klippen gemeistert. Stark durch eine Krise zu kommen oder danach wieder aufzustehen ist schon viel wert. Doch meiner Überzeugung nach sind Krisen nicht nur Hürden, die es zu überwinden gilt, sondern Stufen, mit deren Hilfe wir über uns hinauswachsen können. Denn gerade in negativen Erlebnissen schlummert oft großes Potenzial für positive Entwicklungen. Diese Chance habe ich selbst erst spät erkannt und genutzt. Daher möchte ich Ihnen einige

Ausblick

Anstöße geben, wie Sie ganz bewusst an Krisen wachsen können. Aus meiner Erfahrung spielen die folgenden drei Schritte eine wichtige Rolle, um gestärkt aus Krisen hervorzugehen:

1. Krisen (an)erkennen
2. Chancen suchen
3. Veränderungen wagen

Krisen (an)erkennen

Der erste, schwierigste und wichtigste Schritt, um an einer Krise wachsen zu können, ist, sich einzugestehen, dass es so wie bisher nicht weitergeht. Zu sehr hängen wir oft an der vertrauten Vergangenheit. Doch wir können uns nur dann auf Neues einlassen, wenn wir zuvor Altes loslassen. Daher gilt es, zunächst die Unumkehrbarkeit unserer Situation zu erkennen und uns in Trauer vom Verlorenen zu verabschieden, zum Beispiel von einer alten Beziehung, einem Arbeitsplatz, einem nahestehenden Menschen oder einem Aspekt der eigenen Gesundheit. Folgende Schritte können dabei hilfreich sein:

– Halten Sie inne, und machen Sie sich Ihre Lage bewusst: Vielleicht ist Ihre x-te Beziehung immer an demselben Thema gescheitert, oder Sie sind im Job mal wieder durch ähnlichen Stress in einem Burnout gelandet. Vielleicht hat auch ein plötzliches Ereignis Ihr Leben auf den Kopf gestellt, zum Beispiel ein Unfall. Das alles ist schrecklich. Doch versuchen

Sie, Ihre tatsächliche Situation zu erkennen, sobald sich der erste Schock gelegt hat.

- Trauern Sie: Seien sie so rücksichtsvoll mit sich selbst, wie Sie es mit einem Freund wären. Lassen Sie Ihren Schmerz und das Gefühl der Hilflosigkeit zu. Jeder Mensch trauert auf seine Weise und in seiner Geschwindigkeit. Beim Verlust von Angehörigen kann professionelle Hilfe den Prozess der Trauerbewältigung unterstützen.

- Anerkennen Sie, dass es so wie bisher nicht weitergeht. Reden Sie Ihre Situation nicht schön, im Sinne von »Beziehung vorbei? Egal, auf zur nächsten …«, sonst vergeben Sie die Chance, aus Ihrer Erfahrung zu lernen, und Sie wiederholen Ihre Krise möglicherweise erneut.

- Hadern Sie nicht. Gedanken wie »Hätte ich doch nur …«, »Wäre das doch nur nicht passiert« oder »Warum gerade ich?« rauben Ihnen auf Dauer die Energie, die Sie zur Bewältigung und Transformation Ihrer Krise benötigen. Anerkennen Sie, dass sich die Zeit nicht zurückdrehen lässt.

- Nehmen Sie die Krise als Herausforderung und Einladung zur Veränderung an. Anerkennen Sie, dass es an der Zeit ist, neue Wege zu suchen und zu gehen. Richten Sie Ihre Energie wieder nach vorne aus.

Chancen suchen

»Krisen sind Chancen«, das wussten schon die alten Chinesen und Griechen. Aber diese Chancen müssen Sie auch nutzen. Und das geht eben nicht, wenn Sie wie ein Stehaufmännchen einfach immer wieder »hinfallen, aufstehen, Krönchen richten und weitergehen«. Denn dann landen Sie im Krisenkarussell und wiederholen dieselben Erfahrungen. Wenn Sie die Chance zur Veränderung nutzen, können Sie neue Wege gehen und aus dem Krisenkarussell aussteigen. Dafür ist es wichtig, nach den Chancen zu suchen, die in der gemachten Erfahrung liegen. Selbst wenn Sie durch ein einmaliges Ereignis, beispielsweise einen Unfall, aus der Bahn geworfen wurden, lohnt es sich, hinzuschauen, welche Chancen bestehen, um das Beste aus der Situation zu machen. Auf der Suche nach der Chance helfen Ihnen die folgenden Fragen:

- Was kann ich aus der Krise lernen? Ist mir etwas Ähnliches schon mal passiert? Wenn ja, warum? Was war das verbindende Thema? Konkretes Beispiel: Bin ich schon mal in einem Burn-out gelandet? Waren es dieselben Anforderungen oder dieselben Persönlichkeiten, die mich dermaßen gestresst haben? Was hat das mit mir zu tun? Was kann ich aus diesen Situationen über mich lernen?
- Bin ich vielleicht ein Teil des Problems? Das wäre gut, denn dann kann ich auch ein Teil der Lösung sein. Es ist ein sehr unangenehmer Moment, wenn Sie feststellen, dass Sie selber Anteil am Scheitern

hatten. Zugleich ist diese Erkenntnis jedoch auch erleichternd. Denn dann sind Sie kein Opfer mehr, das seinen Umständen ohnmächtig ausgeliefert ist. Vielmehr besteht nun die Chance, Ihr Schicksal selbst in die Hand zu nehmen, indem Sie etwas an sich ändern.

– Was kann ich verändern, um mein Leben zum Besseren zu wenden? Geht es zum Beispiel darum, zu lernen, mich besser abzugrenzen und auch mal Nein zu sagen? Oder gilt es, mehr auf meine Gesundheit zu achten? Oder darf ich lernen, besser mit Geld umzugehen, um eine erneute Insolvenz zu vermeiden?

– Welche Chancen ergeben sich aus meiner neuen Situation? Wovon habe ich schon immer geträumt? Wobei leuchten meine Augen? Machen Sie sich ein Sehnsuchtsbild von Ihrer Zukunft. Wollte ich mich schon immer beruflich verändern und habe nach meinem Jobverlust nun die Gelegenheit, dies zu tun? Nehme ich meine Trennung zum Anlass, um mich auf Selbsterfahrungsseminaren persönlich weiterzuentwickeln? Wollte ich mich schon immer für andere Menschen engagieren und kann nun meine Erfahrung mit Trauerarbeit dabei einsetzen? Wollte ich nicht schon immer eine Schafsfarm in Australien betreiben und kann dies nun tun, da ich beruflich und/oder privat ungebunden bin?

Veränderungen wagen

»Schwierige Zeiten lassen uns Entschlossenheit und innere Stärke entwickeln.« (Dalai-Lama)

Menschen finden gerade dann den Mut zur Veränderung, wenn sie gefühlt nichts mehr zu verlieren haben. Warum zum Beispiel sollte man den mühsamen und riskanten Weg in die Selbstständigkeit auf sich nehmen, wenn man sich in einer sicheren Festanstellung befindet? Warum sollte man sich mit Persönlichkeitsentwicklung auseinandersetzen, wenn doch eigentlich alles so weit rundläuft? Krisen zwingen uns nicht nur zur Veränderung. Sie erleichtern uns, Veränderung zu wagen. Das Leben ist ohnehin schon auf den Kopf gestellt. Doch nach Tiefschlägen lauert oft die Komfortzone, in die Menschen nur zu gerne zurückkehren. Der Stress im Job ist nach einer Weile vergessen, nach der Trennung hat sich schnell wieder die Gelegenheit für eine neue Beziehung ergeben, die Privatinsolvenz wurde doch noch einmal durch eine großzügige Spende aus dem Bekanntenkreis abgewendet. Warum dann etwas Grundlegendes im Leben verändern? Um die Chancen zur Veränderung zu nutzen, muss man sie mit Entschlossenheit verwandeln, indem man Veränderung wirklich wagt. Dabei helfen die folgenden Schritte:

- Nutzen Sie die Schubkraft der Krise für Veränderungen! Versuchen Sie, einen Schicksalsschlag als einen Schicksalsschubs zu betrachten, der sie aus der Komfortzone heraus und in die Wachstumszone hineinbefördert. Möglicherweise haben Sie gerade nichts mehr zu verlieren und können mal etwas wagen, das Sie sonst nie zu tun gewagt hätten. Tun Sie das, was Sie sich früher nie getraut haben oder wozu Sie einfach zu bequem waren.

- Gehen Sie mutig neue Wege! Machen Sie nicht einfach so weiter wie bisher. Gehen Sie nicht blind in alte Beziehungen, Jobs usw. zurück.
- Halten Sie durch! Vertrauen Sie Ihrer inneren Stimme und Ihrem Sehnsuchtsbild von der Zukunft. Von außen werden Sie möglicherweise nicht nur Unterstützung für ihren neuen Weg erhalten. Nicht jedem gefällt die Tatsache, dass Sie sich verändern. Einige möchten Sie vielleicht in eine alte Rolle pressen: »Früher hast du nicht Nein gesagt, wenn ich was von dir brauchte.« Vielleicht verstoßen Sie mit Ihrer Veränderung sogar gegen gesellschaftliche Konventionen: »Man kann doch nicht einfach eine Schafsfarm in Australien betreiben – das ist doch Träumerei …«
- Verfallen Sie nicht in alte Muster. Vielleicht sagen Sie wieder einmal aus Gefälligkeit Ja, obwohl Sie sich vorgenommen hatten, sich besser abzugrenzen und auch mal Nein zu einer Ihnen widerstrebenden Einladung zu sagen. Es ist nicht schlimm, mal eine Ehrenrunde mit seinen alten Mustern zu fahren. Entscheidend ist zunächst einmal, dass Sie es erkennen und sich erneut an Ihren Vorsatz erinnern. Übung macht den Meister. Hauptsache, Sie verfallen nicht nachhaltig in alte Muster, denn sonst drehen Sie am Ende wohlmöglich eine neue Runde in Ihrem alten Krisenkarussell.

Ausblick

– Seien Sie stolz auf Ihren Mut, und seien Sie milde
mit sich selbst, wenn es nicht sofort reibungslos
klappt. Kleinkinder sind große Vorbilder und fallen
hundertmal am Tag, wenn sie laufen lernen.

Sie haben hoffentlich hilfreiche Anregungen gefunden,
wie Sie an einschneidenden Erlebnissen in Ihrem Leben
wachsen können. Es wäre schön, wenn Sie sich ermutigt
fühlen, aktiv nach Chancen zu suchen und Ihr Leben durch
mutige Veränderungen zum Besseren zu wenden oder zumindest das Beste aus Ihren Erfahrungen zu machen. Es
sind gerade die schwierigen Lebensphasen, in denen Sie
Anstöße für einen Neuanfang oder eine Neuausrichtung
erhalten.

Zum Glück gibt es im Leben nicht nur stürmische Zeiten.
Es gibt auch die Ruhe nach dem Sturm und ausgedehnte
Phasen, in denen das Leben ruhig in geordneten Bahnen
verläuft. Es tut gut, die Leichtigkeit dieser Lebensphasen
bewusst zu genießen. Kennen Sie auch diese Momente, in
denen Sie Ihr Leben, so wie es gerade ist, so sehr lieben,
dass Sie es am liebsten für immer wahren möchten? Und
kennen Sie die sorgenvollen Gedanken an das, was in Zukunft alles passieren und Ihr Leben auf den Kopf stellen
könnte? Was ist, wenn meine erfüllende Beziehung doch
einmal zerbrechen, mein Arbeitgeber insolvent gehen oder
ich eine schwere Diagnose erhalten sollte? Wie würde ich
damit umgehen? Würde ich dem gewachsen sein?

Aus eigener Erfahrung weiß ich, dass wir uns aktiv für
die Herausforderungen der Zukunft wappnen können.
Denn wir können nicht nur aus akuten und jüngst erlebten
Krisen persönliche Stärke ziehen. Wir können auch aktiv

das schöpferische Potenzial längst vergangener Krisen heben und damit unsere Zukunftsgelassenheit stärken. Hierfür sind die leichten und glücklichen Lebensphasen in besonderer Weise geeignet, da wir dann ausreichend Ruhe und Kraft dafür finden.

Wir können Krisen zwar nicht immer verhindern, aber wir können uns gezielt wappnen. Das nötige Rüstzeug finden wir mitunter in unserem eigenen Erfahrungsschatz. Der allerdings liegt oft tief verschüttet in unserer Vergangenheit. Wir haben vergessen, welche Klippen wir bereits gemeistert oder zumindest überlebt haben und vor allem, wie uns dies gelungen ist. Diesen Erfahrungsschatz können wir bergen, indem wir uns unsere Lebenserfahrungen gezielt vor Augen führen. Mein persönlicher Lebenserfahrungsschatz hat mir ermöglicht, meine jüngste Krise nicht nur zu meistern, sondern im allerbesten Sinne in eine Chance zu verwandeln.

Den eigenen Lebenserfahrungsschatz bergen

Menschen werden im Alter tendenziell gelassener und lassen sich nicht mehr von jeder schlechten Nachricht aus dem Gleichgewicht bringen. Wenn im Beruf zum Beispiel ein neuer Chef oder eine Umstrukturierung angekündigt wird, dann fragen sich besonders die jüngeren Kollegen sorgenvoll: »O je, was mag da wohl kommen?« Die Seniorkollegen hingegen reagieren tendenziell gelassener und sagen sich: »Die Welt dreht sich immer weiter.« Warum? Weil sie eine ähnliche Situation schon einmal erlebt und überlebt haben. Auch wissenschaftliche Studien belegen: Menschen mit drei bis vier Lebenskrisen sind besonders resilient, haben also eine hohe psychische Widerstandskraft (Kalisch).

Diese Lebenserfahrung ist gerade in schwierigen Zeiten ein wahrer Erfahrungsschatz – ein Lebenserfahrungsschatz. Doch es ist nicht nur entscheidend, *was* wir im Leben erfahren, sondern *wie* wir es erfahren und verarbeiten. Leider liegt der Lebenserfahrungsschatz bei vielen Menschen tief vergraben. Denn Krisen sind in unserer Kultur schambesetzt und werden daher eher verschwiegen und vergessen.

Egal, wie alt Sie sind, es macht einen großen Unterschied, ob Sie ihre gemachten Erfahrungen gezielt nutzen oder brachliegen lassen. Hören Sie auf, Ihre Fehler und Krisen der Vergangenheit zu bereuen, und fangen Sie an, gezielt aus ihnen zu lernen. Schließlich haben Sie all das schon durchlitten und können es auch nicht mehr ändern. Doch Sie können gezielt aus den Erfahrungen lernen und an ihnen wachsen. Darüber hinaus geben Sie der Vergangenheit einen Sinn.

Bevor Sie sich auf die Reise in Ihre Vergangenheit machen, noch ein Hinweis zur Vorsicht: Falls Sie schwere traumatische Erlebnisse hatten, vermuten oder auf dem Weg entdecken sollten, ist es ratsam, therapeutische Begleitung hinzuzuziehen. Ansonsten können Sie nun starten …

- Suchen Sie sich einen ruhigen Ort, an dem Sie ungestört mit einem Stift und einem Block mit der Reflexion beginnen können. Schließen Sie für einen Moment Ihre Augen, und atmen Sie tief durch.

– Bevor Sie sich auf die Reise in Ihre Vergangenheit machen, sollten Sie sich seelisch stärken. Je mehr Selbstvertrauen Sie in Ihre eigene Stärke haben, desto leichter fällt es Ihnen, auf die schwierigen Kapitel Ihres Lebens zurückzublicken. Machen Sie sich Ihre eigenen Stärken bewusst. Diese Reflexion können Sie zum Beispiel mit einer Liste unterstützen. Schreiben Sie dazu die Buchstaben A bis Z untereinander auf einen Zettel. Dann nehmen Sie sich fünf Minuten Zeit, und brainstormen Sie los, welche Stärke Ihnen zu welchem Buchstaben einfällt, z. B. »A wie Ausdauer«, »H wie Humor« usw. Die Reihenfolge ist egal, Sie brauchen auch nicht alle Buchstaben mit Stärken zu hinterlegen. Es geht lediglich um eine schnelle Aktivierung Ihrer inneren Ressourcen.

– Finden Sie Ihren Lebenserfahrungsschatz: Fragen Sie sich: Welche Schwierigkeiten habe ich im Leben bereits überwunden, wie oft habe ich mich bereits hilflos am Boden gefühlt und bin doch wieder aufgestanden? Welche Erfolge und Errungenschaften sind aus Niederlagen entstanden? Hat zum Beispiel eine frühere Trennung ermöglicht, dass Sie heute in einer glücklichen Beziehung leben? Hat eine Kündigung Ihnen vielleicht die lange ersehnte berufliche Veränderung erleichtert? Versuchen Sie, so viele kritische Lebenserfahrungen und Wendepunkte zu finden wie möglich. Das mag sich komisch anfühlen, da wir in der Regel gewohnt sind, unseren Lebenslauf um die Ecken zu bereinigen, statt den Fokus auf sie zu legen. Am besten gehen Sie ihren Lebenslauf

Jahr für Jahr durch und reflektieren die wichtigsten persönlichen und beruflichen Ereignisse. Auch ein Blick in alte Fotoalben oder Tagebücher kann Ihre Suche unterstützen. Die Auseinandersetzung mit der eigenen Vergangenheit ist nicht immer leicht. Daher machen Sie sich bewusst, dass es Ihnen gelungen ist, all das zu überstehen. Seien Sie stolz darauf. Sie sind ein resilienter Mensch!

– Bergen Sie Ihren Lebenserfahrungsschatz: Gehen Sie nacheinander die kritischen Wendepunkte in Ihrem Leben durch, und fragen Sie sich: Wie habe ich diese Herausforderung gemeistert? Waren es motivierende Gespräche mit Freunden, die Inspiration eines Vorbilds, Gebete oder vielleicht das Aufschreiben meiner Gedanken? Was habe ich daraus gelernt? Welche positive Veränderung in meinem Leben ist aus diesem Ereignis hervorgegangen? Worauf bin ich stolz? Notieren Sie alle Gedanken in Ihrem Block, und machen Sie sich eine Liste Ihrer Ressourcen. Dazu zählen zum einen Ihre eigenen Fähigkeiten und positiven Eigenschaften wie Ausdauer oder Humor, zum anderen auch soziale Ressourcen wie ein stabiles soziales Netzwerk. Blicken Sie dabei auch noch einmal auf Ihre zu Beginn skizzierte Auflistung Ihrer Stärken. Idealerweise bitten Sie auch eine Vertrauensperson, Ihnen ein ehrliches Feedback zu geben, welche Stärken und Schwächen sie bei Ihnen wahrnimmt. Auch vermeintliche Schwächen können sich auf den zweiten Blick als wertvolle Ressourcen erweisen. Egoismus zum Beispiel kann man auch als Fähigkeit, für sich zu sorgen, interpretieren, die in schwierigen Lagen eine hilfreiche Ressource sein kann. Am Ende dieser Reflexion sollten Sie ein gutes Bild von den positiven Aspekten Ihrer Erfahrungen haben. Sie haben sich bewusst gemacht, welche Widrigkeiten Sie bereits gemeistert und welche Ressourcen Ihnen dabei geholfen haben. Damit können Sie nun leichter auf Ihre innere Stärke vertrauen und gelassener in die Zukunft blicken.

– Mehren Sie Ihren Lebenserfahrungsschatz: Genießen Sie die ruhigen und sorgenfreien Phasen im Leben, die Sie sich verdient haben. Gerade nach stürmischen Zeiten tut es gut, erst einmal durchzuatmen und aufzutanken. Doch verharren Sie nicht zu lange in der Komfortzone. Suchen Sie proaktiv neue Herausforderungen, an denen Sie wachsen können. Resilienz ist wie ein Muskel, den man durch Training aufbaut, der ohne Training jedoch wieder erschlafft. Daher bleiben Sie in Bewegung, und kommen Sie immer wieder aus Ihrer Komfortzone heraus. Verlassen Sie ihren Alltagstrott, und tun Sie Dinge, die Sie noch nie getan oder gewagt haben, wie zum Beispiel die Teilnahme an einem Cross-Lauf. Entwickeln Sie Ihre Persönlichkeit, indem Sie Selbsterfahrungsseminare besuchen. Sorgen Sie für Impulse in Ihrer Beziehung, indem Sie sich aktiv den unbequemen Themen stellen. Richten Sie sich nicht zu gemütlich in Ihrem Job ein, sondern suchen Sie nach neuen Herausforderungen. Packen Sie Ihren Lebenstraum an, den Sie schon seit Jahren vor sich herschieben, zum Beispiel eine Weltreise oder eine berufliche Neuorientierung. Es gibt viele Möglichkeiten, in Bewegung zu bleiben und den Lebenserfahrungsschatz zu mehren. Natürlich kostet es Kraft, den inneren Schweinehund zu überwinden und etwas im Leben zu verändern, wenn es gerade gemütlich ist. Doch wer aufhört, sich zu verändern, wird früher oder später von einer Krise dazu gezwungen. Daher bleiben Sie in Bewegung, und machen Sie sich fit für die Zukunft!

Kommen Sie stark durchs Leben, und gehen Sie immer wieder gestärkt aus schwierigen Zeiten hervor. Wenn Sie Anregungen für Ihr Leben gefunden haben, dann beginnen Sie am besten noch heute mit den ersten Schritten in die gewünschte Richtung.

Dank

Dieses Buch entstand in einem Prozess gelebter Resilienz. Die Fertigstellung verdanke ich größtenteils der Unterstützung aus meinem sozialen und professionellen Umfeld.

Besonders danke ich meiner Frau und meinen Kindern für ihre liebevolle Unterstützung und Flexibilität, auch wenn wieder mal die Extrameile zu gehen war.

Auch meinen Eltern und meinem Bruder danke ich von Herzen für den starken Rückhalt und ihr Vertrauen in meine autobiografische Aufarbeitung, die auch einen Teil ihrer eigenen Geschichte erzählt.

Jürgen Diessl vom Econ Verlag danke ich sehr für sein außerordentlich großes Vertrauen und Engagement in meinen Weg. Er hat mir ermöglicht, einen Lebenstraum zu verwirklichen. Meiner Lektorin Dr. Annalisa Viviani danke ich herzlich für Ihre kompetente, krisenfeste, klare und empathische Art, mit der sie das Beste aus mir und meinem Manuskript herausgekitzelt hat.

Ich danke den vielen Menschen, die mit vertrauensvollen Empfehlungen, professioneller Begleitung, inhaltlichen Beiträgen, wertvollen Feedbacks, gelungenem Covershooting sowie herzlicher Ermutigung mein Buchprojekt ermöglicht und geprägt haben, und ganz besonders: Emanuel Koch, Susanne Kreuzer, Alexa Lorenz, Sarah Mainka, Sebastian Mauritz, Palma Müller-Scherf, Ulrike Scheuermann, Lars Schultze-Kossack, Stefan Schwidder, Martin Spütz, Michael Thenner, Lukas Wagner, Stephanie Wolff.

Nicht zuletzt danke ich für die vielen fördernden und fordernden Begegnungen, die mich zu diesem Buch inspirierten und daran haben wachsen lassen.

Ausgewählte Literaturhinweise

Amman, G. / Egger, A.: *Micro-Inputs Resilienz – Lebendige Modelle, Interventionen und Visualisierungshilfen für das Resilienz-Coaching und-Training.* Bonn 2017.

Bengel, J. / Lyssenko, L.: *Resilienz und psychologische Schutzfaktoren im Erwachsenenalter – Stand der Forschung zu psychologischen Schutzfaktoren von Gesundheit im Erwachsenenalter.* Bundeszentrale für gesundheitliche Aufklärung (Hg.). Köln 2012.

Berndt, C: *Resilienz – Das Geheimnis der psychischen Widerstandskraft – Was uns stark macht gegen Stress, Depression und Burn-out.* München 2015.

Böhme, Rebecca: *Resilienz.* München 2019.

Collins, J: *Der Weg zu den Besten: Die sieben Management-Prinzipien für dauerhaften Unternehmenserfolg.* Frankfurt a. M. 2003.

Cullberg, J: *Krise als Entwicklungschance.* Gießen 2008.

Daigeler, T. / Krüger, W.: *Führen.* München 2012.

Dluzniewski, J: *Das Essenz-Modell – Die eigene Urwunde erkennen und die wahre Lebensaufgabe entdecken.* Berlin 2020.

Heller, J. (Hg.): *Resilienz für die VUCA-Welt – Individuelle und organisationale Resilienz entwickeln.* Wiesbaden 2018.

Kalisch, R.: *Der resiliente Mensch – Wie wir Krisen erleben und bewältigen.* Berlin 2017.

Kaluza, G.: *Stressbewältigung – Trainingsmanual zur psychologischen Gesundheitsförderung.* Berlin 2018.

Lepore, S. F. / Evans, G. W.: »Coping with multiple stressors in the environment«, in: Zeidner, M., Endler, N. S. (Hg.): *Handbook of coping: Theory, research, applications,* Oxford 1996, S. 350–377.

Masten, A.: *Resilienz: Modelle, Fakten und Neurobiologie – Das ganz normale Wunder entschlüsselt.* Paderborn 2016.

Mauritz, S: *Immun gegen Probleme, Stress und Krisen – Wie unser Leben gelingen kann.* Offenbach 2019.

Ders.: *Wenn schon Burn-out, dann richtig – 10 + Tipps für den totalen Burn-out.* Göttingen 2013.

Popow, Heinrich: https://www.spiegel.de/sport/sonst/paralympics-2012-heinrich-popow-will-gold-ueber-100-meter-a-853563.html

Schmidt, G. / Dollinger, A. / Müller-Kalthoff, B. (Hg.): *Gut beraten in der Krise – Konzepte und Werkzeuge für ganz alltägliche Ausnahmesituationen.* Bonn 2019.

TK-Stressstudie 2016, *Entspann dich, Deutschland,* https://www.tk.de/resource/blob/2026630/9154e4c-71766c410dc859916aa798217/tk-stressstudie-2016-data.pdf

Tuckman, B. W./ Jensen, M. A.: »Stages of small-group development revisited, in: *Group and Organization Studies* 1977, https://pdfs.semanticscholar.org/82ce/5d6 862e726c9221104fe67b0e3c8fe890b9a.pdf

Waldbaden: https://www.zeit.de/zeit-wissen/2018/03/waldbaden-natur-heilung-gesundheit-japan/seite-2

Wellensiek, S.: *Handbuch Resilienz-Training: Widerstands-kraft und Flexibilität für Unternehmen und Mitarbeiter.* Weinheim 2011.

Welter-Enderlin, R. / Hildenbrand, B. (Hg.): *Resilienz – Gedeihen trotz widriger Umstände.* Heidelberg 2008.

Erleben Sie

Marc
Wallert
live!

Keynote

Lassen Sie sich und
Ihre Organisation von
einem Vortrag inspirieren

Seminare

Entwickeln und
trainieren Sie Ihre
individuelle Resilienz

Jetzt buchen!
www.marcwallert.com

Coaching

Stärken Sie sich gezielt
und nachhaltig für
Ihre Herausforderung

www.marcwallert.com

Carl Naughton

Neugier

So schaffen Sie Lust auf
Neues und Veränderung

Gebunden mit Schutzumschlag.
Auch als E-Book erhältlich.
www.econ.de

Neugier ist erlernbar

Neugier ist eine unserer wichtigsten Eigenschaften. Neugierige Menschen sind offener für neue Erfahrungen, lernen schneller, arbeiten gewissenhafter, haben mehr positive soziale Erlebnisse, sind erfolgreicher und leben länger. Aber Neugierhemmnisse führen dazu, die Suche nach neuen Informationen früh zu beenden und in Stereotypen zu denken. Doch die gute Nachricht lautet: Neugier ist erlernbar.

Das erste populäre Buch zu einer entscheidenden menschlichen Eigenschaft.

»Ein Buch, das neugierig macht.«
Harvard Business Manager, April 2016

Econ

René Borbonus

Respekt
Wie Sie Ansehen bei Freund und Feind gewinnen

Gebunden mit Schutzumschlag.
Auch als E-Book erhältlich.
www.econ.de

Die Wiederentdeckung einer vergessenen Tugend

Egoismus und Intoleranz greifen in unserer Gesellschaft zunehmend um sich. Ob im Kampf um den Arbeitsplatz oder bei familiären Auseinandersetzungen – immer mehr Menschen verfolgen rücksichtslos die eigenen Interessen. Doch wer beruflich und privat langfristig etwas erreichen will, der muss seinen Mitmenschen mit Respekt begegnen.

Der Kommunikationsexperte René Borbonus zeigt, wie man mit Selbstbeherrschung, Konfliktfähigkeit und Überzeugungskraft auch in schwierigen Situationen besteht. Nur wer lernt, mit anderen respektvoll umzugehen, wird am Ende selbst Respekt und Anerkennung gewinnen – und so leichter seine Ziele erreichen.

Econ